融合型·新形态教材
复旦社云平台　fudanyun.cn

普通高等学校学前教育专业系列教材

学前儿童美术教育

（第二版）

主　编　王彩凤

编　者　常文化　徐春艳　宁克虎
　　　　张　莹　郑雪霞　解　华

复旦大学 出版社

内 容 提 要

全书共有十章，主要阐述了从美术领域研究促进学前儿童发展的理论与实践问题。第一章至第五章介绍了美术与学前儿童美术教育、学前儿童美术教育的发展历史与理论、目标与内容、原则和方法、组织与实施等学前儿童美术教育基本理论；第六章至第八章重点阐述了学前儿童美术教育中的绘画、手工、美术欣赏等三大教育活动的设计与指导方法，本部分内容理论与实例相结合，便于学习者理解和掌握；第九章介绍了学前儿童美术教育评价，为学习者提高学前儿童美术教育质量和指导水平提供了依据；第十章介绍了学前儿童美术基础知识与技能。每章前有学习目标和内容概要，后有思考与练习题，并附有活动案例与评析，方便教师和学生的使用与操作。

本书贯彻了《幼儿园工作规程》和《幼儿园教育指导纲要（试行）》精神，借鉴了国内外学前儿童美术教育的基本理论和方法的新成果，有理论、有实践范例，注重发展创新思维，便于提升学习者的理论水平与实践技能。本书既可作为各院校学前教育、早期教育、婴幼儿托育专业的学生教材，也可作为幼儿园教师、早教机构教师的培训教材，还可作为学前儿童家长和学前教育研究人员的参考用书。

复旦社云平台
数字化教学支持说明

　　为提高教学服务水平，促进课程立体化建设，复旦大学出版社建设了"复旦社云平台"，为师生提供丰富的课程配套资源，可通过"电脑端"和"手机端"查看、获取。

【电脑端】

　　电脑端资源包括 PPT 课件、电子教案、习题答案、课程大纲、音频、视频等内容。可登录"复旦社云平台"（www.fudanyun.cn）浏览、下载。

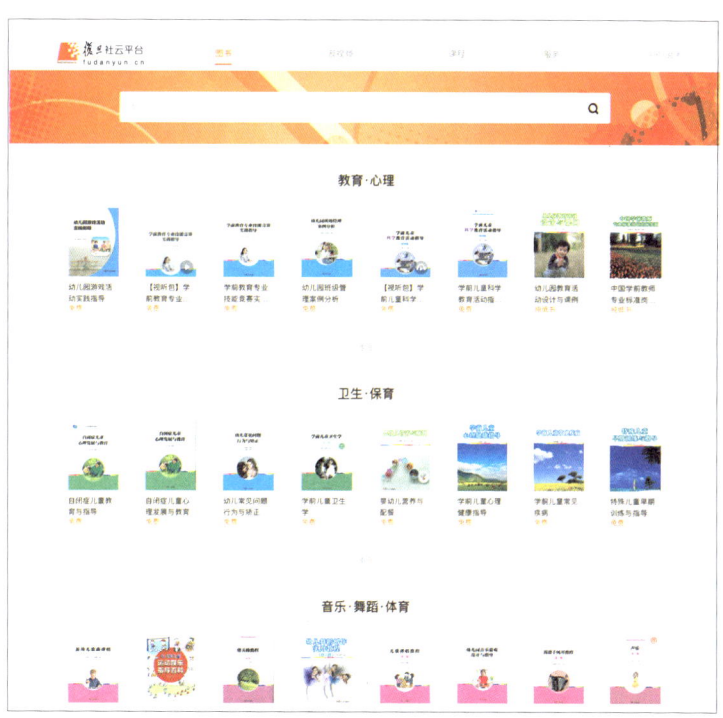

Step 1　　登录网站"复旦社云平台"（www.fudanyun.cn），点击右上角"登录／注册"，使用手机号注册。

Step 2　　在"搜索"栏输入相关书名，找到该书，点击进入。

Step 3　　点击【配套资源】中的"下载"（首次使用需输入教师信息），即可下载。音频、视频内容可通过搜索该书【视听包】在线浏览。

📱【手机端】

PPT 课件、音视频、阅读材料：用微信扫描书中二维码即可浏览。

扫码浏览

📖【更多相关资源】

更多资源，如专家文章、活动设计案例、绘本阅读、环境创设、图书信息等，可关注"幼师宝"微信公众号，搜索、查阅。

平台技术支持热线：029-68518879。

"幼师宝"微信公众号

二版前言 Preface

　　为了适应当前我国学前教育改革和发展的需要,向广大学前教育工作者提供新的学前儿童美术教育理念和方法,我们在最新的《幼儿园工作规程》《幼儿园教育指导纲要(试行)》《教师教育课程标准》和《幼儿园教师专业标准(试行)》等一系列文件精神的指导下对第一版进行了修订。

　　《学前儿童美术教育》(第二版)是研究对学前儿童实施美术教育的一门学科,它与学前儿童教育的其他学科构成横向联系,从各自领域研究促进学前儿童发展的理论与实践问题。本书编写以从事学前儿童美术教育工作所需要的教育观念、基本理论和专业技能为核心来构建内容体系,力求体现学前教育教师培养的中国化、时代化和专业化的追求。全书共有十章,第一章至第五章介绍了美术与学前儿童美术教育、学前儿童美术教育的发展历史与理论、目标与内容、原则和方法、组织与实施等学前儿童美术教育基本理论;第六章至第八章阐述了学前儿童美术教育中的绘画、手工、美术欣赏等三大教育活动的设计与指导方法,本部分内容理论与实例相结合,便于学习者理解和掌握;第九章介绍了学前儿童美术教育评价,为学习者提高学前儿童美术教育质量和指导水平提供了依据。第十章介绍了学前儿童美术基础知识与技法。每章前有学习目标和内容概要,引导学习者抓住重点进入学习。每章后有思考与练习题,并附有活动案例与评析,帮助学习者复习巩固,进一步加深对所学内容的理解和掌握。

　　本书贯彻了《幼儿园工作规程》和《幼儿园教育指导纲要(试行)》精神,借鉴了国内外学前儿童美术教育的基本理论和方法的新成果,有理论、有实践范例,注重发展创新思维,便于提升学习者的理论水平与实践技能。本书既可作为高等院校学前教育专业教材,还可作为幼儿园教师、早教机构教师培训教材,也可作为学前儿童家长和学前教育研究人员的参考用书。

　　全书由王彩凤担任主编,由多位多年从事学前美术教育研究和实践工作的教师共同完成。各章编者如下:王彩凤编写第一章、第九章、第三章的第二节;郑雪霞编写第二章;张颖编写第三章的第一节、第三节;徐春艳编写第四章;常文化编写第五章、第六章,并为第七

章、第八章提供了图片和案例；宁克虎编写第七章、第八章；解华编写第十章，并为本书提供了多幅学前儿童美术创作作品作为图例。王彩凤对全书进行了统稿、定稿。

本书在编写过程中参阅了大量国内外文献资料，引用了许多学前美术教育的典型案例和图片资料，在此向所有被参阅文献的作者致以衷心的感谢。同时，感谢有关领导、同行的热情关心和支持。

尽管我们在编写中作了很大的努力，但由于水平有限，其中仍会有不妥之处，谨望广大读者不吝赐教，以便我们加以修正。

王彩凤

2016 年 7 月

目录 Contents

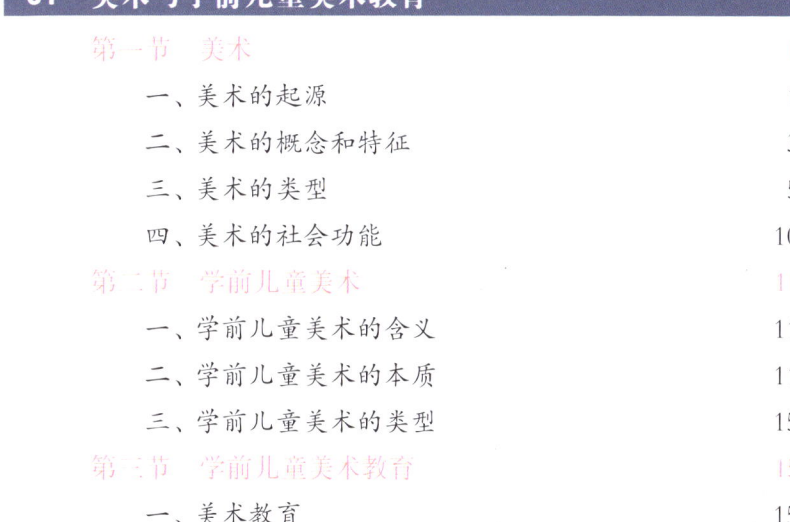

06　学前儿童绘画教育活动

07　学前儿童手工教育活动

08　学前儿童美术欣赏教育活动

09　学前儿童美术教育评价

10　学前儿童美术基础知识与技能简介

主要参考文献

美术与学前儿童美术教育

【学习目标】

1. 了解美术的起源、类型和功能。
2. 认识学前儿童美术的本质和特点。
3. 理解学前儿童美术教育的性质和意义。

【内容概要】

学前儿童美术教育是学前儿童教育的重要组成部分。本章在梳理美术与学前儿童美术、美术教育与学前儿童美术教育等基本概念的基础上，概述了美术的起源、美术的概念和特征、美术的类型和美术的社会功能，并结合实例分析了学前儿童美术的本质和特点，阐述了学前儿童美术教育的审美教育性，强调了学前儿童美术教育在促进儿童发展上具有重要意义。使学习者了解学前儿童美术教育在学前儿童成长中具有不可代替性的作用。

第一节 美 术

一、美术的起源

美术是一种基本的人类行为，是人类用于获得想象形式、美化环境的基本方法之一。追溯历史，人类活动的最早证据是由视觉形式记录下来的。人们创造和运用美术来表达感情、交流观念。"美术"一词源于古罗马的拉丁文"art"，泛指各种工艺美术以及文学、戏剧、音乐等，广义的美术还包括拳术、魔术

和医学等。在欧美拉丁语系国家,既作"艺术"解,又作"美术"解。"美术"在中国是从"五四"运动开始被艺术家和教育家普遍运用的。关于美术起源的问题,历代的哲学家、美学家和文艺理论家们从理论上进行了不懈的探索,形成了种种不同的观点。其中影响最大的主要有模仿说、劳动说、游戏说和巫术说等。这些学说从不同的角度揭示了人类艺术发生的某些条件和根据,对学习美术和进行美术教育有着重要的价值。

(一) 模仿说

古希腊德谟克利特在他的《著作残著》一书中提出模仿说。这种学说认为:模仿是人类固有的天性和本能,艺术起源于人类对自然的模仿。在古希腊哲学家看来,所有艺术都是模仿的产物,美术艺术也是如此。哲学家亚里士多德认为:"艺术模仿的对象是实实在在的现实世界,艺术不仅反映事物的外观形态,而且反映事物的内在规律和本质,艺术创作靠模仿能力,而模仿能力是人从孩提时就有的天性和本能。"之后,文艺复兴时期的达·芬奇、法国的狄德罗、俄国的车尔尼雪夫斯基等都在不同程度上继承和发展了这一学说。观察原始社会的一些壁画,我们可以看到,人类对自然环境的最初模仿是大部分原始美术创作的基本方法。虽然诸如史前洞穴壁画等难以用模仿的冲动来解释,但它揭示了人类一种比较原始的心理倾向,这种倾向与艺术是相通的。一方面,对客观事物的模仿也是一种对事物的把握方式,它使人从中看到自己的智慧和能力,从而引起人心理上的快乐和满足;另一方面,模仿是大部分原始艺术创作和制作的主要方法。

(二) 游戏说

游戏说认为艺术起源于游戏,它是包括美术在内的艺术发生理论中较有影响的一种理论。游戏说又称"席勒—斯宾塞理论"。席勒在《美育书简》中,通过对游戏和审美自由之间关系的比较研究,首先提出了艺术起源于游戏的观点,认为艺术是一种以创造形式外观为目的的审美自由的游戏。"自由"是艺术活动的精髓,它不受任何功利目的的限制,人们只有在一种精神游戏中才能彻底摆脱实用和功利的束缚,从而获得真正的自由。游戏说还认为,人的审美活动和游戏一样,是一种过剩精力的使用,剩余精力是人们进行艺术这种精神游戏的动力。人是高等动物,它不需要以全部精力去从事维持和延续生命的物质活动,因此有过剩的精力,这些过剩精力体现在自由的模仿活动中就有了游戏与艺术活动。斯宾塞和席勒一样,也认为游戏是过剩精力的发泄,它虽然没有什么直接的实用价值,却有助于游戏者的器官练习,因而它具有生物学意义;有益于个体和整个民族的生存。

游戏说强调了游戏冲动、审美自由与人性完善间的重要联系,对于我们理解艺术在审美方面的发生具有重要价值。它揭示了艺术发生的生物学和心理学方面的某些必要条件,如剩余精力是艺术活动的重要条件,艺术的娱乐性和审美性等,揭示了精神上的自由是艺术创造的核心,对我们理解艺术的本质是富于启发的。但它把艺术看成是脱离社会实践的绝对自由的纯娱乐性活动,且偏重从生物学的意义上来看待艺术的起因,过分强调了艺术与功利的对立,有绝对化和片面性的弊病。

(三) 表现说

表现说认为艺术起源于人类表现和交流情感的需要,情感表现是艺术最主要的功能,也是艺术发生的主要动因。持这一理论的主要有英国诗人雪莱、俄国文学家托尔斯泰等,还有欧美的一些现当代美学家。在这种学说看来,原始人所有的艺术只有一个最主要的推动力,那就是他们通过各种艺术来表达他们的情感,从而促成了艺术的发生和发展。托尔斯泰认为:"艺术起源于一个人为了要把自己体验过的感情传达给别人,于是在自己心里重新唤起这种感情,并用某种外在的标志表达出来。"这些外在标志就是用动作、线条、色彩、声音以及言词所表达的艺术形象,通过这些艺术形象的传达,使别人也能体验到同样的感情。这样,作者所体验到的感情感染了观众或听众,这就是艺术活动。

如果说人类的科学主要是与理性、认知相联系的话,人类的艺术就更多地是和感性、情感等联系在一起。表现和交流情感的确是美术的一个重要特征,因此表现情感也是推动艺术发生和发展的重要心理动力。但是,人类表达情感的方式是多样的,语言、情感都能表达情感,而且美术也不仅仅是表达情感的工具,因此这一学说只能说明美术起源的原因之一。

(四) 巫术说

巫术说是在直接研究原始艺术和原始宗教巫术活动之间的关系的基础上提出来的,最早由英国著名人类学家泰勒在他的《原始文化》一书中提出。这种观点用实用性来解释艺术的起源。按照这种理论,原始人所描绘的史前洞穴壁画中虽然有许多在我们今天看来是美丽的动物形象,但他们当时却是出于巫术的动机。如许多旧石器时代晚期的洞穴壁画和雕刻,往往是处在洞穴最黑暗和难以接近的地方,是史前人类企图以巫术为手段来保证狩猎的成功。原始人认为任何事物的形象与实际的该事物都有一种实在的联系,如果对事物的形象施加影响,实际上也就是对这个事物施加影响,在动物身上画上伤痕也就意味着他们在实际的狩猎当中可以顺利地打到猎物。原始壁画中那些身上有被刺中或击伤痕迹的动物形象,成为支持艺术产生于巫术学说的有力证据。

巫术学说对于我们理解原始艺术,特别是原始美术发生的动力,以及这些艺术在当时条件下所具有的非审美的性质具有重大意义。但是,巫术学说把精神动机视为原始艺术发生的唯一动机,忽略了隐藏在精神动机后面的动因,因而也不能完全地解释原始艺术的真正的起源。

总之,美术的产生经历了一个由实用到审美、以巫术为中介、以劳动为前提的漫长历史发展过程,其中也渗透着人类模仿的需要、表现的冲动和游戏的本能。归根结底,美术来自人类的社会实践活动,美术是人类文化发展历史进程中的必然产物。无论是模仿说、游戏说、巫术说,还是表现说,都可以帮助我们从不同角度了解原始美术的起源及其原因。原始艺术虽然与儿童的艺术有本质的不同,但它们发生动因特别是表现形态方面有不少相似之处,因此,了解人类艺术的发生对我们正确认识和理解儿童美术活动具有借鉴作用。[①]

二、美术的概念和特征

(一) 美术的概念

美术是艺术的一个分支,也称造型艺术、视觉艺术或空间艺术,它是指艺术家运用一定的物质材料,如颜料、纸张、画布、泥土、木料和金属等,通过自己独特的艺术语言(线条、形体、色彩等)所塑造的可视的平面或立体的视觉形象,以反映自然和社会生活,表达艺术家的思想观念和感情的一种艺术活动。

正确理解这个概念,要把握以下四点:第一,美术活动必须借助一定的物质材料,也就是说要进行美术活动,不仅需要运用人体的某些部分,如眼、手等,而且还需借助人体以外的物质材料,如绘画需要运用笔、纸、墨、颜料、布、绢等;雕塑需要运用泥、木、石、铜、刀等;第二,美术形象的存在方式依赖"空间"(平面或立体);第三,美术的基本表现形式和手段是线条、形体、结构和色彩;第四,感知美术形象要通过"视觉",也就是说美术活动通过塑造一定的艺术形象来反映客观世界和社会生活,作用于人的视觉感官,引起人们的情感律动,给人以美的享受,陶冶人们的思想情操。

(二) 美术的特征

美术作为艺术的一个分支,在表现手法和审美方式上有不同于其他艺术形式的特征。

① 屠美如.学前儿童美术教育[M].重庆:西南师范大学出版社,2000:4.

1. 造型性

所谓造型性,是指艺术家运用一定的物质材料,塑造出欣赏者可以直接感受到的艺术形象。如在绘画中是用线条、色彩在二度空间里塑造形象;书法是用笔墨、布白、结构来创造神采,呈现精神气韵;雕塑用泥土、木石等在三度空间创造出具有实在物质的艺术形象。当然,造型并不单单意味着形似,而是形神兼备,移形传神。例如罗中立的油画《父亲》,通过感人的外部形象,表现了丰富动人的内在情感(图1-1)。董希文的油画《开国大典》,描绘的是1949年10月1日中华人民共和国中央人民政府成立时天安门国庆典礼的盛况。画家在人物造型、构图、设色等场面的处理上,体现出一个泱泱大国的气魄和风度(图1-2)。

图1-1 罗中立《父亲》

图1-2 董希文《开国大典》

2. 静态性

所谓静态性,是指美术作品是以静态形式呈现表现对象的。如与舞蹈相比,舞蹈含有人体造型,但这个造型有运动变化,由一连串的动作塑造一个形象,各动作相继出现,人们在欣赏时,随着时间推移,一步一步地观看,最后形成完整的印象。而美术反映客观现实是在动与静的交叉点上,抓住客观事物发展变化的某一瞬间的形象,将他用物质材料和艺术语言固定下来,不是过程。但是,这种静态不是单纯的静止,而是"寓动于静"的,是通过瞬间的形象化动为静、以静显动的。人们在欣赏时,根据经验联想和视觉运动来感觉其中运动变化。如东汉青铜器《马踏飞燕》(图1-3),就紧紧抓住一匹躯体庞大的马踏在一只正疾驰的龙雀背上,小龙雀吃惊地回过头来观望的闪电般的刹那,将一只凌云飞驰、骁勇矫健的天马表现得淋漓尽致,体现出汉代奋发向上、豪迈进取的精神。其大胆的构思,浪漫的手法,给人以惊心动魄之感,令人叫绝,成为以静寓动、以瞬间现永恒的杰作。又如达·芬奇的《蒙娜丽莎》,也是以静寓动的经典,画上的蒙娜丽莎呈现的笑容虽是微弱的,但可以从她的眉宇间看出内心的愉悦,一丝微笑似乎刚从她的脸上掠过。她那安详的仪态,表明她的微笑是平静的,不到引起情绪上的波动,这是一种古代妇女的矜持的美的表现。不少美术史家称它为"永恒的微笑"(图1-4)。

3. 表现性

美术作品虽然是造型艺术,但它更要表现形象的内在意蕴,表现艺术家的主观情感、意趣、观念等,因此表现性也是美术的主要特征。我国古典美学理论,讲究"画如其人""书如其人",讲究"传神写意",追求"意境";西方美术理论同样强调表现性,德国著名美学家黑格尔说:"艺术作品比起任何未经心灵渗透的自然产品要高一层。"法国雕刻大师罗丹更加明确地指出:"在艺术中,有'性格'的作品,才算是美的……因为性格就是外部真实表现于内在的真实,就是人的面目、姿势和动作以及天空的色调和地平线

图1-3　东汉青铜器《马踏飞燕》　　　　图1-4　达·芬奇《蒙娜丽莎》

所表现的灵魂、感情和思想。"例如：荷兰画家凡·高的静物画《向日葵》，用变化丰富的黄色调突出欢快的调子，寄托着饱经人间苦难的画家对生命的热爱之情（图1-5）；齐白石画的虾，来自生活，却超越生活，大胆概括简化，下笔有神，栩栩如生。他曾说："为万虫写照，为百鸟张神，要自己画出自己的面目。"（图1-6）

图1-5　凡·高《向日葵》　　　　　　图1-6　齐白石《虾》

三、美术的类型

（一）绘画

绘画是美术中最主要的一种表现形式，它是指运用线条、颜色和形体等艺术语言，通过造型、构图、设色等艺术手段，在二维空间（即平面）里塑造出静态的视觉形象，以表达作者审美感受的艺术形式。绘画本身的种类繁多，从不同的角度可以将其分为不同的类别。从地域的不同，绘画可以分为

东方画和西方画;从工具材料上,绘画可以分为水墨画、油画、版画、水彩画、水粉画等;从题材内容上看,绘画可以分为人物画、风景画、静物画、动物画等;从作品的适用形式上,绘画又可以分为壁画、年画、连环画、漫画、宣传画、插图等。不同类别的绘画,因各自的历史传统不同,都有着各自独特的表现形式与审美特征。

中国画又称国画,它在世界绘画领域中自成体系,独具特色,成为东方绘画体系的主流。国画讲究"神形兼备""气韵生动",追求意境美。在工具材料上,中国画是用毛笔、墨在宣纸、绢帛上作画,讲究笔墨,着眼于用笔墨来造型;在表现方法上,中国画多采用散点透视,使得视野宽广辽阔,构图灵活自由,没有时空限制;在画面的构成上,中国画讲究诗、书、画、印交相辉映,形成独特的形式美与内容美。例如:宋代张择端的风俗画长卷《清明上河图》,采用散点透视生动地记录了中国12世纪城市生活的面貌。画卷从左到右,向观者展示了宋代京城汴梁从郊外到城区的风物景色(图1-7)。又如:郑板桥在他的《竹石图》上题诗曰:"咬定青山不放松,立根原在乱崖中。千磨万击还坚劲,任尔东西南北风。"这首诗起点题和引申的作用,作者借竹抒发了自己洒脱、豁达的胸臆,表达了勇敢面对现实,绝不屈服于挫折的人品,竹子被人格化了,此时,"诗是无形画,画是有形诗"(图1-8)。

图1-7 张择端《清明上河图》(局部)

图1-8 郑板桥《竹石图》

油画是西洋绘画的代表,它是世界绘画艺术中最有影响的画种之一。在工具材料上,油画是用油质颜料在布、木板或厚纸板上画成的;在表现方法上,传统的画法采用焦点透视法作画,倡导"以形传神",讲究逼真的模仿;在画面构成上,画面景物充实,按自然的次序布满画面,呈现出自然的真实境界。现代艺术流派追求新观念、新价值,画家们用感觉代替观察,用综合代替分析,用抽象或半抽象代替具象,用"自我"代替"以自然为师"。呈现在作品中的多是线条、色块或各种物质材料的集成与综合。现代油画流派总体特征是远离理性、接近感性,开始摆脱自然,致力于表现形态各异的、多姿多彩的、超越现实的心灵世界。例如:达·芬奇《最后的晚餐》,画家采用焦点透视法和逼真的人物形象描绘,生动地刻画了耶稣的沉静、安详,以及十二门徒各自不同的姿态、表情,传达出丰富的心理内容,使观者有身临其境之感(图1-9)。又如:毕加索抗议德国法西斯的暴行的巨画《格尔尼卡》,运用具象与抽象和超现实等手法结合创作而成,具有结构严谨、主题鲜明的浪漫主义精神气质。画的背景布满黑暗,那盏光明的灯照射着德国法西斯空军为试验炸弹的威力轰炸了西班牙巴斯库的一座小镇格尔尼卡血腥的场面,好似一个冷酷而凶残的梦魇。画面中公牛象征残暴的法西斯,马象征悲惨的人民大众,高举双手呼救的惊恐妇女。画里虽然没有画飞机炸弹,却充满了恐怖、死亡和呐喊(图1-10)。

图1-9 达·芬奇《最后的晚餐》

图1-10 毕加索《格尔尼卡》

（二）雕塑

雕塑是用可雕刻和可塑造的物质材料制作出具有实体形象，以表达作者思想情感的一种艺术形式。雕塑的种类可以从不同角度来划分。从制作工艺来分，雕塑可以分为雕和塑。雕是从整块而坚固的坯体上，把多余的部分删削、挖凿掉，使剩下的部分形成形象，如石雕、木雕、玉雕都是这样制作的。塑是用具有粘结性的材料连接，构成所需的形体，如泥塑、陶塑等。从题材和适用环境来分，有纪念性雕塑、建筑装饰雕塑、城市园林雕塑、宗教雕塑、陵墓雕塑、陈列雕塑。从表现形式来分，有圆雕、浮雕。圆雕不附着背景，可以四面观赏（图1-11）。浮雕是在平面上雕出凸起的形象（图1-12）。

雕塑给人的美感与绘画有所不同，雕塑有体积、有重量、有质地，还有凹凸；可以环绕着四面观赏，可以触摸感受它的质地、凹凸转折，甚至温度，还可以抓握移动感受它的重量，所以雕塑给人的美感是丰富和充实的。另外，一般雕塑没背景，也没有框架将它与外界隔开，所以雕塑与环境的关系更为密切。如若这种关系处理得好，雕塑很容易融入环境并形成焦点，欣赏起来有一种与环境的连续感和点睛之美。

图 1-11　雕塑《维纳斯》　　　　　图 1-12　人民英雄纪念碑基座的浮雕

（三）工艺美术

工艺美术是与人们生活关系密切的一个美术种类,指日常生活用品经过艺术化处理以后,使之具有强烈的审美价值的产品。通常把工艺美术分为实用工艺和陈设欣赏工艺美术。实用工艺美术是指与衣、食、住、行、用等有关的工艺品类,包括经过装饰加工的茶具、餐具、灯具、家具、绣花制品和草竹编制品等等,其审美价值是作为辅助价值存在的(图 1-13、图 1-14)。陈设欣赏的工艺品指那些供以摆设、观赏为主的工艺品,如牙雕、玉雕、装饰画等(图 1-15、图 1-16)。这类工艺品以审美为其首要价值,手工技艺性很强,使用价值已经不明显或完全消失。

工艺美术的审美价值主要在于其造型所显示和烘托出的一定的趣味、情调和气氛。工艺美术品的审美要素包括造型、色彩、图案花纹、材料质地、加工技艺等美的要素。这些要素处理得好,可以使一件工艺美术品很具生活趣味,提高生活的质量。

图 1-13　实用工艺美术《虎头鞋》　　　　　图 1-14　实用工艺美术《书架》

图1-15　陈设工艺美术《白玉摆件·佰财》

图1-16　陈设工艺美术《灯笼》

（四）建筑艺术

建筑是建筑物和构筑物的统称，是人类用砖、石、瓦、木、铁等物质材料在固定地理位置上修建或构筑内外空间，用来居住和活动等的艺术。建筑艺术则是指按照美的规律，运用建筑艺术独特的艺术语言，使建筑形象具有文化价值和审美价值，具有象征性和形式美，体现出民族性和时代感。以其功能性特点为标准，建筑艺术可分为纪念性建筑、宫殿陵墓建筑、宗教建筑、住宅建筑、园林建筑、生产建筑等类型。

建筑艺术是一种实用性与审美性相结合的艺术。建筑的本质是人类建造以供居住和活动的生活场所，所以，实用性是建筑的首要功能。建筑艺术属于空间造型艺术，与其他美术形式相比更要满足实用、坚固、美观这三项要求，并与环境相互配合，协调一致，融为一体，形成建筑特有的空间美。例如：气势恢弘的宫殿建筑——北京故宫，从形式美及其象征内涵堪称中国建筑艺术的典范。从格局上看，故宫位于北京城城市的中轴线上，突出了皇权的居中和尊严；从院落组合上看，故宫中用殿、廊、门、墙进行围合，突出了重点建筑和场地的地位；从装饰上看，其形式和色彩都显示出尊长地位和等级制度。自远处眺望，故宫金碧辉煌在万众之上，而故宫外的低矮的、屈曲的、灰色笼罩着的民房似乎匍匐着，这样的布局与色彩无疑使天子居所的神秘与威严更加强烈（图1-17）。又如，国家体育场"鸟巢"，建筑形式和网状结构完美地统一在一起，清晰、自然、纯净、硬朗。其功能不仅满足北京2008年奥运会主体育场的要求，而且诸多方面体现了"科技奥运""绿色奥运"和"人文奥运"的理念。采用了很多新技术、新材料、新工艺、新方法，在雨洪利用系统、地源热泵系统也有非常突出的特色，并且在体育场内外各项活动所设置的各种空间、设施等，都突出了安全性、便利性、舒适性。"鸟巢"为2008年奥运会树立了一座独特的历史性的标志性建筑，而且在世界建筑发展史上也将具有开创性意义（图1-18）。

9

图 1-17　北京古建筑——故宫　　　图 1-18　北京国家体育场——鸟巢

四、美术的社会功能

人类所创造的文化，无论是物质的还是精神的，都有其特殊的价值，这就是它们的社会功能。美术和所有艺术一样，它是真作用于认识，善作用为教育，美作用于审美。因此，美术的社会功能主要有以下三方面。

（一）美术的认识功能

美术是社会生活的反映，实际上就是人们对社会生活、对世界的一种认识。从根源上看，美术以及其他一切艺术形式都不是超然于现实而与社会生活隔绝的，都是客观世界的反映，是人对于现实社会生活的一种认识。美术是对客观现实世界的一种特殊的反映形式或认识形式。美术认识世界、反映社会生活的方式是运用视觉形象进行创造性想象活动，认识的重点是事物的特征、个性和美，以高度概括的、具体可感的视觉形式和形象揭示事物的本质。如张择端的《清明上河图》，生动地再现了北宋汴京城和平时期的繁荣景象，表现了宋代人们的衣食住行、城市文化生活和丰富的节日活动，通过观赏可以使人们了解中国宋代的社会生活与风俗。从距今二至四万年前的洞穴壁画和原始雕塑到至今百花齐放的各种形式与内容的美术作品，无不在记录着艺术与历史的进程，反映着各个时期的社会生活人文思想。所以说，任何真正有价值的美术作品都是有不同程度、不同性质的认识作用。

（二）美术的教育功能

鲁迅先生说"美术可以辅翼道德"，美术作品所表现出来的内容和主题对人的身心健康、人生观的认识会起到重要的教育作用。因为美术家们在创作过程中，不仅反映现实，而且还会对现实生活作出评价，由此提出自己的理想和愿望，表达自己对人生与世界的体验和感受。如从董希文的《开国大典》我们能感受到那个历史时刻，油然而生了强烈的自豪感和爱国之情；又如，古希腊的雕塑《维纳斯》、毕加索的《格尔尼卡》等唤起人们对生命的崇敬，对罪恶的愤慨；李可染、齐白石的山水花鸟画又能使人们对自然、对生活的热爱。总之，美术的教育功能在不同的美术种类和形态中会有不同的侧重与表现，但最终都是要让作品中的形象与观念，包括道德观念完全地结合在一起，能起到真正的教育人的作用。

（三）美术的审美功能

美术既反映现实美，又能创造艺术美。所谓现实美，是指现实中各种事物的美；所谓艺术美，是指艺术作品的美，由创作主体按照一定的审美目标、审美实践要求和审美认识的指引，根据美的规则所创造的一种综合美。美术作品的美即艺术美，是美术家根据美的现实而创造出来的美。美术作为"艺术生

产"，是一种自由的精神生产、审美创造，因而审美也是其功能之一。罗中立的油画《父亲》，画家笔下浓厚的油彩和西方现代艺术中超写实的手法巧妙地结合，采用了特写构图，精微而细腻的笔触，甚至可见淋漓的汗水从脸上的毛孔中渗出，塑造了一幅感情真挚、纯朴憨厚的父亲画面。背景运用土地原色呈现出的金黄，来加强画面的空间感，体现了《父亲》外在的质朴美和内在的高尚之美。颂歌般的画面色彩十分庄重，生动感人，表达了对生活中劳动者的崇敬和赞誉。

美术的认识功能、教育功能和审美功能在作品中是相互依存不可分割的，它们的关系，正如美术中的真、善、美三者的关系，是一个辩证统一的关系。

第二节　学前儿童美术

一、学前儿童美术的含义

学前儿童美术是指3至6、7岁的儿童所进行的美术造型活动和美术欣赏活动，它反映了学前儿童对其周围世界的认识和情感。他们创作的美术作品有着独特的美感和审美价值。可以作如下理解：

第一，学前儿童美术指的是3至6、7岁孩子为主体进行的活动，不是成人为孩子创作美术作品的活动。

第二，学前儿童美术所反映的主要是他们周围生活环境中的一些简单事物；他们日常看到、听到、亲身经历、亲自感知过的事物，以及各科教学中所学的一些粗浅知识，这些便是他们进行美术创造的主要源泉。

第三，学前儿童美术作品主要是再现性的，情绪、情感更多起动力作用。在形式与意味的关系上，直接、纯粹表现情绪、情感的较少，一般是通过再现与情绪、情感有关的事物，使愿望得到满足，达到心理上的平衡。

二、学前儿童美术的本质

（一）学前儿童美术是学前儿童认识和把握世界的一种方式

美术是社会生活的反映，也是人们对社会生活、对世界的一种认识，学前儿童美术也是如此。美术是学前儿童认识和把握世界的一种方式。人类认识和把握世界有理性和感性两种基本方式：一种是科学的方式；一种是审美的艺术的方式。前者主要是一种逻辑的、理性的、分析的方式，其特点是逻辑的、有序的和有步骤的；后者主要是一种直觉的、感性的、整体的、综合的方式，主要包括想象、幻想、直觉、灵感、猜测等方法，其特点是非逻辑的、非理性的、无固定秩序和固定操作步骤的。科学的方式与审美的方式是互补的，不可缺少的。[①] 学前儿童的美术活动中所显示的就是一种对世界的感性、直觉的、整体的认识和把握。儿童在生活中的经验积累和对周围环境事物的观察，往往会以艺术的形式表现出来。如文蒂(4岁半)画的汽车就很好地说明了这一点。文蒂在车的后面加上了车牌，并且费尽心思地做了镂空的字母感觉，就说明了她很注意生活中事物的细节。每天，孩子都在认识世界，感受世界，并且尝试着理解它们。在语言的发育还没有达到一定的高度的时候，绘画便成为孩子们表达思想的一个重要途径(图1-19)。

① 屠美如.学前儿童美术教育[M].重庆:西南师范大学出版社,2000:10.

图 1‑19　儿童画《汽车》(4 岁半)①

（二） 学前儿童美术是学前儿童发展的一种表现

在儿童发展的过程中,不同年龄阶段的儿童对外部世界的认识和理解是不相同的,表达自己的情绪情感的方式也各有差异,但"儿童所有成长因素的最佳通整是在作品本身见到的"。② 儿童的美术是其心理活动的反映,是其心理表象的图式化。我们把儿童绘画发展的阶段与皮亚杰关于儿童智慧发展阶段作一对照比较,从中可以看出儿童美术与其整体智慧发展的对应性。如在前运算阶段,学前儿童美术的发展表现出与其整体智慧发展的高度一致性。4～6 岁的儿童在智慧发展方面处于皮亚杰所说的直觉和半逻辑思维阶段,这一阶段的特点是开始从表象思维向运算思维发展,但判断仍受直觉自动调节的限制,自我中心思维是其突出的特点。相应地,此时儿童绘画的发展处在罗恩菲尔德所说的前图式阶段。与他们思维发展特点相一致,儿童在这一阶段中绘画的发展也呈现出以自我为中心的特点。在美术活动中,他们将在感觉上、情绪上认为是重要的,就会画得醒目,画得大,这合乎一种情绪上、心理上的比例,而与大人所认定的物理上的比例不同。例如:5 岁儿童绘画作品《寻找失落的铅笔》——寻找铅笔时两只手臂画得一样长,而且与身体比例适当,寻找到后拾起铅笔时夸张地表现了手臂,忽视了整体;把铅笔装进裤兜里时,只注意了装笔的手,另一只手画得极其短小,好像失去了存在的意义(图1‑20)③。又如他们画自己能够在月亮上钓鱼,他们无拘无束的想象特点在绘画中得到了自然的流露(图 1‑21)。正是因为美术是学前儿童发展的一种表现,儿童美术作品有时被人用作衡量儿童动作、认知、情绪和人格发展水平的指标。有些儿童教育工作者还根据儿童美术的表现形式将儿童美术的发展分为若干个发展阶段,以此说明儿童身心发展的特点。

（三） 学前儿童美术是学前儿童表达情感与进行交流的工具

艺术起源于人类表现和交流情感的需要,情感表现是艺术最主要的功能,也是艺术发生的主要动因。当代著名美学家苏珊•朗格也认为,艺术是一种情感符号,这一点在学前儿童的美术中体现得更为明显。当年幼的儿童尚不能自如地运用语言文字这种成人约定俗成的符号系统表现自我和与人交流时,他会运用其他一些符号系统来表现自己、满足自己,美术就是这些符号系统中的一种。如蹒跚学步

---

① http://www.xici.net/d83373861.htm
② [美]罗恩菲尔德.创造与心智的成长[M].长沙:湖南美术出版社,2000:105.
③ 同上。

图1-20　儿童画《寻找失落的铅笔》(5岁)

图1-21　儿童画《在月亮上钓鱼》(6岁)

的儿童在尚不能用语言表达他对客观世界的感受时,就会拿着笔在纸上"涂鸦"来"吐露"自己的"心曲"。尽管儿童的涂鸦很难有什么真正的图像意义,但却是儿童感情的宣泄。孩子长到了三四岁后,随着心理能力的发展,渐渐地由无意识的涂鸦转到了有意识的象征式的绘画表现阶段,大多数孩子越来越喜欢画画,在幼儿园里画,回家后还主动要求画,有的孩子外出回来后或看了喜欢的电视节目后就迫不及待地想用绘画把自己的所见所闻和心里的感受画出来,还有的孩子特别高兴或特别不高兴时也会想到画画,绘画成为他们传递信息、表达某种情绪和情感的重要方式。如一位6岁孩子在绘画时边画边叫:"鬼怪出来了!"从他完成的画面上看与其所是恐怖的,不如说是幽默的鬼怪。也许他是为了克服自己心中的恐惧吧!(图1-22)① 又如一位5岁孩子用绿色来描绘爸爸气得铁青的脸,冲冠的头发一根根地直竖起来,还镶嵌着火红色。尽管孩子的爸爸不会长成这个样子,但是能使人感受到他爸爸愤怒时的情绪(图1-23)。美术具有一种语言功能,在儿童发展和成长的过程中,美术是比语言文字更早被儿童用来表述思想、宣泄情绪、想象和创造自己的世界的一种有效途径。随着年龄的增长,儿童越来越多地依赖语言文字表现自我,并与他人交流,而越来越少地运用美术这样一种符号系统。

图1-22　儿童画《鬼怪出来了!》(6岁)②

图1-23　儿童画《愤怒的爸爸》(5岁)

① [日]雄本高工.福井昭雄.儿童是天才、涂鸦万岁[M].台北:联明出版社,1991:114.
② 同上。

（四）学前儿童美术是学前儿童的个性表现的途径

学前儿童的美术活动是一种自由自主的活动,美术是学前儿童的个性表现的途径。儿童在美术中不仅根据个人兴趣和能力,以个人速度进行创作,而且每个儿童会以自己的语言和个人的方式完成美术作业。他们能通过观察和实践自己提炼概念。因此,我们从线条的特性、色彩的喜好、特别感兴趣的题材、活动的内容、与同伴相处的态度、活动的进行方法、注意力集中的程度、坚持性等方面均可观察到儿童个性的表现。

罗恩菲尔德把儿童的美术分为视觉型和触觉型两种类型。视觉型儿童希望按照自己所见来表现和认识世界,是客观性或理智性的表现类型,容易理解(图1-24)。触觉型儿童不完全按照所见来表现,而是透过各种知觉投射表现自己内在的世界,这种类型因个人的特性强烈而较难理解(图1-25)。

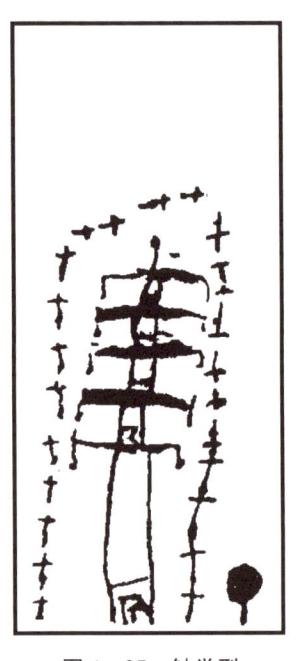

图1-24　视觉型　　　　　图1-25　触觉型

我国台湾的郑明进先生在其《怎样了解儿童的画》一书中认为,通过儿童画面可以发现儿童的性格。

（1）从画面上形态的尖锐感、内容的明确性,可以发现儿童智力的高低。

（2）从选用色彩的种类、明暗、曲线和直线的构成中,可以了解儿童作画时的情绪。例如:心情愉快、活泼时用色丰富,且倾向于明朗的黄、红、粉红、黄绿等色调;而在忧郁、烦闷、不安时,用色较少,且倾向于黑、紫、暗绿等色调。

（3）色彩变化的幅度和无彩色(黑、白、灰)的使用,也可以看出儿童的性格。例如:积极、活泼者用色多;消极、拘束者用色少或只爱用无彩色。

（4）画面上又短又直的线多而曲线少、锐利的角度出现多,则表明该儿童是属于攻击性的。

（5）描画很仔细的,大多是内向型儿童;而画得生动、粗壮、有力的则是外向型儿童。

（6）画面出现特殊形体,注意远近法,只用黑色去描画的,则有分裂性格的倾向。[①]

---

① 转引自屠美如著.学前儿童美术教育[M].南京:江苏教育出版社,1991:30.

三、学前儿童美术的类型

3~6岁学龄前儿童所从事的美术活动,从种类上来说,大致可以分为绘画、手工和美术欣赏;从使用的工具、材料及表现形式上区分,绘画可分成蜡笔画、彩色铅笔画、粉笔画、水墨画、彩色水笔画、手指画、棉签画和水彩画等;从性质上区分,绘画可分为命题画、想象画、故事画、填色画和集体合作画等;从内容上区分,绘画可分为物体画、情景画、意愿画和装饰画等。手工活动可分为纸工和泥工等。欣赏活动是对各种造型艺术作品和具美学特征的环境的观赏。

学前儿童美术是人类美术活动中的一个特殊组成部分,虽然学前儿童美术和美术共同创造人类理解力,都是个人创造和力量的显示,但在美术活动内容、形式和过程等诸多方面都与成人美术有很大区别。其中最大的区别是两者的本质不同和评价标准不同。

学前儿童美术与成人美术的本质不同。美术的本质就是指美术这一事物的根本性质,以及美术与其他诸如政治、经济、哲学、宗教、文学等的内在联系。美术来源于社会,能全面地反映社会生活,实质上是人们对社会生活、对世界的一种认识。并且人们在反映对社会生活认识的同时,附加着自己的审美观念。因此,成人美术具有社会性本质、认识本质和审美性本质。学前儿童美术是以自发和自然的方式进行的创造艺术,当学前儿童的其他表达技术,如语言完善起来时,他们对美术这种认识方式和表达工具的依赖性逐渐减弱。另外,美术必需的技巧也使他们退缩。因此,他长大时并非人人都会成为艺术家。因此,学前儿童美术的本质是学前儿童认识和把握世界的一种方式,是表达情感与进行交流,并使自我得以肯定的工具等。

学前儿童美术与成人美术的评价标准不同。美术是对物理世界和生存其间的人类状况的探寻,非常强调形式和技术,技术的高超、深刻而新异的经验以及审美愉悦都值得评价。伟大的美术作品促进、震撼、激励、肯定人的基本信仰,它使我们的感觉更敏锐和宽广。成人美术评价有不同的标准,并设想每个标准有着不同的功能。大多数美术家都努力使自己的技术日臻完美,并非常关心外界的评价标准,比如他们以往的成就以及未来他们将有什么影响等。儿童美术有时可以获得这些效果,但我们对之并不抱这些期望。因为学前儿童在美术活动时的全神贯注,以致他们对完善技术和掌握形式显得兴味索然。他们更多地沉迷于创作过程中,而不在意他们的作品将被如何评价,他们似乎只对内心而不是外界强加的标准作出反应。评价学前儿童美术时,最基本的方法应是对儿童及其自发性的探寻,欣赏他们作品中蕴含的思想、活力和愉悦。

第三节 学前儿童美术教育

一、美术教育

美术教育属于艺术教育的范畴,艺术教育是以音乐、美术、文学等为手段和内容的教育。艺术教育可分为专业艺术教育和普通艺术教育两类。专业艺术教育包括高等专业艺术教育、中等专业艺术教育;美术、音乐、戏剧、电影、舞蹈、书法等专业艺术教育。普通艺术教育包括幼儿园、小学、中学、大学中的非艺术专业的艺术教育。普通艺术教育的目标主要是提高受教育者的艺术修养。著名学者余秋雨曾对什么是艺术修养有过精辟的论述。他认为:"艺术修养是一种在审美范畴里感悟生命的能力。历代艺术家

汇聚着自己时代的人们的生命信息,通过一代又一代有艺术修养的接受,构成了生命的强力传递。屈原、李白、曹雪芹、歌德、肖邦、罗丹……靠着人们的艺术修养活到今天,而今天,人们则又靠着艺术修养汲取着前代大师们的生命能量。"所以,"艺术修养是一种社会性的人格素质"。

美术教育的含义也可以通过美术和教育两方面体现出来。根据对两者的倚重不同,可以将美术教育分成美术取向的美术教育和教育取向的美术教育。美术取向的美术教育着眼点是美术本身,即由美术本位出发,以教育为手段,发展和延续美术文化,也就是借助一定的教育方式和手段,横向和纵向传播美术知识和技能,促进文化的发展。教育取向的美术教育着眼点在教育,即从教育价值的角度看待美术教育,以美术作为教育的媒介,追求一般教育学意义的功效,也就是通过美术教育有目的地培养人的道德感、审美趣味、意志、智力和创造性等基本素质和能力,以及进行心理疏导和艺术治疗等。秉承教育取向的艺术教育目的,教育取向的美术教育的根本目的是通过艺术审美的途径提高受教育者的艺术修养,这一观点为幼儿园、小学、中学、大学中的非美术专业的美术教育的实施提供了较明晰的导向。

二、学前儿童美术教育

学前儿童美术教育是美术教育的组成部分,学前儿童美术教育是指教育者遵循学前儿童教育的总体要求,根据学前儿童身心发展的规律,有目的、有计划地通过美术欣赏和美术创作活动,培养其美术审美能力和美术创作能力,最终促进其人格和谐发展的一种审美教育。学前儿童美术教育旨在丰富儿童的情感,培养初步的感受美、表现美的情趣和能力。

决定学前儿童美术教育的审美教育性特点的原因有许多,但其重要原因有以下两方面。[①]

首先,学前儿童的身心发展特点决定了学前儿童美术教育的审美性。学前儿童的身心发展表现出以下特点:在感知上,表现出知觉过程显示出整体性与直觉性,往往是凭直觉对知觉对象进行整体性的判断而非理性的、非逻辑性的分析与综合;在记忆上,表现出具体形象记忆占优势;在想象上,表现出出乎成人意料之外的独特想象;在情感上,表现出易共鸣、易移情等。另外,从身体发育看,学前儿童的手部精细肌肉发育不完善,手指动作差,手眼协调能力不强,因而,也不适宜对学前儿童进行系统的美术技能技巧的训练。从学前儿童的身心发展特点看,虽然对学前儿童不适合进行系统的、概念性的美术知识的教育和系统的美术技能技巧的训练,但其身心发展特点恰恰与美术审美是相通的,是对学前儿童进行美术审美教育的基础。

其次,美术教育学科本身的性质决定了学前儿童美术教育的审美性。从学科性质来看,美术教育是艺术教育的一种,美术教育的审美教育性质是由美术自身的审美结构与特点所决定的。美术主要是指绘画、雕塑、工艺、建筑等作用于视觉的艺术,它作为审美对象在于审美意识、审美经验的视觉形态化,各种视觉造型的形式因素,如点、线、面、形体、结构、空间、色彩、构图、肌理、材质等,按照一定的构思组合成视觉形象的艺术整体。在造型、造意、造境的过程中,审美理想与审美经验必然凝聚其中,可以说,美术视觉形式无不包含着审美内容,静态中蕴含着动态的力。美术教育中,通过形体感、色彩感、线条韵律感、空间感、构图感、材质感等直接感性方面的培养,使受教育者在视觉形象的欣赏、创造活动中,去领悟深层的审美理想、审美形态和审美内容,从而培育自己的视觉审美能力、完善自己的审美心理结构。

① 孔起英.学前儿童美术教育[M].南京:南京师范大学出版社,2010:33.

三、学前儿童美术教育的意义

（一）满足学前儿童自我表达与交流的需要

《幼儿园教育指导纲要（试行）》（以下简称《纲要（试行）》）指出："艺术是学前儿童的另一种表达认识和情感的'语言'。儿童艺术教育应引导儿童接触生活中的各种美好事物与现象，丰富儿童的感性经验和情感体验。"学前儿童对于美术有一种自然的需要，他们如此喜欢涂涂画画，正是这种需要的表现。儿童心理发展的一大特点便是自我中心，他们常常不自觉地把自己的情感投射到客体上，使僵死的无机世界生命化。例如：他们把墙上的一段裂缝看成是一只面目狰狞的怪物；把飘零的落叶看成是离开了大树妈妈的可怜的孩子；满天的繁星是万盏点亮的小灯；汽车前部应该有一双眼睛它才看得见走路。这种移情作用为学前儿童美术教育提供了心理基础，而美术活动则为学前儿童提供了一个丰富情感、满足自我表达与交流情的机会，从而使美术活动成为他们喜爱的活动。如在美术欣赏教育中，教师为儿童精心选择美术作品，引导他们亲身体验和感受其审美特征，满足其审美情感的需要，产生审美愉悦，增强他们对事物的美的敏感性。又如在美术创作教育活动中，教师为他们创设宽松的心理环境和充满情感色彩的审美环境，学前儿童可以用绘画或手工这种外在的符号形式尽情地、自由地表达自己的观点、抒发内心的情感，感受到用美术与别人交流的喜悦，从而获得一种精神上的满足，一种因自我肯定而产生的愉悦感，并由美术这种符号化的人类情感形式泛化到生活的其他领域，丰富和发展学前儿童的情感世界。

（二）培养学前儿童艺术审美能力

学前儿童美术教育是培养学前儿童艺术审美能力的重要途径之一。席勒指出，包括美术教育在内的美育，是使人从感觉的被动状态到思想和意志的主动状态过程中的一个不可缺少的桥梁。要把感性的人变为理性的人，唯一的途径是先使他成为审美的人。培养学前儿童艺术审美能力，旨在培养儿童的审美观点，丰富审美感情，发展他们对美的感受和理解能力。美术是通过绘画、雕塑、工艺、建筑等作用于视觉的艺术，在美术教育活动中，儿童在视觉形象的欣赏、表现和创造活动中领悟审美思想和审美态，从而逐步完善自己的审美心理结构。学前儿童美术教育虽然还只能局限于较低的层次上，但是同样需要通过对美术造型的形体感、色彩感、线条韵律感、材质感、构图感和空间感等方面的培养，使儿童从视觉形象的欣赏、表现和创造性活动中获得审美教育。如在美术教育中，儿童所表现的自由不像其在游戏中那样局限于自身的经验，而是一种经过修正的、理想化的现实。儿童从经验、观念到情感的这一过程在艺术化的过程中得以完成。美术教育不仅在现实生活层面上，更重要的是在对美的追求的层面上，使儿童逐渐感受和理解真、善、美，排斥和去除伪劣、邪恶与丑陋的事物，引起儿童的情感律动，给儿童以美的享受和性情的陶冶，促使儿童在认知、情感等方面得到健康的发展。

（三）发展学前儿童一般智慧和想象力、创造力

美术教育除了具备其他学科教育所具有的一般智育功能外，还具有其他学科教育所不具有的智育功能特点，主要表现为给儿童提供一种有别于抽象思维形式的直觉思维，这种直觉思维是感性的，但积淀着理性。还表现为引导儿童对感性形式及其意味的整体把握和领悟，这种引导有益于形象想象和创造力的培养。

每个儿童都具有创造的潜能，在学前儿童美术发展过程中，从涂鸦期儿童的乱涂，到象征期的儿童为事物象征性地再造不完整的、粗略的轮廓的形象，再到图式期儿童用画来表达多种概念或凭自己的主观经验重新组合、加工变形的画面等等，都显示出他们独特的创造力。罗恩菲尔德认为："在艺术教育中，艺术只是一种达到目标的方法，而不是一个目标；艺术教育的目标是使人在创造的过程中变得更富

于创造力,而不管这种创造力将施用于何处。"学前儿童创造能力与成人所显示的创造力不同,主要是指他们利用物质材料及过去的经验并加以重新组合,制作出对其个人来说是新颖的、有价值的美术作品的能力。美术活动是比较自由的,标准也是多元的,美术的表现形式也是具体可见的,这就为儿童的自由想象和创造提供了极大的可能性。如在儿童的美术作品中,成人有关美术创作的许多条条框框被打破,出现一些在成人看来不合逻辑的构思、不合比例的造型、主观想象的色彩、随意安排的空间构图等既可笑又非常可爱的现象,这种超常规的、独特的现象,体现出学前儿童大胆的想象和神奇的创造力;又如学前儿童在欣赏世界艺术大师的作品时,往往能表现出丰富的想象力和创造性,即使是面对既没有真实的物体也没有具体人物的抽象作品,他们也能通过对线条、形状和色彩的直觉感受和把握,对作品作出热烈的、富有创造性的反应。

(四) 培养学前儿童手、眼、脑协调活动的操作能力

操作能力是学前儿童能力发展的重要组成部分,同时,孩子在操作中亲身体验某种情感的发展,体验美术活动自身的乐趣,进一步获得审美感知和审美创作。操作教育包括心理操作和实际操作两个方面。心理操作是指对那些头脑中存在的对象映象的操作,它建立在学前儿童心理发展基础上。学前儿童的心理发展正处于象征思维和直觉的、半逻辑思维阶段,主要受直觉表象的控制。实际操作则是操作者外在的手的动作,它建立在学前儿童生理发展基础上。学前儿童的手、眼初步协调,但未达到随心所欲的程度,肌肉的发展遵循由早期的大肌肉动作(如手臂运动)逐渐到小肌肉动作(如手腕运动)再到精细肌肉动作(如手指运动)的顺序。学前儿童的美术活动是一种手、眼、脑并用的活动,在活动中儿童通过心理操作和实际操作,把自身对美的感受传达给他人,从而提高其操作能力。例如:在绘画活动中,儿童要依靠头脑中已生成的意象,并配合画纸、画笔、颜料等绘画材料的操作,在二维空间的画面上表现出三维立体的形式。为此,他们必须在教师引导下学习如何积累内在图式,如何形成绘画所需的心理意象,如何使用美术工具和材料,如何组织画面等形式语言和技能。这种手、眼、脑并用的心理操作和实际操作,促使学前儿童手部小肌肉群逐渐发展成熟,使手、眼、脑逐渐协调一致,同时,也使他们对多种美术工具和材料的使用逐渐变得游刃有余,美术审美经验逐渐丰富,对线条、色彩、空间、构图等艺术形式语言的认识和使用以及对形式美的领悟也渐趋深入。操作教育一定要依据孩子的身心发展水平和需要进行。

(五) 培养学前儿童健全人格

儿童美术教育在发展儿童个性方面有着特殊的意义,儿童的美术活动也是离不开儿童的个性而独立存在的。心理学范畴的"人格"是指人的性格、气质、能力等特征的总和,即人的"个性"。伦理学范畴的人格是指人的品德和尊严,是人之"善"的本性。艺术是无错的,美术活动的特点是自由的,不带惩罚性的。美术活动往往可以为紧张情绪的排除和大量能量的释放提供一条畅通的途径。如儿童的造型表现是从其内心的需要出发,通过色彩、形态等造型语言来进行表现,并将这种表现传达给观众(家长、教师、同伴)的一种活动。儿童在活动中不仅可以放松情绪,获得自由创造的快乐体验,而且其观众(教师、同伴或家长)的同感和赞许反馈,有利于进一步形成儿童对自我表现的自信、喜悦、骄傲等良好的情绪体验。因此,美术活动过程与美术作品能够使儿童获得满足感,而这种满足感是个人成就感的重要源泉。现代心理治疗中的美术治疗,正是利用美术活动是情感表达和情感需要满足的这一特点,把美术作为窥探儿童内心秘密的手段来寻找致病情结,并把美术作为解开这种致病情结的钥匙而加以运用的。在美术活动过程中,儿童的创造能力和自我表现的愿望被不断激发,良好的个性品质和健全的人格也得到培育。

思考与练习

一、名词解释

1. 美术　　2. 学前儿童美术　　3. 美术教育　　4. 学前儿童美术教育

二、简答题

1. 关于美术起源的主要观点有哪些？

2. 美术不同于其他艺术形式的主要特征有哪些？

3. 学前儿童美术有哪些本质特点？

4. 决定学前儿童美术教育的审美教育性的主要原因是什么？

三、论述题

1. 结合美术的不同类型，谈谈美术的社会功能。

2. 谈谈进行学前儿童美术教育的意义。

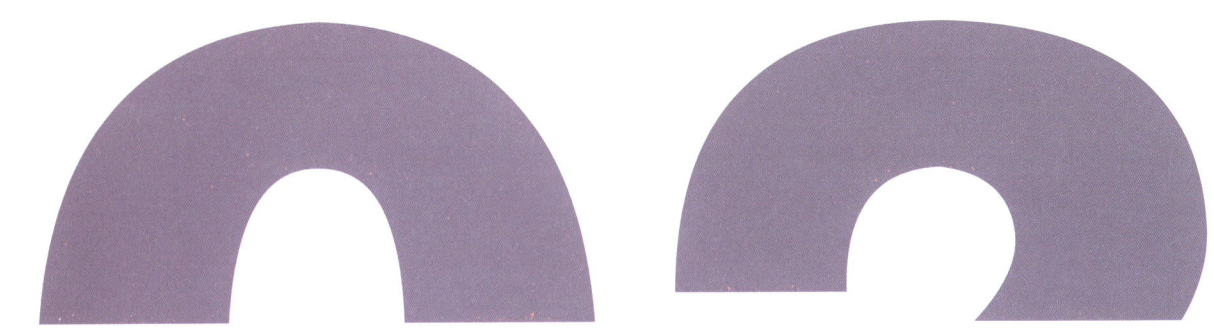

学前儿童美术教育发展历史与理论

【学习目标】

　　1. 了解中外学前儿童美术教育的发展历史。

　　2. 知道中外学前儿童美术教育的相关理论、主要内容和代表人物。

　　3. 学会选择适合我国学前儿童美术教育的教育思想和理论指导教育活动。

【内容概要】

　　学前儿童美术教育是人类最早的文化教育形式之一，有着自己的发展历史及丰富的教育理论和思想。本章在对国内外儿童美术教育历程的回顾与梳理中，介绍了不同历史时期有关儿童美术教育的政策、机构、观念及影响，并结合具体文献阐述了国内外著名研究者的学前儿童美术教育的相关理论。引导学习者学会选择适合我国学前儿童美术教育的教育理论和思想，做到古为今用、洋为中用，提高我国当前学前儿童美术教育的水平。

第一节　中国学前儿童美术教育发展史

　　中国学前儿童美术教育发展史大体上可分为两个阶段，以1903年我国兴办第一个儿童公共教育机构"湖北蒙养院"为标志，在此之前的儿童美术教育是非社会化的，也未形成系统的教学体系，美术教育分散到各个学科，甚至是社会活动中。1903年"湖北蒙养院"建立以后，儿童美术教育被正式提上日程，也从此开始起步。

一、1903年以前的学前儿童美术教育

在中国古代，儿童教育被称为"童蒙教育"或者是"蒙养教育"。[①] 据考证，中国的蒙养教育源于古代的图腾文化，也就是说，我国的美术蒙养教育早在原始社会就开始了。图腾是部族的标志、保护者和象征，是神圣不可侵犯的，图腾文化认为肉体的诞生并不足以使一个儿童成为氏族的一员，只有经过"成年礼"才能正式成为部族的一员，享有部族的一切权利和义务，获得图腾的保护。在青年成熟前，就得完成对他的教育。孩子出生以后，人们就在各种各样的仪式活动中，使儿童养成必要的生活习惯和劳动技能，美术教育就渗透在这些培训中。[②]

虞舜时期已有专门的学官管理教育，并把教育分为三大类：一为"秩宗"，由伯夷负责；二为"典乐"，由夔负责；三为"司徒"，由契负责。美术没有单独分化出来，是附属于"礼"和"乐"的，如：青铜礼器上的花纹、乐器的形状、图案等都离不开美术的作用，美术蒙养教育伴随政治需要而产生。[③]

蒙养教育在西周逐渐制度化和系统化。孔子在创办私学的同时，也开启了美术蒙养教育的先河。孔子提倡用以"孝悌"为核心的亲子之爱，呼吁唤起人所共有的这种亲子之爱，社会才能秩序井然，即"老吾老以及人之老，幼吾幼以及人之幼"的思想，于是儿童教育就显得格外重要，《大戴礼·保傅》"少成若天性，习惯成自然"，培养人应从"人之初"开始。在孔子的教育思想中，美术的地位是很高的，孔子是第一个将服饰色彩与人的道德修养、行为准则与人的官职地位联系起来的人，直接影响到了绘画的本体因素——用色。[④]

秦朝严禁私学，以吏为师，官学一枝独秀。汉代至清，蒙养教育及一部分相当于大学程度的教育归于私学。在长达两千多年的漫长时期，蒙养教育一直是私学的领地。蒙养教育不在官方学制内，经费、教师和生源都不依靠政府，由于蒙养教育是一种普及教育，办学不拘条件，教学制度极为灵活，因此，从汉代开始，蒙养教育兴盛，美术蒙养教育也随之兴盛。[⑤]

唐代以后，蒙养教育遍地开花，由于美术没有作为一门单独的学科存在，所以依然依附于其他学科和教育活动中。

1903年湖北诞生了中国第一个儿童公共教育机构"湖北蒙养院"，儿童美术教育也从此逐渐独立。

1904年初颁布由张之洞、张百熙、荣庆合订的《奏定学堂章程》，即"癸卯学制"。在《奏定学堂章程》中，为学前教育专门制定了《奏定蒙养院章程及家庭教育法章程》，规定了蒙养院课程的目标、内容与教学方法，其中在课程目标中列出了"手技"条目，美术教育逐渐开始独立。从此以后美术教育被正式提上日程，有了独立的地位。[⑥]

二、1903年以后的学前儿童美术教育

1912年，蔡元培（图2-1）主持制定并公布了"壬子癸丑学制"，将学前教育机构定名为蒙养园。美术教育中的审美教育功能在民国初期的教育中已露端倪。当时的美术教育除了使儿童掌握一定的美术技能外，已经提出培养儿童"养其美感"、"涵养美感"的能力。"五四"运动后中国的儿童教育由学日转向

---

① 王夫之《张子正蒙注·序论》："蒙者，知之始也。"故蒙又指儿童。开导蒙昧，使儿童明白贯通即"启蒙"，教育童蒙，使之养成基本的道德规范，具有基本知识技能称为"蒙养"。

②～⑥ 李英姬. 我国幼儿教育美术目标历史演变研究[D]. 东北师范大学，2004.

图2-1　蔡元培

学美,其核心是教育救国和尊重与发展儿童的个性。[①]

陈鹤琴等老一辈教育家根据自己的实践经验着手,编订出台了《幼儿园课程标准》,其中对美术的内容和要达到的标准做了具体的规定,美术教育在实践中摸索前行。

著名教育家陶行知曾提出幼稚园应实施和谐的生活教育,反对束缚儿童个性发展的封建传统的教学方法,他的思想对当时的儿童美术教育的发展起了一定的影响。他指出:"做一桩事情,画一幅图画,写一张字,如能自慰和慰人就叫做美。"同时,他还认为真、善、美合一的教育,必须是知、情、意合一的教育。他积极采取一些平民化、因地制宜的方法进行艺术教育活动。[②]

抗战时期一批有识之士怀着"欲救中国,先救儿童"、"为了孩子就是为了明天"的心声,奔走运作,成立了中国战时儿童保育会。当时的儿童美术教育基本上是以劳作为主,是劳作教育的一种教育手段,主要目的是服从于当时的抗战需要,体现了教育目的与政治目的一致的精神。[③]

1949年中华人民共和国成立,儿童教育从教育理念到教育实践全面学习苏联,从根本上解决了新型儿童教育为谁服务和怎样服务的问题。在课程方面,实行学科课程,采取分科教学的形式。1952年7月,教育部根据各地的需要,印发了《幼儿园暂行教学纲要》,规定幼儿园的教养活动项目包括体育、语言、认识环境、图画手工、音乐、计算等六科,并详细规定了各科的目标、教学大纲、教学要点与设备要点。[④]

1966年开始的"文化大革命"时期,儿童教育理论与实践被全盘否定。儿童美术教育的功能不能得到应有的发挥,更谈不上引导儿童去欣赏自然美和艺术美、培养儿童的智力和创造力了,使儿童美术教育陷入停滞状态。[⑤]

进入20世纪90年代以后,伴随着经济改革的全面铺开和向纵深发展,我国的教育也进行了重大的改革,素质教育思想逐步确立和落实,国家在制度层面对儿童美术教育的重视以及幼教理论界在理论和实践方面对儿童美术教育的关注,使得儿童美术教育得到了前所未有的发展。[⑥]

21世纪,世界各国对儿童教育目的进行了根本性调整。调整后的教育目的虽然各不相同,但有一个共同之处,就是谋求儿童身心全面、和谐发展,为其成长为社会所需要的人打下基础。联合国教科文组织国际教育发展委员会编的《学会生存》一书中写道:"把一个人在体力、智力、情绪、伦理各方面的因素综合起来,使他成为一个完善的人,这就是对教育基本目的的一个广义的界说。"我国《纲要(试行)》把幼儿园教育划分为健康、语言、社会、科学、艺术五个领域,把美术作为幼儿园艺术领域的重要内容。[⑦]

第二节　外国学前儿童美术教育发展史

一、古希腊时期

从学前教育开始,雅典人就非常重视美育的作用。雅典教育制度的一个重要特征是:重视人的各方

---

①~⑦ 李英姬.我国幼儿教育美术目标演变研究[D].东北师范大学,2004.

面的和谐发展,注意美育与体育、智育、德育的相互联系和相互配合。从7岁起男孩接受学校教育,女孩在家接受教育,雅典最初级的学校是文法学校和琴弦学校。儿童可以同时或先后进入这两种学校,文法学校的教学内容为阅读、书法、算数和图画。

亚里士多德认为,绘画能培养儿童对美的欣赏力和判断力,教儿童绘画是为了发展儿童丰富的情感。教儿童绘画"不仅是为防止其再购买中的错误,或者为了使他们不至在购买物品中受骗,而毋宁是由于要使他们成为人体美的判断者"。亚里士多德的这些思想,对文艺复兴时期的美育产生了极大的影响。

古希腊哲人们的理论见解以及在古希腊雅典学校的教育教学实践中,摒弃狭隘功利主义,将美术教育视为美育的重要组成部分,以培养学生高尚情操,这种教育思想对后世的美术教育产生了巨大而深远的影响。

二、中世纪到文艺复兴

与古希腊和古罗马时期的美术教育重视培养人的素质、陶冶人的精神不同,中世纪的美术教育几乎只是一种纯技艺性的工匠教育。当时的画家除了以个人身份服务于公侯外,其余均需加入同业公会,而且只有被公会证明为较优秀的画师才能开业授徒、雇佣流动工匠。学徒们在画坊从师学艺,目的仅仅是为了掌握某种技巧,以谋生路,学习的方式极为偏隘和机械。到文艺复兴时期,这种单纯的画坊学习已不符合时代要求,为了弥补画坊训练之不足,人们开始采用一些新的学习方式,画家的地位逐渐提高,儿童美育又重新提上了日程。

三、17世纪到18世纪中期

有"近代教育之父"称号的捷克教育家夸美纽斯(图2-2)认为美术对学生有较强的吸引力,能诱发他们内在动因,进行主动的学习。以绘画这种直观的方法作为教育手段,能收到好的教学效果,"因为,一切儿童都有一种要画图画的天生欲望,这种练习就可以给他们欢乐,他们的想象就可以从这种感觉的双重动作中得到激发"。对美术学习,他提出"凡是应当做的都应当从实践去学习",要从雕刻去学习雕刻,从画图去学习画图。他主张艺术要摹仿自然,要获得摹仿能力,教学就必须循序渐进。

图2-2 夸美纽斯　　　　　图2-3 卢梭

　　法国著名启蒙主义思想家卢梭(图2-3)将儿童教育划分为四个阶段,其中第二个阶段(2～12岁)主要任务是发展感官。他认为绘画除了是审美教育的重要手段外,还能训练儿童敏锐的观察力。他强调要严格地按透视规则来表现物体。为了使儿童目光敏锐,手指灵巧,就必须让他们学习绘画,而且必须在自然中学习,"照着房子画房子,照着树木画树木,照着人画人"。囿于偏见,他除了反对教师让学生临摹外,还反对学生在眼前没有物象时凭记忆作画,认为这样会使他们在记忆中以一些奇形怪状的东西去代替真正的形象,从而失去比例的观念和欣赏自然美的能力。

　　18世纪初,欧洲的一些新式学校开始将美术课列入课程表中。到19世纪,西方主要资本主义国家,如英国、德国、法国、美国以及俄国普遍在普通学校设置了图画课程。

四、18世纪末到19世纪

　　裴斯泰洛齐是瑞士著名的教育家。他以"一切为了孩子"的裴氏奉献精神,把自己的整个生命都给了教育事业。他与福禄培尔和赫尔巴特齐名,为19世纪欧洲的三个"伟大教育巨匠"。

　　裴斯泰洛齐说:"我的目标是要在人类技能和人类知识的所有科目中打下坚固可靠的基础;我努力于增强儿童对每一种艺术都能给以简化与概括的能力。"裴斯泰洛齐注重发展儿童对事物形状的感知能力。他把直线理解为构成各种形状的基本要素,让儿童首先观察直线,继而学习由直线构成的三角形、四边形及各类多变形。在学习直线的基础上,引导儿童学习曲线、圆形和椭圆形等。将教育自然主义的理想具体化,切实体现了"大道至简"的精神,代表着教育理论未来发展的基本方向,凝结着人类寻求教学高效和有序发展的教育智慧。

图2-4　福禄贝尔

　　福禄贝尔(图2-4)是19世纪上半叶德国著名的儿童教育家,被誉为"儿童教育之父"。他的教育思想对后世产生深刻的影响,特别是他创办的幼儿园及他所设计的游戏"恩物"至今还被人们广为流传。福禄贝尔认为人和万物总是处于不断变化发展之中的,儿童的身心也总在变化发展,而且儿童的身心发展是"自动的",任何压抑和束缚对儿童都是不利的。因此,要求在对儿童施教之前,要对儿童有充分的观察和了解,要顺应儿童的天性,否则对儿童的发展是不利的。作业是福禄贝尔为儿童确定的一种教育活动形式,福禄贝尔为儿童设计了许多适合他们完成的作业,主要有绘画、纸工等。

　　其他如欧文、斯塔尔克、孟克和乌申斯金等人都发表了对美术教育的有益见解,并对美术教育的价值予以充分肯定。

五、当代外国儿童美术教育

(一) 奥地利儿童美术教育

　　奥地利弗兰兹·西泽克被誉为"儿童绘画之父",他开拓了当代儿童美术教育的新领域,在美术教育史上成为第一个"发现了儿童绘画"并给儿童绘画以崇高地位的人。西泽克反对教儿童成人的画法,主张尊重儿童本身的表现,教师必须深入研究儿童的发展规律,并且熟练运用这些规律,以在儿童的自然成长中教导他们。

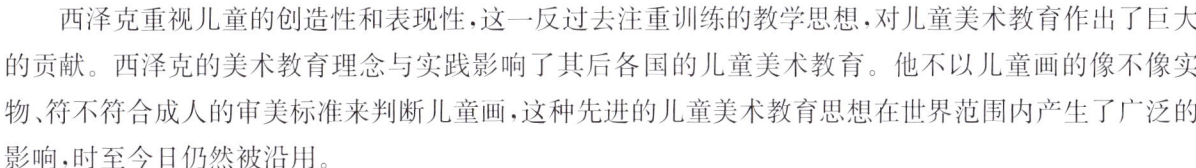

西泽克重视儿童的创造性和表现性,这一反过去注重训练的教学思想,对儿童美术教育作出了巨大的贡献。西泽克的美术教育理念与实践影响了其后各国的儿童美术教育。他不以儿童画的像不像实物、符不符合成人的审美标准来判断儿童画,这种先进的儿童美术教育思想在世界范围内产生了广泛的影响,时至今日仍然被沿用。

(二) 英国儿童美术教育

里德是英国著名艺术教育理论家。他的艺术教育理论被尊称为"工具论",其要旨是通过艺术教育来建构完整的人格,这一教育目标需要通过艺术教育各要素的统整来完成。

里德认为,教育是帮助学生与世界沟通,并通过合理的表现而达到人格统整的过程,艺术教育在这一过程中具有基础性作用。这种建构需要达到个体个性和社会意识的统整,感性和理性的统整以及认知和表现之间的统整。这三方面在艺术教学中具体体现在:艺术个性和共性之间的统整关系,艺术感知和艺术思维之间的统整关系,艺术认知和艺术表达之间的统整关系。因此,里德主张通过艺术教育促进儿童人格的发展,认为儿童生来就具有艺术潜能,并具有不同的表现类型,教师要尊重个体差异,进行有针对性的辅导。

(三) 美国儿童美术教育

在儿童美术的评价方面,美国罗恩菲尔德把儿童的感情、智能、身体动作、知觉、社会性、美感、创造七个方面的发展作为主观评价标准;把发展阶段、技巧和作品的组织三个方面作为客观评价标准。罗恩菲尔德的美术教育思想被认为是工具论,他在儿童美术发展心理与教育方面的研究,对 20 世纪 50～60 年代西方儿童美术教育(尤其是儿童美术教育)有着重要影响。[1]

艾斯纳提出美术课程应体现艺术的内在价值在与艺术的本质特征。这种以学科为中心的课程选取美术教育内容,有利于营造学生发展的概念——知觉的教学环境。科目中心的老师的任务是负责执行既定的美术课程计划,整个以学科为中心的教育理论重视课程目标、内容和教学法的研究。古力的观点与艾斯纳类似,这些著名美术家的观点分别形成了当代美术教育中的工具论与本质论两大派系。[2]

当代美国艺术教育得到前所未有的重视,他们越来越多地认识到艺术教育的重要性,这从美国 1994 年颁布的《艺术教育国家标准》中可见一斑。《艺术教育国家标准》中说:"艺术是人类有史以来不可分割的组成部分""艺术是体现人性渊源的最深长河之一,它连接着人类的世代传承。""艺术,深深地根植于我们的日常生活。""出于上述及更多难以计数的原因,艺术成为人类旅程中不可分离的组成部分。"《艺术教育国家标准》对艺术教育给予了足够的重视,它的教育思想和举措是美国当代儿童美术教育的代表。[3]

总之,正如《艺术教育国家标准》中说的:"艺术教育是保持社会文明的长久动力和养分。一个没有艺术的社会和民族就无法生存。"发展艺术教育是每个艺术教育工作者的历史使命。

(四) 日本儿童美术教育

与美国、英国等的美术教育相类似,明治初期日本的美术教育也十分重视实用功利,目的在于培养产业后备军。受西方图画教育的冲击,日本绘画局限于用铅笔练习描绘正确的图形,这一时期被称为铅笔画时期。[4]

1904 年发表了一份对日本美术教育的发展产生深远影响的报告书。该报告书提出了美术教育的作用和目的,科学地区分了美术教育在怡情养性及实用方面的不同目标,主张在培养欣赏能力的基础上,重视训练儿童的观察能力和动手能力。[5]

---

①～⑤ 蔡瀚枢.儿童美术教育的比较与反思[D].湖南师范大学,2006.

1952年，由"创造美育协会"推行的美术教育改革运动引起了全日本的回响，赞成者与日俱增。此项运动获得了两项丰硕成果：其一，再次强调了培养儿童创造力的重要性，由齐塞克开创、里德推进的"通过艺术的教育"的潮流在日本再次兴起；其二，促进了以心理学观点来看待儿童画，超越了以往从教育或艺术的角度看待儿童画的方式。[①]

总的说来，日本学前儿童美术教育赋予儿童自我表现以很高的价值，并注重选择适应学前儿童心智成长的教学内容和方法。涉及的教学内容相当广泛，有绘画、摹写、拼贴、堆积、手工制作以及鉴赏活动等。各类教学内容之间不是孤立的，而是有机联系的整体。在美术教育中，透过艺术的教育，结合造型基础教学，这两者的统合，可能是日本学前儿童美术教育正在探索的路线。[②]

第三节 学前儿童美术教育相关理论

一、中国学前儿童美术教育相关理论

图2-5 丰子恺

（一）丰子恺的儿童美术教育理论主要观点

丰子恺(图2-5)是我国现代画家、散文家、美术教育家、音乐教育家、漫画家和翻译家，是一位卓有成就的文艺大师。在儿童美术教育方面，丰子恺提出了"重兴味"、"轻写实"、"儿童的绘画必须是生活的反映"等教育主张，旨在尊重儿童个性，使儿童心智得到健全的发展。丰子恺认为"儿童画是思想感情特殊，而画技未练的人所作的画，是'重兴味'而'轻理法'的绘画"，即我们今天所说的"重趣味""轻技法"。

丰子恺认为儿童是不会去细看物体的各个部分的，儿童看到的只是物体的大轮廓，他们本能地将事物去提纯、简化，把事物最重要的特征、最本质的东西反映出来，在提炼简化这方面，儿童比大人做得好。儿童画与中国画有着异曲同工之妙，在丰子恺看来儿童画就是"未练的中国画"。"艺术须与生活相关联"，也就是说，儿童画必须是儿童生活的反映，凡是从儿童的生活感情出发，从儿童的手上描出，而具有美术形式的，都是良好的儿童画。

（二）陈鹤琴的儿童美术教育理论主要观点

陈鹤琴(图2-6)是中国近现代教育家，他提出"活教育"理论。

1. 陈鹤琴对儿童图画发展过程研究

(1)陈鹤琴认为在儿童图画发展的每个阶段，还可以更具体地划分为不同的发展环节。外国研究者指出儿童绘画发展过程可以分为四个阶段，即涂鸦期、象征期、定型期和写实期。陈鹤琴认为在每个阶段之中，还可以更具体地划分为不同的发展环节。

第一，涂鸦期(1~2岁)。波形图，从左下方向右上方重复画弧线，乱丝图，画着不同方向的曲线和直线；圆形图，顺时针方向画圆圈。

第二，象征期(2~3岁)。普遍性的象征阶段，圆圈可代表物，又可代表人；类别性的象征阶段，以一种图形代表一类事物；个别性的象征阶段，能表现事物的"我"。

第三，定型期(3~7岁)。其特点是从简单到复杂、从正面到侧面、从呆板到有生气，并有时间、空间观念，懂得构图，也懂得表现性别与年龄，能用语言来解释自己的画。

第四，写实期(7岁以后)，能以绘画技术反映客观现实。

(2)儿童先会画线，后会画圆，然后才会画点。

(3)儿童绘画技能的增进，落后于他的感知认识。

(4)儿童绘画容易反映对他印象最深的客观现实。

(5)儿童绘画是随着他身心的发展而发展的，儿童的绘画技能与他的生活经验与教育实践密切相关。

图 2-6　陈鹤琴

2. 陈鹤琴的"刺激—反应说"

对于儿童为什么喜欢绘画，陈鹤琴不赞成"天赋说"利"生理机能说"。"天赋说"认为儿童绘画的原因是来自于儿童内心的一种冲动。这种观点流行多年，至今尚有影响。"生理机能说"认为儿童喜欢绘画是为了满足手动的生理需要，并通过绘画活动产生一种动觉刺激和动觉快感。陈鹤琴认为儿童对绘画的兴趣是由于外界事物的刺激，孩子的大脑在经受外界事物的刺激后，在脑子里留下了一个深刻的印象，于是就借助图画表达出来，因为学前儿童的词汇量极少，图画是他表达思想感情的媒介。陈鹤琴的观点从根本上说是正确的。因为，心理是人脑对外部事物的反映，没有外部事物的刺激，就不会有心理活动的内容。外部事物的刺激是儿童绘画的本源。绘画是儿童表达思想感情的媒介。

3. 陈鹤琴关于儿童美术教学方法的主张

(1)通过游戏的途径进行美术教育。陈鹤琴认为画图是一件很有教育价值的游戏，也应该注重利用游戏的手段，应该让儿童有动手画的游戏、看图画的游戏、剪图的游戏、剪纸的游戏、着色的游戏、穿珠的游戏、塑泥的游戏、玩沙的游戏等等。

(2)通过户外活动进行美术教育。陈鹤琴反对把儿童关在室内进行教学的方法。他认为，新鲜的空气，明亮的阳光，都是儿童强身的要素，到了这种野外的地方，做教师的就可以随地施教，看见什么，就可以教什么。儿童看见了这些野外的景象，就得到了一种深刻的印象。如果教师在这种适宜的地方，教儿童唱歌、做游戏、画图画、讲故事等功课，这样儿童学了许多天然的实物，又可以学到普通所教的功课，并且可以增加儿童的欢乐，活泼儿童的精神，强健儿童的身体。

(3)通过与其他教学活动融合的途径进行美术教育。陈鹤琴批评幼儿园里分科的教学方法是违反儿童心理的，主张"整个教学法"，即"把各科课程打成一片"。其中，美术教学也可以与其他教学活动融合在一起。例如，讲故事的时候，就可以根据故事的情节，提前准备好剪贴图、描画图、拼图、排列图、着色图、穿线图等，让儿童在完成上述美术任务的同时，也了解了故事的内容，而且由于图画具有生动性和趣味性，能使故事在儿童心里留下更深刻的印象。

(4)通过美的环境进行美术教育。陈鹤琴注重审美环境对儿童审美观念的影响。首先是幼儿园的环境，在室外应该尽可能地开辟草场、花园、菜圃，栽培美丽鲜艳的花卉、蔬菜和绿荫浓浓的树木；在室内也应该布置一些适当的富有教育意义的挂图、画片、漫画和故事画等，让儿童在这个美丽的环境里舒畅心身，陶冶情感。其次是家庭环境。父母要给儿童提供一些画画的用具和地方，以有利于儿童美术能力的提高。在家庭里面，墙壁的布置，桌子上的摆设应该有种审美的意味，房间里的各种用品衣服等都应当放得整整齐齐，不应该随便乱摊乱挂。家庭里有较好的布置，儿童不知不觉受到审美的影响，也会养

成一种审美的习惯。

二、西方学前儿童美术教育相关理论

图2-7 约翰·杜威

（一）约翰·杜威的儿童美术教育理论主要观点

约翰·杜威（John Dewey）（图2-7）是美国早期机能主义心理学的重要代表，著名的实用主义哲学家、教育家和心理学家。杜威的教育思想中对儿童美育方面提出了自己的主张。

杜威的"儿童中心论"的思想要求教师实施美育过程中不能忽视对儿童艺术兴趣的培养。他认为对儿童艺术兴趣的培养应从以下三个方面做起。

第一，教师要懂得如何给儿童创造一个美的环境。如利用大自然中的材料来美化环境，让环境中充满赏心悦目的图画，优美的文学，动人的音乐旋律等等，儿童长期生活在这样充满美的环境中，身心自然就得到了艺术的熏陶。

第二，教师要注重儿童的情感发展。儿童犯了错，除了要及时纠错，还应以鼓励性话语为主；儿童做正确了，教师应毫不吝惜地伸出大拇指予以夸奖，培养儿童情感走上正确、积极、多彩的道路。

第三，教师要充分利用自己的言行把艺术作品中美的魅力展现在儿童面前，从而使儿童在潜移默化中受到美的熏陶和艺术的指导，对艺术的兴趣也越发浓厚。通过美育唤起儿童对艺术的兴趣，这正是杜威学校美育的价值，也正是杜威"儿童中心论"最好的体现。

我们不能用艺术家的眼光来看待儿童的绘画作品，应该通过儿童在绘画过程中的实际操作来提高儿童的审美能力，让儿童有更为丰富的审美经验。在绘画教育中，家长或教师应正确引导孩子观察生活中具体的事物，让其明白正确的观察方法。在艺术教育中离不开想象力，培养儿童想象力的方法很多，其中游戏的方法更适合儿童的心理特点，在儿童绘画中，教师利用游戏的方式加以引导，可以让儿童在动手的过程中体验绘画的艺术美。

（二）阿恩海姆的儿童美术教育理论主要观点

鲁道夫·阿恩海姆是美籍德国心理学家、艺术理论家。阿恩海姆倡导的是视知觉和视觉思维美术教育理论。其主要著作《艺术与视知觉》《视觉思维》《走向艺术心理学》被译成中文后，对我国美术工作者的创作和研究起到了很大的作用。阿恩海姆对美术教育的见解主要集中在《关于艺术教育的思考》一文中，在以上的几本著作中也广泛的涉及了美术教育的问题。

阿恩海姆认为，当时的两种美术教学法（应该是传统现实主义的和现代派的），"都会给儿童造成危害"。第一种，"运用老式教学法""向学生们拼命灌输高级专业技巧""让儿童用一只削尖了的铅笔一味地把一个模特儿描摹下来"。阿恩海姆认为这种方法的问题在于，"由于学生们一味地模仿他们的老师所使用的方法，就有丧失自己的直觉能力的危险，因为他们总是把自己的精力放在对这种形式的使用上（而不是用这种形式去创造）。他对自己的作品不是充满自信和满足，而是对它感到迷惑不解"。也就是说，此时的"媒介"，不是为儿童"掌握"和"自身地理解"的，不是他们自己的东西，"媒介"变成了模仿的对象，而不是创造过程中所用的砖石。

阿恩海姆认为儿童美术中具有一种简化和几何化的倾向，因为人体的认识是从整体到局部逐渐分

化的,儿童美术正好体现出这一特征。儿童绘画是从最简单的因素向复杂的形象发展的。所以,儿童总是从绘画的最简单的因素——线条开始其美术活动的,而后进入最简单的形状——圆形,随着区别率的强化使作品的形象变得越来越复杂。儿童画并不像一般人认为的那样是依葫芦画瓢的,而是对原物作了大幅度改造之后的形象,因而看上去极为简约。这种现象不能完全归结为儿童的智力或绘画能力的水平较低,而是归之于儿童知觉中占优势的简化倾向,即那种把外物形态改造为完美简洁的(或好的)图形的倾向。正是在这种倾向的支配下,儿童画大都是二维的,是较规则的圆形和椭圆形。这种倾向似乎毫不顾及原形,只以简洁为准。

阿恩海姆从格式塔心理学的立场出发,解释了儿童美术发展中的现象以及产生这些现象的原理,其中不少理论为儿童美术教育工作者所信服。然而,阿恩海姆的理论也有他的不足之处,比如儿童画中有一个X光表现特征,儿童往往将实际上看不见,然而却客观存在的东西画出来,像房子里的玩具和孕妇肚子里的孩子等等,阿恩海姆的简化和几何化的理论就无法解释这一现象。

(三) 里德的儿童美术教育理论主要观点

伯特·里德是英国著名艺术教育家、艺术理论家和评论家。他倡导艺术与教育完全交融理论。在20世纪40年代出版的《通过艺术的教育》一书中,他通过对儿童思维发展、心理发展及儿童绘画等多方面研究,在总结多年的教学和艺术实践经验的基础上,提出了很多关于艺术教育的新的思想和观念,见解独到而精辟,充分体现出他的艺术教育思想,对之后的西方艺术教育乃至世界范围的艺术教育产生了巨大的影响。

1. 艺术是适应社会的人的个性的自我定位最有效的手段

里德对艺术在教育中的地位看得很高,把艺术看成是适应社会的人的个性的自我定位最有效的手段。他认为人类的不幸主要溯源于个人自发创造力受到压制,人格自然的生长受到阻挠。教育唯有运用艺术,才能摆脱这种状况,达到自我实现。这就是说,艺术教育的目标是促使儿童自发创造力与人格自然地成长。

2. 鼓励和保持儿童的天赋因素长久存在

里德认为儿童生来具有艺术潜能,并具有不同表现类型。它们是有组织的、拟情的、节奏的模式、构造的形式、列举的、表现派的、装饰的和想象的,共八种。儿童美术不仅受儿童特定人格类型的影响,也受"由潜意识而来"的一系列原生印象或原型的影响。根据里德的观点,儿童美术是人类进化过程中作为残迹遗留在人类意识中的一种原形功能。原型最常显现的是魔幻主题,包括一切同心圆、有一个中心的圆形或方形以及所有辐射状或球状的排列,如花、十字、轮状、曼陀罗等。这些符号自然反复地出现在各种文化背景的儿童画中,从而为人类的共同人性提供了佐证。

3. 在美术教育中重视想象力的培养

想象力在里德看来,就是意象彼此联系的能力,即不论是在感情的历程中还是在思考的历程中把各种意象结合起来的能力。从本质上说就是把通过感知得到的心象加以改造、组合、冶炼、重新铸成全新意象的过程。从中可见,无论是理性活动中的抽象逻辑思维,还是艺术活动中的艺术思维,每时每刻都离不开想象的帮助。牛顿从苹果落地的意象中悟出万有引力定律,就是一个典型。形象思维就更是如此,在这种思维中各种意象的连贯更为活跃和普遍,想象应该是形象思维最明显的特点。也就是说,没有意象的联结,没有心象的结合,没有想象,任何一种思维都是不会产生的,想象力有助于思维的发展,因此,想象力必须去培养,而且完全可以培养。

4. 形象思维的发展不能以牺牲逻辑思维为代价

形象思维和逻辑思维是儿童获得对客观世界全面认识的不可缺少的思维方式,它们应该并行存在,

发挥各自的作用,从而构成完整统一的和谐思维状态。培养儿童思维和谐发展过程中,应注意依照儿童天赋气质给予鼓励指导。

总之,作为一个艺术教育思想家,里德在自己的长期的研究中就注意到现代教育体系对儿童思维能力发展的不良影响,以及由此产生的对心灵上的损害,并将审美教育作为培养儿童和谐思维的有效方法,并对采用什么样的思路和方法进行了具体的讨论和说明,在促进儿童思维能力的发展乃至推动个性走向成熟方面都具有深远的意义。

（四）艾修勒和哈特薇克的儿童美术教育理论主要观点

艾修勒(R. Alschuler)和哈特薇克(L. Hattwick)研究的是学前儿童的画架绘画,提出了美术是儿童智力发展水平指标的理论。其主要观点如下。

1. 学前儿童的绘画是儿童人格特征的反映

她们认为:儿童的绘画,即使是学前儿童的绘画也不是偶发的行为,而是儿童人格特征的反映。儿童的人格特征对儿童绘画的风格和样式会产生重要的影响。根据她们的研究,儿童在绘画中对空间的处理,可被看做儿童对其环境使用的例子;儿童在绘画时对图形大小、色彩、位置和空间的处理,是与儿童的人格特征密切相关的。艾修勒和哈特薇克从儿童画入手研究了儿童画与儿童人格和行为之间的关联;反映了研究者从人格投射的角度看待儿童美术本质的立场,为儿童教育工作者研究儿童美术提供了新视野。

从儿童画架绘画的分析中所取得的数据不足以用来预测儿童的行为,而只应被用做一个重要的参考资料,对儿童的人格和行为进行分析不可单凭儿童的绘画作品,而应依据长期观察包括儿童画在内的儿童的全部生活。她们忠告人们:虽然儿童画与儿童的情感和个性之间存在着密切的关联,但是将这种关联绝对化、公式化是不可取的。

2. 有些儿童绘画不是自我的反映,而是对外来刺激的描摹

她们在1947年出版的《画架绘画与儿童人格》书中这样写道:我们的发现可证实:2～4岁的孩子,透过创造性媒体,就能表现出与具有明确行为的情感相同情感的倾向。但同年龄的孩子中,有些儿童不把真实的情感明确表露为外在行为,却将其表现在画架上的画中。此时,视为分别来自绘画与明确行为的儿童冲动,不但不类似,毋宁是对照性的。

3. 蜡笔是一种表达观念的美术媒介,而画架颜料则常是一种表达情感的媒介

当幼小的儿童选择和使用蜡笔时,他所表达的需要、情绪、意义与他使用画架颜料时所表达的很不相同。当儿童用蜡笔绘画时,他倾向于用花朵表达观念;而当儿童用颜料画画时,他倾向于用画来表现自己的情感。一个能用蜡笔画出一个清晰可辨、细节丰富的人体图形的儿童,可能在同一天内跑到画架前,画出的却是一个杂乱无章的色团。

（五）古德伊纳夫和哈里斯的儿童美术教育理论主要观点

古德伊纳夫和哈里斯将儿童美术看做帮助确定儿童智力成熟程度的一项指标,这一观点最早是在1924年由古德伊纳夫在其发表于斯坦福大学的博士论文中提出来的。在1926年古德伊纳夫出版的《通过绘画测量儿童的智力》以及1963年哈里斯出版的《儿童画用以测量儿童的智力成熟度》中,他们都认为儿童智力发展的成熟程度代表着儿童所具有的形成概念的水平,而形成概念的能力是一种智慧的能力。他们认为,儿童的画能反映这种概念形成的程度,儿童画中所显示的细节的多少,特别是在画人物时所显示的人物各部分细节的多少,可作为儿童智力成熟程度的一个衡量指标。

一般而言,儿童智能发展水平越高,他所画的图画,特别是所画的人物画的各个部位就越详尽,各部分之间的关系就越协调。然而,儿童智力发展的成熟程度与人物画之间的关系极为复杂,每个儿童都以

自己独特的风格和方式画人物形象,组成人物形象的各种要素也是千差万别的,常会表现出与众不同的灵活性,因此,衡量的标准只能是相对的。

避开画人测验的合理性问题,审视古德伊纳夫和哈里斯提出的观点,至少为人们认识儿童美术的本质和内涵又多提供了一个视角。那就是,他们认为,儿童美术的主要方面是认知领域的,许多似乎与美术无关的能力也影响着儿童的美术行为。

思 考 与 练 习

一、解释题

1. 蒙养教育　　2. 刺激反应说　　3. 工具论

二、填空题

1. 中国学前儿童美术教育发展史大体上可分为两个阶段,以_____年我国兴办第一个儿童公共教育机构_____为标志,在此之前的儿童美术教育未形成系统的教学体系。

2. 有"近代教育之父"称号的_____教育家_____在其名著_____中阐述的教育思想,为普通美术教育的开展作了铺垫。

3. _____被誉为"儿童绘画之父",他开拓了当代儿童美术教育的新领域,在美术教育史上成为第一个_____并给儿童绘画以崇高地位的人。

4. 陈鹤琴认为儿童对绘画的兴趣是由于_____,孩子的大脑在经受外界事物的刺激后,在脑子里留下了一个_____,于是就借助_____表达出来,因为学前儿童的_____极少,_____是他表达思想感情的媒介。

三、简答题

1. 西泽克的儿童美术教育主张是什么?

2. 陈鹤琴的儿童美术教育理论主要观点有哪些?

3. 简述古德伊纳夫和哈里斯的美术是儿童智力发展水平指标的理论。

学前儿童美术教育目标与内容

【学习目标】

1. 明确学前儿童美术教育的目的与任务。
2. 理解学前儿童美术教育目标结构体系,掌握学前儿童美术教育活动目标表述方式。
3. 了解学前儿童美术教育内容范围,会适当地选择学前儿童美术教育内容。

【内容概要】

学前儿童美术教育目标是学前儿童教育活动的方向和准则,学前儿童美术教育内容是学前儿童美术教育目标达成的关键。本章在介绍学前儿童美术教育目的、任务的基础上,根据《幼儿园教育指导纲要(试行)》精神分析了学前儿童美术教育目标的结构体系,说明了学前儿童美术教育活动目标表达方法,介绍了学前儿童美术教育的内容范围。引导学习者在学前儿童美术教育目标指导下开展学前儿童美术教育活动。

第一节　学前儿童美术教育目的与任务

一、学前儿童美术教育的目的

教育目的是一种关于教育过程预期结果的价值取向。它对教育任务的明确、教育制度的建立、教育全过程的组织都起着指导作用。由于社会对于教育结果的期待、受教育者本身条件,以及教育目的厘定者所持哲学观点的不同,使教育目的呈现多元化特点。学前儿童美术教育是学前教育的组成部分,其教育目的必然受到种种教育目的论的影响。然而,美术教育也有其自身的特点。这两种因素的结合,就形

成了各种学前儿童美术教育的目的论。①

（一）关于学前儿童美术教育目的的几种主要理论

19世纪前西方美术教育的目的分为两类：民间百姓学习美术主要是为了生存的需要，美术教育被认为是工匠技术教育，教育目的被定位在技能技巧的学习；在贵族阶层，学习美术是为了提高个人情操，教育目的则定位为陶冶性情。

20世纪以来，西方儿童美术教育的目的逐步形成两大理论体系——工具论、本质论。

1. 工具论

工具论的理论基础是卢梭的自然主义教育思想和杜威的进步主义教育思想。卢梭强调要使人的教育适合人的本性，认为学前儿童美术教育的目的在于提高儿童的观察力、认识力、创造力和表现力，培养儿童的审美情趣。杜威则将艺术作为儿童的四种本能之一，并将美术当作对儿童实施教育的手段。工具论的主要代表人物是美国美术教育学家罗恩菲尔德和英国美术教育家里德。罗恩菲尔德认为："艺术教育对我们的教育系统和社会的主要贡献，在于强调个人和自己创造的潜能，尤其在于艺术能和谐地统整成长过程中的一切，造出身心健全的人。"同时，在美术这样一种游戏活动中，儿童内在的需求得到了真正的满足，而这种满足有助于其成为协调和幸福的人，而不会成为只具有知识、情感不平衡、与周围不能融洽的人。里德认为艺术是以两个一般性原则为基础：其一，成长中的人应该了解存在明显变异世界中的关联性与相似性，这个原则以统合为基础，并且也以艺术对于这个统合性的贡献为基础；其二，儿童应该通过感觉的培养来认识世界，应该通过感觉直接接触事物而学习，因为唯有通过这种直接接触，才能为其抽象思维打下坚实的基础。因此，艺术可以帮助个人达到内心与外在社会秩序和谐发展。可以看出，两人对于学前儿童美术教育目的的认识不谋而合，指出美术教育的目的是通过美术的教育促进儿童个性的健全发展，并强调美术教育要顺应儿童的发展，注重过程，是一种以儿童为本位的目的论。

工具论者提出的美术教育目的理论的优势在于其强调学前儿童美术教育应顺应儿童的自然发展，主张儿童通过自发、自由的自我表现和创造来认识周围世界，发展自我，建构健全人格。但是，这一理论也有其局限性：儿童在表现潜能时往往容易陷入缺乏指导的境地，自由创造也就难以实现。

2. 本质论

本质论以美国美术教育家艾斯纳和古力为代表，其思想渊源是布鲁纳的以学科基本结构为框架而展开教育的思想。本质论提出强调学科为中心，主张实现美术学科的自身价值。

艾斯纳1972年在《美国艺术教育协会季刊》上发表了一篇为《美术教育中七则神话的检讨》的文章，将美术教育工具论者的基本主张归纳为七则神话，逐一加以检讨和批评，并阐述了本质论的基本立场。

艾斯纳检讨和批评的第一则神话是"假如儿童从教师那里得到充分的艺术材料和感情的支持，并且他们能独立运用"，认为儿童美术教育的目的是通过美术的学习，发展儿童审美判断能力和审美创造力、表现力，同时使儿童了解美术在文化发展中所具有的地位。由此看出本质论者提出的以学科为基础的美术教育是以审美为其目的的。本质论者认为美术教育的主要价值在于它对个人经验的独特贡献；儿童的美术能力不是自然成长的结果，而是通过教师设计的有益于儿童的课程的学习结果；良好的课程设计是美术教育收效的必备条件。围绕这一目的，确立其美术教育的目标是：(1)协助儿童创造有美感和表现力的美术作品；(2)培养儿童对视觉对象进行审美判断的能力；(3)帮助儿童了解美术在文化发展中所具有的作用。

本质论者提出的美术教育目的的优势在于将美术对儿童最重要的贡献归属于美术的本质审美，教

① 林琳，朱家雄. 学前儿童美术教育[M]. 上海：华东师范大学出版社，2006：87.

育者不应剥夺儿童能够从美术中得到的东西。但是,这一理论同样有其局限性,那就是过分强调美术教育的系统性,而限制了美术教育对儿童创造性和自由个性表现方面的发展。

这两种学前儿童美术教育的目的论各显其旨、互有优劣。正确的态度应该是兼容并蓄,汲取各自有价值的部分,不断创新理论观点,适应社会发展进程,为现代学前儿童美术教育及其发展服务。

(二) 学前儿童美术教育的根本目的

1.《纲要(试行)》对学前儿童艺术教育目的的定位

2001年,为贯彻《幼儿园工作规程》(以下简称《规程》),指导幼儿园深入实施素质教育,教育部制定并颁布了《幼儿园教育指导纲要(试行)》(以下简称《纲要(试行)》)(见附录:《幼儿园教育指导纲要(试行)》简介),把幼儿园教育划分为健康、语言、社会、科学、艺术五个领域。明确地把幼儿园艺术领域的目标定为:

(1) 能初步感受并喜爱环境、生活和艺术中的美;

(2) 喜欢参加艺术活动,并能大胆地表现自己的情感和体验;

(3) 能用自己喜欢的方式进行艺术表现活动。

从中可以看出,《纲要(试行)》既考虑到儿童发展的年龄特征,又考虑到社会对未来人才的要求。同时也充分发掘了艺术特有的通过审美愉悦来健全完善儿童人格的审美教育价值,体现了"感受与创造并重"的终身艺术教育观。这种艺术教育观落实到幼儿园的美术教育中,就形成了学前儿童美术教育的目的。因此,学前儿童美术教育的目的由社会性目的和个体发展目的两部分组成。

2. 学前儿童美术教育的社会性目的

学前儿童美术教育的社会性目的随着时代和社会的需要而发生着变化。当前我国学前儿童美术教育的社会性目的,除了激发儿童的爱国主义精神和培养儿童的精神文明行为外,还在于通过美术教育能对整个社会文化环境产生一种间接的、潜移默化的影响,形成良好的社会性文化氛围,以影响和改变人类的生存环境。通过美术教育活动为儿童提供必要的准备:(1)在情感和思想上有资格介入人类心灵交流的系统。(2)传承、发展本民族文化,兼容多元文化,形成现代审美文化观念。(3)创造艺术化的社会物质环境。这样才能实现美术教育的社会性终极目的:造就一代有艺术修养的高素质的公民,并在充满挑战和机遇的现代社会中,能营造和谐美好的社会物质环境和精神环境,消除现代文明给人类带来的负面影响。

3. 学前儿童美术教育的个体发展目的

学前儿童美术教育的个体性目的,是与其社会性目的辩证统一的。学前儿童美术教育的个体性目的是由其社会性目的的决定的,并受其制约;而社会性目的的实现只有落实到个体性目的之上才有意义。学前儿童美术教育的目的是儿童教育目的的一个组成部分,旨在促进儿童的全面发展,为顺利进入义务教育阶段做好准备。学前儿童美术教育的目的又有其独特之处,它是与美术的特征紧密地联系在一起的。这种独特的地方反映了学前儿童美术教育的目的与其他科目或领域的教育目的的差异性。

学前儿童美术教育的个体性目的包括创造、欣赏和评价视觉艺术三个方面。

(1) 创造视觉艺术的目的

作为一种视觉语言,美术表现是儿童的基本要求。儿童有创作这种艺术作品的冲动,对美术活动有更多的自觉性、依恋性。通过创造视觉艺术,应让儿童:①延长使用和掌握美术材料的过程;②学习运用创造的方式使用美术材料;③有强烈的动机参与美术创造活动;④发展选择和运用材料的工作能力,以及通过视觉艺术组织和表达情感和思想的能力。

创造视觉艺术的目的既强调儿童的自我表现和自由创造,实现顺应儿童的天性,满足儿童不同需要

的教育价值，又强调了运用和掌握从事美术活动所必需的技能技巧的重要性，让儿童的发展在一定程度上纳入旨在促进儿童最大限度发展的有序轨道。

（2）欣赏视觉艺术的目的

人天生是爱美的，而教育能使人的审美水平达到新的境界，包括提高对视觉艺术的感性认识、扩大视觉艺术的视野、陶冶情操、净化心灵、完善人格。通过欣赏视觉艺术，应让儿童：①认识和尊重自己和他人的视觉艺术工作；②理解和接受视觉艺术创造的不同目的和表现手法；③通过活动，熟悉视觉艺术的基本内容，如线、形状、颜色、质地、平衡等等；④培养在生活中追求能唤起良好视觉意象的事物的动机。

视觉欣赏艺术的目的同样具有尊重儿童爱美天性和培养儿童审美能力两个侧面。有人说，"从文字感觉这个意义上说，如果说欣赏是可以教的，这值得怀疑，……但是我们可以设置发展儿童欣赏能力的条件"。这些条件包括为儿童创造视觉艺术美的环境、对儿童的作品表示尊重和欣赏，以及用美术欣赏的思想方法影响儿童。

（3）评价视觉艺术的目的

儿童不仅需要学习创造和欣赏视觉艺术，而且需要学习评价视觉艺术，学会评价自己和他人的美术创作。通过评价视觉艺术，应让儿童：①探索和初步理解人们创造美术作品的立场和角度；②命名和讨论视觉艺术的基本内容；③感悟美学原理，发展初步审美意识。

评价视觉艺术的目的虽然主要强调通过教学活动让儿童习得评价视觉艺术的能力，是儿童评价艺术的立场与标准日趋接近美学的基本原理和原则，但是这一目的的达到必须建立在尊重和理解儿童美术发展规律的基础之上。①

二、学前儿童美术教育的任务

学前儿童美术教育的任务是根据我国的教育方针和幼儿园的教育任务提出来的。《纲要（试行）》指出，学前儿童艺术教育的教育要求是："1.引导儿童接触生活中美好的事物和感人事件，丰富儿童的感性经验和情感体验；2.引导儿童欣赏艺术作品，培养儿童表现美和创造美的情趣；3.提供自由表现的机会，鼓励儿童大胆地想象，运用不同的艺术形式表达自己的感受和体验；4.指导儿童利用身边的物品和废旧材料制作各种玩具、工艺装饰品，体验创造的乐趣；5.为儿童创造展示自己作品的条件，引导儿童相互交流、相互理解和相互欣赏。"在《纲要（试行）》教育要求的指导下，我们可以将学前儿童美术教育的任务作如下定位。

（一）喜爱美术活动，保持对美术活动的兴趣

兴趣是最好的老师，任何活动都要获得使儿童感兴趣的结果，儿童在活动之后不仅对活动本身感兴趣，还要把这种兴趣迁移到生活的其他方面，这才是成功的教育活动。因此，兴趣是一种可持续发展的动力，它能促使儿童积极主动地投身美术活动，这样美术活动才会对儿童产生影响，从而促进儿童发展。而且，孩子们喜欢美术活动比画得好更重要。画得好，只能说明眼下儿童的情况，而喜欢、有兴趣，则会转换为一种可持续发展的能力，标志着儿童的未来。对于儿童来说，着眼于长远才是教育者应有的眼光。

美术教育能够达到让孩子们喜爱美术活动是最为基本的要求。当然，孩子们是否喜爱美术活动，最

① 林琳，朱家雄.学前儿童美术教育[M].上海：华东师范大学出版社，2006:96.

显著的标志是他们是否愿意参加各种美术活动。那么,孩子们对什么样的美术活动感兴趣呢? 首先,由于学前儿童具有探索的欲望,他们总是对新奇的美术活动工具、材料、表现手法充满好奇,愿意尝试、接触。如果教师能够满足儿童的这种愿望,孩子们就会喜欢。其次,美术活动还要有儿童表达、操作的空间,对于某种材料、工具,孩子们总是愿意按照自己的愿望去操作,用自己的方式表达。这种自由的、宽松的环境是孩子们的最爱。最后,美术活动的生活化、游戏化,也是孩子们能够产生兴趣的重要方面。因为这个年龄阶段的孩子最喜欢游戏活动,让他们感到是在玩,他们就会放松、投入,这样的美术活动最受孩子们的欢迎。因此,学前儿童美术教育应该是能够满足儿童的好奇、好动、好玩、好自主等特点的综合性活动。

(二) 丰富自身美术实践经验,建立初步的审美意识

审美意识简单来讲是一种审美价值观,是审美的判断和评价。它是审美能力的另一种表现形式,是同一事物的不同角度。审美意识是观念性的东西,而审美能力是一种心理的功能。审美意识和审美能力结合为一体,共同存在于具体的审美活动过程中。

审美意识的培养有它独特的规律,它不是可以依赖灌输或说教完成的,也不能使用强制的办法。那么,什么方式才是正确的呢? 根据上述审美意识与审美能力共同存在于审美活动的原理,必须把审美意识的培养与审美能力的提高结合起来,让儿童在具体的审美活动中,一边发展儿童的感受力、创造力、表现力与理解力,一边逐步形成良好的审美价值判断。这种培养是儿童的审美意识具有个体的、能动的、体验的特点,这样的审美意识才是真实的。因此,审美意识的教育不是束缚和压抑儿童的个性,而应该有利于儿童自觉追求审美价值,使他们的审美活动沿着健康的方向发展。

帮助学前儿童建立初步的审美意识,美术教育是一个非常重要的途径。加强学前儿童的美术实践活动,让他们参与和接触尽量多的美术类型,欣赏古今中外美术作品,开阔儿童审美视野,在满足个体美术活动需要的基础上,在学前儿童个体能动的美术创造和表现活动过程中,根据儿童实际需要对美术技能适当指导的情况下,帮助儿童积累更多的审美经验,由此形成的审美趣味范围和品位将得到扩大和提高。例如,法国的美术教学大纲在幼儿园阶段规定要有"为构造艺术作品所必需的各种实践。引导儿童观察、触摸、制作并完成:各种形状、物体和材料的视觉探索;各种色彩的视觉探索;完成'个人的美术馆';手写、复写、印制、绘制、着色和拼贴,各种实践、塑造,在容器中想象一种颜料;分离、颠倒和提取各种元素的能力"。他们从幼儿园开始就注重学生对各种造型元素的认识,尝试各种媒介物的不同性能,为儿童更深刻地认识造型艺术打下了基础。可见,儿童的美术实践与对美术知识技能的探索在审美意识的行程中有着十分重要的地位。

(三) 发挥美术的情感教育功能,促进学前儿童健全人格的形成

美术教育是美育的重要组成部分,它具有陶冶性情的功能。美术活动可以帮助儿童个性情感获得有序化释放。因为,学前儿童美术活动具有创造性,而这种创造性是在儿童情感冲动的情况下产生的,儿童在情感的驱使下,通过建构活动来满足他的情感需要。那么,这种情感的释放,在创造性表现中是自由的,没有其他的负担,因而美术活动帮助儿童进入他个人情感活动的内部,促进儿童的情感成长。也可以说,在美术活动中儿童的情感释放与情感升华是同时完成的,所以美术就起到了情感教育作用。

从发达国家美术教育的标准来看,特别强调把美术学习从单纯的技能、技巧学习层面提高到美术文化学习的层面。通过美术文化的学习,加强儿童情感的体验和美术文化的滋润,加深对文化和历史的认识,加深对艺术的社会作用的认识,促进情感、态度、价值观的发展,真正起到培养儿童人文精神的作用,这是新世纪美术教育的一大特点。

在学前儿童美术教育活动中,应该允许学前儿童用自己喜欢的方式进行美术表现活动,使美术活动

更适应儿童的能力和发展水平;让他们结合自己的生活进行创造性的美术活动,满足他们兴趣爱好的需要;给他们提供各种美术活动的工具与材料,任儿童自己去选择与运用。总之,要营造一个宽松、舒适、自由、开放的环境,让儿童去创造、表现、想象、探索、发挥,从而实现情感调节,进而促进儿童健全人格的形成。[①]

学前儿童美术教育的各项任务不能割裂对待,单独完成。要在一个完整的教育过程中,有计划、系统地结合《纲要(试行)》中艺术教育的内容与要求逐步实施。

第二节 学前儿童美术教育目标

一、制定学前儿童美术教育目标的依据

学前儿童美术教育的目标是儿童美术教育的目的和要求的归纳,是学前儿童美术教育的具体标准和要求。制定学前儿童美术教育目标的依据,主要是儿童美术发展的规律、儿童美术学科本身的特点及社会发展对儿童美术教育的要求等。[②]

(一) 学前儿童美术发展的规律

学前儿童美术的发展有其共同的规律,这是由儿童生理发育和心理发展的特点所决定的。如儿童绘画、儿童手工、儿童欣赏的发展都表现出大致的规律。这些规律能从视觉符号和视觉形象的角度,反映出某个时期儿童认知、情感和社会性发展的总体水平。因此,学前儿童美术教育活动终极目标的制定,必须依据儿童美术发展的规律,才能符合儿童生理发育的特点和心理发展的需求。迄今为止,人们对儿童美术发展的过程已有较为明确的认识,教师可以依据儿童美术活动过程及其作品,判断儿童美术发展的水平和状况。因此,在制定学前儿童美术教育活动的部分目标时,应立足于儿童现有的发展水平,让儿童充分地表现自我,满足自身的需要。同时,另一部分目标应超前于儿童的发展水平,设置在最近发展区内。这样的活动目标能激发和形成儿童目前还不存在的心理机能,更好地促进儿童美术的发展。

当然,儿童在美术发展过程中还受到美术教育和美术实践的影响,表现出美术发展水平的层次性,反映出儿童个体与众不同的个性、兴趣和需要。因此,具体的美术教育活动目标的制定,既要考虑儿童美术的整体发展水平,又要顾及儿童个体表现在美术方面发展的差异,使制定的目标能真正有益于儿童美术的发展。

(二) 学前儿童美术学科本身的特点

学前儿童美术是学前儿童运用线条、造型和色彩等艺术语言从事的视觉艺术活动,并通过视觉形象的塑造,表达其对周围生活的认识和情感。因此,在美术教育目标中就包含着了解美术工具和材料的使用方法,并且通过学习和掌握粗浅的美术知识技巧,能够表达自己的审美感受。因此,学前儿童美术学科本身的性质和特点也是制定学前儿童美术教育活动目标的依据。

(三) 社会发展对学前儿童美术教育的要求

社会发展对儿童教育的面貌和状态起着规范的作用,这是一种来自教育外部的制约性。儿童是未

---

① 郭亦勤.学前儿童艺术教育活动指导[M].上海:复旦大学出版社,2006:27.
② 孔起英.学前儿童美术教育[M].南京:南京师范大学出版社,2007:111.

来社会的主人,社会的发展表明,现代社会乃至未来社会不仅需要掌握一定的知识和技能的人才,更需要一个人格健康完善的人,即应该具有较多的创造力,是感性与理性的统一、人与自然的统一、人与社会的统一的人。这是儿童美术教育的立足点和归宿,也是与《规程》中提出的把儿童培养成身心和谐发展的人的教育目标相一致的。

二、学前儿童美术教育目标的结构及其分析

学前儿童美术教育的目标结构,是指学前儿童美术教育目标的较为稳定的组织形式。它包括学前儿童美术教育的总目标、分类目标、年龄阶段目标及具体的教育活动目标。一般来看,越上层的目标其概括性越高;而越下层的目标其概括性越低,可操作性越强。①

(一) 学前儿童美术教育总目标及其分析

学前儿童美术教育总目标是对学前儿童美术教育目标最概括的陈述,是其他层次目标的依据和基础。《纲要(试行)》把幼儿园教育划分为健康、语言、社会、科学、艺术五个领域,明确地把艺术领域的目标定为:能初步感受并喜爱环境、生活和艺术中的美;喜欢参加艺术活动,并能大胆地表现自己的情感和体验;能用自己喜欢的方式进行艺术表现活动。这一目标既考虑到儿童发展的年龄特征,又考虑了社会对未来人才的要求,也考虑到艺术学科本身的特点,其实质是健全和完善儿童人格的审美教育要求。学前儿童美术教育的总目标是艺术教育观念在美术教育课程的具体落实,具体表述如下:

1. 引导儿童初步学习感知周围环境和美术作品中的形式美和内容美,培养他们对美的敏感性。

2. 引导儿童积极投入美术活动中并学习自由表达自己的感受,培养其对美术的兴趣以及审美情感的体验和表达能力,促进其人格的完善。

3. 引导儿童初步学习多种工具和材料的操作以及运用造型、色彩、构图等艺术语言表现自我和事物的运动变化,培养其审美表现和创造能力。

学前儿童美术教育总目标具有以下特点:

第一,学前儿童美术教育总目标把《规程》中的美育目标"培养儿童初步的感受美和表现美的情趣和能力"与美术学科本身的性质特点结合起来,作出了具体明确的阐述,体现出了审美教育的性质。

第二,学前儿童美术教育总目标规定了儿童审美心理结构中审美感知、审美情感和审美创造等基本能力。首先,审美能力的培养应该从审美感知能力入手,因为审美创造所需的内在图式与内在情感的积累,是通过感官对外部自然形式和艺术形式的把握来完成的。其次,儿童通过美术欣赏和美术创作活动,能产生审美愉悦感,丰富审美情感体验,最终促进儿童人格的完善。最后,在学前儿童美术教育活动中,审美创造能力的获得,会进一步促进儿童审美感知的敏锐和审美情感的丰富与深刻。

第三,总目标还指出了达到以上目标的途径。即通过教师引导儿童对周围环境和美术作品的欣赏,儿童在美术活动中自由自在的表达,以及儿童对美术工具和材料的操作,对线条、形状、色彩、构图等美术形式语言的学习与使用来进行。

(二) 学前儿童美术教育分类目标及其分析

学前儿童美术教育目标有不同的分类方法。按照美术学科本身的性质,可以将学前儿童美术教育的总目标分为绘画、手工和欣赏三种类型。按照布鲁姆提倡的教育目标分类标准可以分为认知、情感和技能三个方面。也有把两者融合在一起。在这里,我们采用第三种方法,即把学前儿童美术教育目标分

---

① 刘宣.学前儿童美术教育[M].北京:中央广播电视大学出版社,2008:95.

为绘画、手工和欣赏三种类型,每种类型又从认知、情感、技能和创造性等几个方面阐述具体的要求。具体表述如下。

1. 绘画

(1)引导儿童初步学习感知、理解线条、造型、色彩、构图等艺术语言,并学习大胆地运用这些艺术语言进行创造性的表现,培养其绘画创造力和创造意识。

(2)引导儿童体验绘画活动的乐趣,培养他们对绘画活动的兴趣。

(3)引导儿童初步学习多种绘画工具和材料的基本使用方法,帮助他们形成良好的绘画习惯。

2. 手工

(1)引导儿童初步学习手工制作的基本规律,并学习大胆地运用这些基本规律创造性地塑造和制作多种平面的和立体的手工作品,用以美化周围环境和进行游戏活动。

(2)引导儿童体验手工活动的快乐,培养他们对手工活动的兴趣。

(3)引导儿童初步学习多种手工工具和材料的基本使用方法,帮助他们形成良好的手工活动习惯。

3. 美术欣赏

(1)引导儿童初步学习一些粗浅的美术知识,了解对称、均衡、节奏、和谐等形式美的初步概念。

(2)引导儿童初步感受美术作品的造型、色彩和构图等的表现性以及周围事物的运动变化,并产生与之相一致的感觉和情感。

(3)引导儿童初步感受美术作品中的形象、主题内容的意义,帮助他们了解美术作品是如何表现现实生活和作者的思想情感。

(4)引导儿童体验美术欣赏活动的乐趣,培养他们对美术欣赏活动的兴趣。

(5)引导儿童初步学习评价成人和同伴的美术作品,培养他们的审美评价能力。

学前儿童美术教育分类目标具有以下特点:

首先,学前儿童美术教育的分类目标是总目标在绘画、手工和欣赏三个分类中的具体要求,不同分类有不同的侧重点。如分类目标从学前儿童美术教育活动的三种类型,即绘画、手工、欣赏的角度做了具体的描述。不同的领域侧重点不同。绘画和手工类型侧重审美创造能力的培养,欣赏类型侧重审美感知能力的培养,而审美情感体验能力的培养则在三种类型中都有体现。

其次,学前儿童美术教育分类目标体现了学前儿童美术教育实践的启蒙性质。学前儿童美术教育分类目标虽然是以美术这门学科为依托来进行分类的,却没有完全照搬美术的学科框架结构,而是考虑到学前儿童发展的逻辑和经验的逻辑,因而在目标的表述中较多地使用了"初步""粗浅""基本"等限定用语。如不论绘画、手工还是欣赏,都强调的是"粗浅的知识"和"基本方法"的学习,它不同于成人职业美术教育中深奥的美术知识与精巧的技能学习。又如在欣赏、绘画、手工活动中都强调要让儿童体验这种活动的快乐,关注的是儿童情感的健康发展、对美术活动的参与性和积极主动性,它的最终落脚点是促进儿童人格的完善。

(三)学前儿童美术教育年龄阶段目标及其分析

学前儿童美术教育年龄阶段目标是将学前儿童美术教育活动分类目标具体分解和落实在儿童各个年龄阶段的目标。具体表述如下。

1. 3~4岁(小班)儿童美术教育目标

(1)绘画教学目标

第一,引导儿童参加绘画活动,体验绘画活动的快乐,培养他们对绘画活动的兴趣,并养成大胆作画的习惯。

第二,引导儿童认识油画棒、蜡笔、水彩笔、水粉画笔和纸等基本绘画工具和材料,掌握其基本使用方法,养成正确的握笔方法和作画姿态。

第三,引导儿童学会画线条(直线、曲线、折线)和简单形状(圆形、方形等),并用于表现日常生活中熟悉的、简单物体的轮廓特征。

第四,引导儿童学会认识红、黄、蓝、橙、绿、棕、黑、白等基本颜色,并选用多种颜色作画。

第五,学习区分并尝试画出主体色和背景色,培养他们对使用颜色的兴趣。

第六,引导儿童学会在画面的中心位置安排主要形象,并把它画大些。

(2)手工教学目标

第一,引导儿童参加手工活动,体验手工活动的快乐,培养他们对手工活动的兴趣并愿意尝试各种手工工具和材料,培养儿童安全、卫生、整洁的手工活动的习惯。

第二,引导儿童学习用糨糊、胶水等粘贴沙子、种子等点状材料。

第三,引导儿童学习撕、拼贴、折(对边折、对角折)、印纸等面状材料。

第四,引导儿童体验泥的可塑性,学习用搓、团圆、压扁、粘合的方法塑造简单的立体物象。

(3)欣赏教学目标

第一,引导儿童参加美术欣赏活动,体验美术欣赏活动的快乐,培养他们集中注意力欣赏的习惯。

第二,引导儿童欣赏具有鲜明色彩和简单造型的物品和美术作品,使他们能对这类形象感兴趣。

第三,引导儿童欣赏同伴的美术作品。

2. 4~5 岁(中班)儿童美术活动目标

(1)绘画教学目标

第一,引导儿童在小班的基础上进一步学习多种绘画方法(如蜡笔画、水粉画、水墨画等),体验绘画的快乐。

第二,引导儿童学习用各种线条和形状表现感受过的物体的基本结构和主要特征。

第三,引导儿童学习认识 12 种颜色并学会辨别同种色的深浅,学习用较丰富的颜色作画。

第四,引导儿童初步学习在画面上安排物体的上下、左右关系。

第五,引导儿童学习在规则的形纸(长方形、正方形)和生活用品纸形上用简单的花纹(如小圆圈、小花朵、小叶片、小动物等)进行装饰,并能用对比色涂出鲜艳、美丽的画面。

(2)手工教学目标

第一,引导儿童正确地使用多种手工工具和材料,使他们喜爱各种手工活动。

第二,引导儿童学习用比小班丰富、复杂的点状材料(如木屑、纸屑、泡沫屑)拼贴出简单的物象,表现简单的情节。

第三,引导儿童学习用纸折出(按中心线折、双正方折、双三角折)、剪贴出简单的物象。

第四,引导儿童在小班的基础上学习用捏的方法塑造简单的立体物象。

第五,引导儿童初步学习用其他点状、线状、面状和块状的自然物和废旧的材料制作玩具。

(3)欣赏教学目标

第一,引导儿童欣赏并初步理解作品形象和作品主题的意义,使其知道美术作品能反映现实生活和人的思想感情。

第二,引导儿童初步欣赏并感受作品中形象的造型美、色彩的变化与统一美、构图的对称与均衡美。

第三,引导儿童欣赏与他们的生活经验有关的、能理解的成人和同伴的美术作品及日常生活中的玩具、生活物品、节日装饰、环境布置等,产生与作品相一致的感觉和情感,培养他们关注具有美感的事物。

3. 5～6岁(大班)儿童美术教育目标

(1) 绘画教学目标

第一,引导儿童学习使用多种绘画工具和材料,运用不同的技法表现自己的思想和感受,体验创造的快乐。

第二,引导学习完整地表现感受过的或想象中的物体的动态结构和简单情节。

第三,引导儿童学习深浅、冷暖颜色的搭配,并初步学习根据画面的需要,恰当地使用颜色表现自己的情感。

第四,引导儿童学习表现前后、远近等简单的空间关系及主题与背景的关系。

第五,引导儿童学习在各种几何形纸(如圆形、三角形、菱形等)和生活用品纸形上,用一些简单的、具有民族特色的花纹有规律地进行装饰,能用同类色或近似色装饰画面,使画面层次清楚、色彩和谐。

(2) 手工教学目标

第一,引导儿童较熟练地使用和选择手工工具和材料,创造性地表现自己的意愿。

第二,引导儿童学习用多种点状材料拼贴物象,表现简单的情节。

第三,引导儿童学习用多种技法将纸折出物体的各个部分,组合成整体物象。

第四,引导儿童学习用目测的方法将纸等面状材料分块剪、折叠剪来拼贴平面的物象或制作立体的物象。

第五,引导儿童学习用伸拉的方法并配合其他泥工技法塑造结构较复杂的物象,表现主要特征和简单细节。

第六,引导儿童综合运用各种工具、材料和技法制作教具、玩具、礼品、演出服饰、道具等布置环境,并注意装饰美。

(3) 欣赏教学目标

第一,引导儿童学习欣赏感兴趣的绘画、工艺、雕塑、建筑等艺术作品,培养他们初步发现周围环境和美术作品中美的能力。

第二,引导儿童了解作品简单的背景知识,进一步感受和理解作品的形象和主题意义,知道美术作品如何反映现实生活和人的思想感情。

第三,引导儿童欣赏并感受作品中形象的造型美、色彩的色调及其情感表现性,构图的对称、均衡、韵律与和谐美。

第四,引导儿童积极主动参与美术欣赏活动,学习用语言、动作、表情等表达自己对作品的感受和联想。

学前儿童美术教育年龄阶段目标是儿童美术教育活动分类目标在儿童各个年龄阶段的具体分解和落实。学前儿童美术教育年龄阶段目标具有以下特点:

首先,阶段目标对3～6岁不同年龄学前儿童提出了不同程度要求,不仅适应儿童发展的水平,而且能促进儿童发展。学前儿童美术教育分类目标指出了整个学前阶段的儿童在绘画、手工和欣赏三个领域应该达到的总要求。学前儿童美术教育年龄阶段目标是在分类目标基础上对3～6岁年龄阶段的学前儿童应该达到的具体要求,它是分类目标进一步的展开和深化。从小班到中班,再到大班,其要求呈逐渐复杂、逐步加深、层层提高的趋势。整个年龄阶段目标是针对不同的年龄阶段学前儿童的年龄特征提出的,它符合各阶段学前儿童身心发展的特点。从生理上看,学前儿童绘画所需的动作发展的顺序是大肌肉动作到小肌肉动作再到精细肌肉动作;从心理上看,学前儿童的感知、记忆、想象、思维、情感等都在逐步提高、分化。从难度上讲,这些年龄阶段目标是大多数学前儿童在教师指导下经过自己的努力能

够达到的，不仅适应儿童发展的水平，而且能够促进儿童发展。

其次，学前儿童美术教育年龄阶段目标为单元目标和具体教育活动目标的制定指明了方向，即年龄阶段的目标再逐步分解即是单元目标和活动目标，单元目标和活动目标是年龄阶段目标的具体化。这样，教师的教学就有了非常具体的指向。如以4～5岁(中班)儿童美术教育年龄阶段绘画目标"引导儿童学习用伸拉的方法并配合其他泥工技法塑造结构较复杂的物象，表现其主要特征和简单细节"为方向，我们可以设计出泥工单元活动"热闹的动物园"，主要目标是"学习用伸拉的方法并配合其他泥工技法塑造结构较复杂的各种常见动物形象，表现其主要特征和简单细节"。又如以3～4岁(小班)年龄阶段绘画目标"引导儿童学会画线条(直线、曲线、折线)和简单形状(圆形、方形等)，并用于表现日常生活中熟悉的、简单的物体的轮廓特征"为方向，我们可以设计出绘画单元活动"美丽的春天"，主要目标可以确定为"学会画线条(直线、曲线、折线)和简单形状(圆形、方形等)，并用于表现春天中的雨、花卉等各种常见景物形象的轮廓特征"。

（四）学前儿童美术教育活动目标及其分析

幼儿园美术教育活动目标是指某一具体的美术教育活动的目标，它是最具体的目标，学前儿童美术教育的所有目标最终都要通过教育活动目标才能得以落实。一般来说，美术教育活动目标是对一次美术活动结果的预示，也是对儿童提出的具体活动要求。如在总目标要求中，有一项是培养儿童的审美创造能力，这种审美创造能力具体到分类目标中就是儿童在美术欣赏活动中的主动获得美感、在绘画活动中的创造、在手工活动中的创造。而绘画活动的创造再具体到各年龄段，就体现在形式(造型、色彩、构图)和内容创造上的程度不同。然后，绘画创造的年龄阶段目标再具体到单元目标中可能就是某一个月的"引导儿童学习用色彩来表现自己的情感"这样的目标。而这一单元目标再具体到某一个教学活动中，其目标可能就是"引导儿童学习用明快的暖色表现愉快的情绪"。

学前儿童美术教育活动目标具有以下特点：

首先，活动目标与学前儿童美术教育总目标和年龄阶段目标保持一致性。也就是说，教学活动目标的积累就构成年龄阶段目标。教育活动目标是年龄阶段目标(或单元目标)的具体化和展开，它必须与总目标、年龄阶段目标一致。教师在制定具体教育活动目标时，应深入、细致、透彻地研究各层次的目标，透彻把握各层次目标的内涵及其相互间的关系，防止不同层次目标的脱节，并增强目标意识，确保目标的实现，以真正促进儿童的发展。

其次，关注儿童的发展，目标要注意整合性。学前儿童美术教育活动目标是具体的美术教育活动的目标，学前儿童美术教育的其他目标最终都要通过教育活动目标才得以落实。因此，活动目标要关注儿童的发展，目标要注意整合性。关注儿童的发展，一方面是指活动目标应适应儿童已有的发展水平，符合他们美术学习发展的规律和特点；另一方面是指活动目标应把儿童在他人的帮助下能达到的水平，即把促进儿童的发展作为落脚点，也就是说，要为儿童创造最近发展区。目标的整合性主要表现为：一是指活动目标要考虑儿童的认知、情感、技能等多方面的整合；二是指活动目标要考虑美术与其他教育领域的整合，促进儿童的全面发展。

第三，教育活动目标是最具体的目标，具有可操作性。学前儿童美术教育活动的上述目标还是比较笼统的，在实施美术教育活动时，要根据不同的活动(如绘画、手工、欣赏等)，以及不同的教育对象，将年龄阶段目标细化成每个教育活动的具体目标，这样才能便于操作。因此，一般来说，具体的美术教育活动目标既是对活动结果的预示，也是对儿童提出的具体活动要求。例如：小班绘画活动"果子熟了"活动目标：认识果子的基本形状和颜色；能用食指蘸颜色点印果子；能通过活动感受秋天水果丰收的喜悦；能尝试用自己喜欢的排列方式进行手指印画，感受不同排列、组合印画的美。

三、学前儿童美术教育活动目标的表述

一般来说，美术教育活动目标是对一次美术活动活动结果的预示，也是对儿童提出的具体活动要求。可以从教师教学的角度表述，但由于学前儿童美术教育活动目标是通过活动对儿童的期望结果，故从儿童的角度表述更直接、更确切，一般采取行为目标、展开性目标和表现目标三种表述方式。

（一）行为目标

行为目标表述的是儿童学习行为变化的结果。这种行为变化的结果是可以观察和测量的。

马杰（R. F. Mager）认为，行为目标应包括三个组成部分：（1）要儿童外显的行为表现；（2）能观察到的这种行为表现的条件；（3）行为表现公认的准则。

在学前儿童美术教育活动中可以分别对应：（1）儿童自身表现出的美术行为方法，如"画出""印出""做出""折出""剪出"等；（2）儿童的这种美术行为是在什么样的情况下产生的，如"在教师指导下的""独立的""临摹的"等；（3）行为表现的具体标准，如"画出春天的花朵""印出四方连续图案画布""折出一只小鸟""剪出窗花"等。

一般来说，美术知识和美术技能的学习，可采用行为目标的表述法。教师在具体撰写时，应注意行为目标的三个方面的完整性和具体性。如"在教师的指导下，学会用线条画出苹果的基本形状特征"，又如"初步学会用对折剪的方法剪出窗花"等就较完整和具体。

采取行为目标的表述方式，其优点在于它的具体性和可操作性。但是，在儿童美术教育活动中，并非所有的内容都能用被观察到的行为加以表述，因此，在表述行为目标时还要关注其他有价值的内容，保证活动目标的科学性。

（二）展开性目标

展开性目标也可称过程目标，描述的是儿童学习行为变化的过程，所关注的不是外部事先规定的目标，而是强调教师根据实际的活动进展情况提出的相应目标。它与行为目标的区别在于：行为目标关注行为的结果，而展开性目标关注的是行为进展的过程。

英国学者斯腾豪斯（L. Stenhouse）认为，教育由四个不同的过程组成。它们分别是：（1）技能的掌握；（2）知识的获取；（3）社会价值和规范的确立；（4）思想体系的形成。如果说前两个过程可以用行为目标表达的话，那么后两个过程则必须通过展开性目标来表述。在学前儿童美术教育活动中，儿童能力的发展、习惯的养成、艺术修养和情操的陶冶、人格的健全和完善，是一个长期的注重过程性的教育。这种目标的表述，需要用展开性目标的形式来表述。如大班美术欣赏活动"高高兴兴过大年"的目标"能够关注生活中美的事物"和小班泥工"汤圆"的目标"养成注意整洁的良好习惯"等，即是用展开性目标的形式来表述的。

学前儿童美术教育活动的展开性目标有着丰富的内涵，教师撰写这类目标时，应注意深入研究儿童身心发展的年龄特征，全面了解美术学科本身的性质，熟悉儿童美术发展的状况。同时，在展开性目标实施的过程中，要根据活动的实际进展情况，注意灵活机动地调整目标，以促进儿童更好地发展。

（三）表现目标

表现目标表述的是儿童在某种活动后所得到的各不相同的结果。它所关注的是儿童在活动中表现的某种程度上的首创性的反应形式，而不是事先规定的儿童行为变化的结果。表现性目标强调的是儿童行为结果的开放性，如"利用教师提供的各种不规则的彩色图形，想象拼贴出一幅美丽的画""学习设计花布，注意色彩和装饰纹样的变化"等，都是表现目标的描述方式。

在儿童美术教育活动中,教师希望儿童能独特而富于想象力地运用和处理美术材料;在解决问题及美术创作方面,不存在单一的正确答案。表现目标体现艺术的本质特征——独创性。表现目标是对行为目标的补充,而不是取代。

表现目标与行为目标是相辅相成的。表现不仅是感情宣泄的渠道,而且把感情、意象和观念转变托付给了材料,通过这一转变,材料成了表现的媒介。在此过程中,技能有不可或缺的重要性。没有技能,转变就不可能发生。儿童在活动中获得了技能,便能运用于自己的表现活动中去。因此,行为目标使儿童得到了系统的技能训练,掌握了美术工具和材料的正确使用方法,使表现成为可能;而表现目标则鼓励儿童运用已有的技能,拓展并探索他的观念、意象和情感。

总之,儿童美术教育活动的三种目标,取向各有所长。在制定和表述时,应特别注意各种形式目标的互补性,用恰当的表述方式来撰写,使之扬长避短,从而有效地实现学前儿童美术教育的总目标。

第三节 学前儿童美术教育内容

学前儿童美术教育的内容是教育者为儿童选择的学习经验,即美术形式、美术内容及其运用的总和。对学前儿童来说,把整个美术学科作为美术教学内容显然是不合适的。美术教育内容是目标是否达成的关键,也是整个美术教育发挥其价值的关键。因此,如何选择和选择哪些内容就成了儿童美术教育至关重要的一步。

一、《纲要(试行)》对幼儿园艺术教育内容的规定

《纲要(试行)》明确规定了幼儿园艺术教育的具体内容和要求:

(1) 引导儿童接触周围环境和生活中美好的人、事、物,丰富他们的感性经验和审美情感,激发他们表现美、创造美的情趣。

(2) 在艺术活动中面向全体儿童,要针对他们的不同特点和需要,让每个儿童都得到美的熏陶和培养。对有艺术天赋的儿童要注意发展他们的艺术潜能。

(3) 提供自由表现的机会,鼓励儿童用不同艺术形式大胆地表达自己的情感、理解和想象,尊重每个儿童的想法和创造,肯定和接纳他们独特的审美感受和表现方式,分享他们创造的快乐。

(4) 在支持、鼓励儿童积极参加各种艺术活动并大胆表现的同时,帮助他们提高表现的技能和能力。

(5) 指导儿童利用身边的物品或废旧材料制作玩具、手工艺品等来美化自己的生活或开展其他活动。

(6) 为儿童创设展示自己作品的条件,引导儿童相互交流、相互欣赏、共同提高。

从上述《纲要(试行)》艺术教育的内容可以看出,儿童美术教育的内容要注意来源于儿童的日常生活,必须能拓展儿童视野,培养儿童实践动手能力和激发儿童想象力与创造力。

二、学前儿童美术教育内容选择的依据

学前儿童美术教育的内容是指美术教育中儿童所要学习的美术形式、美术内容及其运用的总和。

学前儿童美术教育的内容是实现教育目标的载体,必须依据儿童美术教育的目标才能达到为目标服

务的目的。学前儿童美术教育的内容最终是要通过儿童自身的内化才能对其发展起促进作用,因此,它又必须符合儿童美术发展的规律与年龄特点。《纲要(试行)》指出,教育活动的内容应体现以下原则:(1)既适合儿童的现有水平,又有一定的挑战性;(2)既符合儿童的现实需要,又有利于其长远发展;(3)既贴近儿童的生活来选择儿童感兴趣的事物和问题,又有助于拓展儿童的经验和视野。就儿童美术教育而言,教育内容的选择在遵循儿童心理逻辑和生活逻辑的同时,也要考虑美术学科所具有的独特和审美这一本质特点。①

(一) 接近儿童的生活经验

阿恩海姆认为:"在发育的初级阶段上,心灵的主要特征就是对感性经验的全部依赖。对于那些幼小的心灵来说,事物就是他们看到的、听到的、接触到的或闻到的那个样子。"他认为,儿童的思维问题的解决和概括,"绝大部分都是在知觉水平上进行的"。因此,只有那些被儿童直接感知过的美术教育内容,才能被同化到自己的审美心理结构中去。为此,教师选择美术教育内容时,要注意结合儿童的兴趣和需要,结合他们感知过的有过积极的情感体验的现实生活。这些内容儿童能够接受,也乐于接受。如在大班儿童参观海底世界后,安排绘画活动"海底世界",这个内容是儿童直接感知过的,能激发儿童创作的激情和欲望。

(二) 注重作品的审美性

《规程》提出儿童美育目标是"培养儿童初步的感受美和表现美的情趣和能力",我们知道,学前儿童美术教育从本质上说属于审美教育的范畴,美术教育的根本任务应该是对个体进行审美、创造美的教育。因此,在儿童美术教育活动中,必须选择符合儿童认识美的特点的内容,引导儿童充分感知,丰富和发展儿童的审美情感,培养儿童的审美表现能力,并能按照儿童的审美标准和美的规律,将儿童感受世界的审美能力变为他们的内心需要和自我发展的内在动力,进而健全和完善儿童的人格。如春天到了,万物复苏,整个大地都披上了点点新绿,各种鲜花争相怒放,小鸟也按捺不住喜悦停在枝头歌唱……春天是多么美好! 于是,教师在春天来临时,选择描绘"美丽的春天来了"的内容,带领儿童到大自然中去看看、听听、摸摸、闻闻,充分感知春天的美丽,进而通过创作活动,激发儿童热爱春天、热爱大自然的美好情感。

(三) 内容安排应注意纵向顺序和横向联系

纵向顺序是指同一种类美术活动的内容之间的互相排列。例如,对于美术欣赏活动内容安排:小班安排欣赏"大班哥哥姐姐的画""秋天的水果""秋天的树叶""布娃娃""小花伞"等儿童生活中熟悉的直接接触到的美好事物;中班安排"布老虎""民居建筑""节日的环境";大班安排凡·高的作品"向日葵""剪纸""茶具",徐悲鸿的"奔马"等。这些美术教育内容在帮助儿童建构审美心理结构方面是有序的、连续的、层层推进的,同时也是由易到难、由简单到复杂逐步深化的。

横向联系是指不同种类美术活动之间的相互联系。例如,在绘画活动中安排画"糖葫芦",在手工活动中安排做"糖葫芦";又如,欣赏过"美丽的窗花"后,安排手工"剪窗花",再将剪好的窗花进行环境布置。这种横向联系内容的安排,能帮助儿童从各种角度认识、感知事物,学习多种表现技能,体会同一事物的不同质感美。如画的糖葫芦是平面的,而手工做的糖葫芦是立体状的,作品的显现状态和活动的过程带给儿童的审美感受是不一样的。

(四) 注意与其他领域活动内容的整合

艺术来源于生活,学前儿童美术活动的内容来源于儿童的生活。其他领域的活动带给儿童的经验,必

---

① 孔起英.幼儿园美术教育[M].北京:人民教育出版社,2006:65.

然产生丰富深刻的体验,积淀于儿童的生活之中。因此,儿童美术活动的内容往往可以选择语言、科学、社会、健康、音乐等领域的活动内容。例如,社会领域中有认识了解国旗、长城、天安门、家乡等内容,美术活动内容可以选择画国旗、长城、天安门、美丽的家乡等。又如,中班语言活动"吹泡泡"(星星是月亮吹出的泡泡,露珠是小草吹出的泡泡,葡萄是藤儿吹出的泡泡……),美术活动可选择画吹泡泡的内容。这种整合,可以帮助儿童建立起各种学习内容之间的内在联系,巩固他们对周围事物的认识和理解,提高综合素质能力。

三、学前儿童美术教育的内容范围

学前儿童美术教育活动在内容上包括三个既相对独立又相互联系的领域,即绘画、手工和美术欣赏。

(一) 学前儿童绘画教育内容范围

学前儿童绘画教育活动是教师引导学前儿童使用各种笔、纸等绘画工具和材料,运用线条、造型、色彩、构图等艺术语言创造出视觉形象,从而表达创作者思想、情感的一种教学活动。学前儿童绘画教育内容主要有以下几方面:

1. 绘画工具和材料的使用方法

(1)各种绘画工具和材料的性质。例如,油画棒的油性,水粉颜料、水彩颜料的水性,宣纸的渗透性等。

(2)各种绘画工具和材料的正确使用方法。从不同的工具和材料看,儿童可学习的有彩笔画、水粉画、蜡笔水彩画、水墨画、印画、纸版画、吹画、喷洒画、吸附画等形式。

2. 良好的绘画习惯

培养儿童集中注意力完成作品等良好的绘画习惯。

3. 绘画的形式语言

绘画的形式语言是指线条、形状、明暗、色彩、构图等美术要素,是绘画表现的手段。美术教育中学前儿童所要学习的绘画形式语言主要有线条、形状、色彩和构图。

(1)线条。线条是造型的基本要素之一,在绘画中线条能表现物象、表达情感、显示个人风格。儿童对线条的学习主要包括:①线条的形态,有直线、曲线和折线三种形态;②线条的变化,有线条的方向、长度、质感等的变化。线条的方向变化包括直线的垂直、水平、倾斜、平行、交叉、穿插等变化,如"格子花布"等。曲线因圆弧度的大小、方向转换的不同而呈现的变化,如"小蜗牛""美丽的叶脉""菊花"等。线条的长度变化包括线条的长短变化,如"大雨和小雨"。线条的质感包括线条的粗、细、疏、密变化,如"盛开的花朵"等。

(2)形状。形状是由线条构成的轮廓和结构。也是造型的基本要素之一。形状是形成画面形象的基础。儿童对形状的学习主要包括:①基本几何形状,有圆形、正方形、长方形、三角形、梯形、椭圆形等,如"吹泡泡""节日的彩旗"等;②基本几何形状的组合:是指上述基本几何形状组合成合理的结构,如"火车""摩天大楼"等;③自然形体,是指用连续不断的线条将物体的各部分融合成有机整体,如"小小手""各种动物"等。

(3)色彩。色彩是绘画基本要素之一,色彩有再现性色彩和表现性色彩两种类型。再现性色彩是指再现客观对象色彩关系给人的真实视觉感受,是一种写实的色彩。中国画论中称之为"随类赋彩"。表现性色彩是创作者从表现意图出发,主观进行的色彩搭配,它服从创作者对画面色彩构成的直觉需要。

表现性色彩可分为装饰性色彩和情绪性色彩。儿童对色彩的学习主要包括：①色彩的色相、明度、饱和度的辨认。色彩的色相是指色彩的相貌、名称。儿童要辨认三原色——红、黄、蓝，三间色——橙、绿、紫，常见的复色，如红灰、绿灰、蓝灰、紫灰，以及五彩色——黑、白、灰。以色相为基础，儿童可学习感受冷色与暖色；色彩的明度是指色彩的明暗程度。儿童要辨认出例如黄色、白色等明度高，黑色、紫色等明度低。并辨认以明度为基础，一种原色加黑和加白所造成的颜色的深浅；色彩的饱和度（又称彩度、纯度）是指色彩含色味的多少程度。儿童要辨认出原色的饱和度高，颜色鲜，原色中加黑、白、灰后饱和度就低，颜色灰。②色彩的运用。儿童学习运用色彩的内容主要包括随类赋彩、主体色与背景色关系的处理、色彩的装饰和色彩的情感表现等。随类赋彩是指根据物体的固有色彩来着色。为此，儿童要学习辨认物体的固有色，并据此着色，如"天空中的彩虹""秋天的树叶"等；主体色与背景色关系的处理是指把握画面上各形象的颜色与画面底色之间的关系。儿童可学习用深浅、冷暖、艳灰来处理之，如"花越开越大""天太热了"等；色彩的装饰是指画面上各种色彩的面积、位置以及与形状之间的协调。儿童可初步学习有层次、有主调地配置同种色、类似色、对比色，如对称与不对称图形、物象的装饰；色彩的情感表现是指凭主观知觉来构成画面色彩。可让儿童初步学习用色彩表现常见的几种基本情绪，如"快乐的我""悲伤的大树妈妈""愤怒的爸爸"等。

（4）构图。构图是指在一定的空间安排和处理人、物的关系和位置，把个别或局部的形象组成艺术的整体，以表达作品的主题思想和美感效果。简单地说就是形象在画面中占有的位置和空间所形成的画面分割形式。构图需要把握整体的能力和预先构思能力，这对于儿童来说有一定的困难。因此，需要他们逐步学习。儿童对构图的学习主要包括：①单独构图。单独构图是指画面上只有单个形象。儿童要学习把单个形象大胆、清楚地画在画面的中心位置上，如"夏天的梧桐树""美丽的大蝴蝶"等。②并列构图。并列构图是指画面上并列安排着数个形象。儿童要学习有节奏地在画面上并列安排主要形象与次要形象，如"马路上来来往往的汽车""我跟老师学跳舞""花边"等。③不对称的均衡构图。不对称的均衡构图是指均衡地安排、布置画面。不对称的均衡构图对于儿童来说比较困难，大班时期，儿童可在欣赏不对称的均衡构图作品的基础上学习不对称的均衡构图，如"动物园""农贸市场"等。

1. 绘画的题材

绘画的题材是指创作者在生活中形成的，根据一定的创作意图进行选择、改造或想象而进入作品的一定生活现象。它是构成绘画作品内容的基本材料，是作品内容的基础。学前儿童绘画的题材往往来自于学前儿童的生活。学前儿童学习绘画的题材有：

（1）自然景物，如太阳、花、草、树等。

（2）日常用品，如服装、玩具、家具等。

（3）人物，如不同性别、不同年龄、不同职业、不同姿态的人。

（4）蔬菜与水果，如青菜、黄瓜、萝卜、苹果、梨、香蕉、菠萝等。

（5）动物，如家禽、家畜、野兽等。

（6）交通工具与生产工具，如汽车、船只、飞机、火箭、吊车等。

（7）建筑物，如幼儿园、住宅小区、天安门、大桥等。

（8）简单生活事件，如家庭生活、同伴活动、外出旅游等。

（9）想象中的物体与事件，如未来汽车、海底世界、我长大了干什么、我的梦等。

（10）装饰画，如几何图形装饰等。

（二）学前儿童手工教育内容范围

学前儿童手工教育活动是教师引导学前儿童直接用双手或通过操作简单工具，运用贴、撕、折、剪等手段对可变性较强的物质材料进行加工、改造,制作出平面或立体的物体形象的一种教育活动。学前儿童手工教育内容主要有以下几方面:

1. 手工工具和材料的使用方法

(1) 手工工具:相对于成人的手工制作,儿童的手工活动是较为简单的操作活动,因此,所用工具也较为简单,主要有刀、剪刀、笔、泥工板、牙签、切片尺、糨糊、胶水等。

(2) 手工材料:学前儿童手工活动的材料可以分为点状材料、线状材料、面状材料、块状材料四种形态。①点状材料:可用于儿童手工活动的点状材料有沙子、小石子、小珠子、纽扣、谷物、果核、种子、木屑、贝壳、牙膏盖等。点状材料可通过串连、拼贴、粘接、镶嵌、垒积等方法来制作线型、面型和体型作品。②线状材料:可用于儿童手工活动的线状材料有绳、棉线、毛线、火柴棒、麦秸、树枝、草棒、橡皮筋、高粱秆等。线状材料可通过盘绕、编织、拼贴、拼接、插接等方法来制作线型、面型和体型作品。③面状材料:可用于儿童手工活动的面状材料有纸、布、树叶、花瓣、羽毛、刨花、塑料薄膜等。面状材料可通过剪、撕、折、染、卷、粘贴、插接等方法来制作面型、体型作品;④块状材料:可用于儿童手工活动的块状材料有泥、面团、石块、萝卜、土豆、蛋壳、瓶子、纸盒、核桃、乒乓球等。块状材料可通过塑、刻、拼接、组合、串连、剪等方法来制作体型作品。

2. 良好的手工活动习惯

养成干净、整洁、有序的手工活动习惯。

3. 手工的基本制作技法

学前儿童学习的手工基本制作技法有串连、粘贴、剪、撕、折、染、盘绕、编织、塑、插接等。

(1) 串连。串连是将点状、面状、块状材料用线状材料和工具从中穿过,连接成串。

(2) 粘贴。粘贴可以是在剪好轮廓的面状材料的反面涂上糨糊或胶水再贴在画纸或底板上;也可以是在画纸或底板上的轮廓内先涂上糨糊或胶水,再撒上点状材料,制作成有浮雕感的画面。

(3) 剪。剪有目测剪、沿轮廓剪和折叠剪三种类型。目测剪是指凭自己的感觉和经验剪出自己需要的图像。沿轮廓剪是指事先画好图像后,再依照轮廓线剪下来。折叠剪是指将纸折成双层或四层等,再剪出一些对称的图像。

(4) 撕。撕有目测撕、沿轮廓撕和折叠撕三种类型。基本方法同剪。

(5) 折。折是指用面状材料(如纸)折叠成立体物象。主要有对边折、对角折、双正方折、双三角折、集中一角折、集中一边折、四角向中心折和组合折等基本技能。

(6) 染。染是指用生宣等吸水性强的纸进行折叠后,再用水性染料进行染制。有渍染和点染两种方法。渍染是指将折好的纸插入染料中让纸自动吸色,点染是指用笔蘸色点在纸的中心部位或细小的地方。

(7) 盘绕。盘绕是指将线状材料按照一定的顺序缠绕成平面图像或立体物象。

(8) 编织。编织是指用线状材料按照经纬线交叉的原理编织成平面或立体物象。

(9) 塑。塑是指用泥、面团等有可塑性的块状材料通过手的活动塑造成立体物象。其基本形体有球体、卵圆体、圆柱体、立方体、长方体和组合体等。基本技能有搓长、团圆、拍压、捏、挖、分泥、连接、伸拉。

(10) 插接。插接是指用细木棒、细铁丝等辅助材料插入所需连接的部分,或将制作材料本身做成凹凸相当的切合口,使之连接成型。

4. 手工的题材

(1) 玩具。如折纸玩具、泥塑;

(2) 节日装饰物。如拉花、窗花;

(3) 游戏头饰。如帽饰、面具、纸花;

(4) 日常布置用品。如染纸、点、线、面状材料贴画、蔬果造型、瓶盒造型;

（5）贺卡。如生日贺卡、新年贺卡等。

（三）美术欣赏教育内容范围

学前儿童美术欣赏教育活动是教师引导学前儿童通过对美术作品、自然景物及周围环境中美好事物的认识和欣赏，丰富儿童的美感经验，培养其审美情感、审美评价能力和审美创造能力的一种教育活动。学前儿童美术欣赏教育内容主要有以下几方面：

1. 美术欣赏的对象与类型

（1）美术作品。①绘画作品。从创作所用的工具材料看，可以有水墨画（中国画）、油画、水粉画、水彩画、版画等；从作品的题材内容看，可以有人物画、动物画、风景画、静物画等；从作品的存在形式看，可以有年画、连环画、宣传画、插图等。选择时注意其内容要与儿童生活经验接近，所用工具材料和表现手法简单、清晰、明了；②雕塑作品。从制作工艺看，可以分为雕和塑两类。雕：从完整、坚固的坯土上把多余的部分删除。塑：用具有黏结性的材料联结成所需的形状。可选择具有生动形象、表现生命活力的作品；③工艺美术作品。从实用性与陈设性看，可以分为日用工艺品和陈设工艺品，如餐具、茶具、灯具、家具、服饰、玩具以及壁挂、地毯、陶艺、染织工艺等；从民间艺术性看，可以有剪纸、民间玩具、面具、脸谱、风筝、花灯、皮影、刺绣等；从时态上看，可以有工业产品设计和装潢艺术设计两类。工艺美术作品的选择要注意与儿童的生活及情趣结合起来；④建筑艺术。可以分为纪念性建筑，如：北京故宫博物院、法国巴黎埃菲尔铁塔；宫殿陵墓建筑、宗教建筑、住宅建筑、桥梁建筑、公共建筑等。选择时应特别注意建筑物造型的创造性；⑤儿童美术作品。应注意选取那些同龄儿童的、有童趣的作品。

（2）自然景物：应注意选取儿童可以观察到的景物，例如日月星辰、花草树木、虫鱼鸟兽等，并注意自然景物的不同的美的形态。

（3）周围环境中的美好事物：大致有室内环境和室外环境两类。前者如家庭环境、幼儿园活动室环境等，后者如广场、园林、庭园等。

2. 美术欣赏知识与技能

（1）美术作品的形式分析。如造型、色彩、构图、对称与均衡、节奏与韵律、统一与变化等方面。造型：物体的构图方式。如：线条造型、几何图形造型、涂染法、自然图形。色彩：认色（单颜色、同种色、类似色）、对色彩的喜好、均匀涂色。构图：形象在画面上所占位置。如：单独、并列、均衡、分层、遮挡构图。

（2）作品主题和形象的分析。如：创作意图、意义等。

（3）对作品的联想与表达。联想如：看到下垂的树叶想到秋天、身体不佳等。表达如：采用对比、对称、均衡、统一、夸张等。

（4）作品的背景知识。如艺术家的生平、创作风格、作品的时代背景等。

（5）学习安静地、集中注意力观察、欣赏的良好习惯，学习用语言、动作、表情等表达自己的审美感受。

以上是我们选择的学前美术教育内容的大致范围，教师在选择自己的美术教育内容时，还应注意根据当地的实际情况来进行，因地制宜、因时制宜、因材制宜、有的放矢、实事求是地开展学前儿童美术教育活动。

思考与练习

一、解释题

1. 幼儿园美术教育的内容　　2. 学前儿童美术欣赏活动　　3. 学前儿童绘画活动

4. 学前儿童手工活动

二、填空题

1. 20 世纪以来,西方儿童美术教育的目的逐步形成两大理论体系,分别是_____、_____。

2. 学前儿童美术教育的个体性目的包括_____、_____和_____视觉艺术三个方面。

3. 幼儿园美术教育活动的目标结构包括幼儿园美术教育活动的_____、_____、_____及_____目标。

4. 幼儿园美术教育活动目标一般采取_____、_____和_____三种表述方式。

5. 幼儿园绘画活动的教学形式包括_____、_____和_____三大类。

6. 幼儿园手工材料有_____、_____、_____、_____四种形态。

三、简答题

1. 分别说明本质论和工具论的利弊所在。

2. 学前儿童美术教育的根本目的是什么? 为什么?

3. 简述《纲要(试行)》艺术领域的总目标。

4. 学前儿童美术教育活动的基本任务有哪些?

5. 简述学前儿童美术教育内容选择的依据。

6. 学前儿童美术欣赏活动的内容有哪些?

7. 学前儿童绘画活动的内容有哪些?

8. 学前儿童手工活动的内容有哪些?

四、实践题

1. 请根据活动目标结构用正确的表述方式为中班美术欣赏活动《布老虎》设计活动目标。

2. 根据本章内容,结合幼儿园教育实践,以小组形式归纳总结幼儿园不同年龄班美术活动的内容,并完成下表。

	小班	中班	大班
绘画活动			
手工活动			
美术欣赏活动			

学前儿童美术教育原则和方法

【学习目标】

1. 理解学前儿童美术教育原则内涵,能遵循教育原则开展学前儿童美术教育活动。
2. 了解学前儿童美术教育方法的类型,掌握学前儿童美术教育方法操作要领。

【内容概要】

掌握美术教育的方法和遵循美术教育的原则是保证学前儿童美术教育质量的前提,对指导学前儿童美术教育实践具有重要意义。本章联系实际阐述了学前儿童美术教育应遵循的原则和要求,介绍了学前儿童美术教学方法的类型和要求,强调教师在美术教育活动中应遵循学前儿童美术教育原则,根据实际情况选择教学方法,促进学前儿童的发展。

第一节　学前儿童美术教育原则

学前儿童美术教育的原则,是教师组织美术教学过程中必须遵循的基本要求。它是根据美术的特点、学前儿童身心发展特点和教育规律而制定的,是学前儿童美术教育中各种因素普遍联系的理论概括和教学实践经验的总结,是教师组织和领导教学的原则、依据。教师只有正确地贯彻各项原则,才能更好地指导学前儿童美术活动,使他们的身心获得积极的发展。

一、审美性原则

审美性原则是指教师在学前儿童美术教育活动过程中,把握好儿童的审美特点,无论是教学目标的

制定、教学内容的选择，还是教学的实施都应注意审美性，即教学目标应以学前儿童审美心理结构的建构为主，教学内容应有潜在的审美价值，教学实施过程中应注意审美环境的创设，审美特征的感知、理解与创造，审美情感的陶冶等。

审美性原则是由美术的和学前儿童美术教学的两种审美本质特点所决定的。

从美术本身来看，它具有审美、教育、认识、娱乐等功能。其中，审美功能是其最主要、最基本的特征，即美术家通过美术创作来表现和传达自己的审美意识与审美理想；欣赏者通过欣赏来获得美感，并满足自己的审美需要。审美功能是美术其他社会功能的根本所在。也就是说，美术的审美功能是美术其他社会功能的安身立命之所在。

从学前儿童本身来看，学前期儿童的心理发展具有自我中心的特点，他们常常把自己的内心情感投射到客体上，使不具备生命力的无机世界充满活力，显示出一种审美意境。美术教学应该顺应学前儿童发展的这种特点，使他们得到美的享受与陶冶，从而培养他们的审美情趣，提高他们的审美素养，达到人格的健全与完善。

审美性原则应贯穿于美术教育教学的全过程，让学前儿童在获得愉悦感受的同时发现美、体验美、感受美、创造美。首先，教师要为学前儿童选择富有审美趣味和意境的美术作品与材料。虽然说美术教育活动的主题多来源于生活，但美术活动题材应高于生活，因为它是我们施教的载体，应具备一定的审美意义和审美价值，不能失去美术最本质、最典型的特征。如在中班美术活动"插花"案例中，儿童选取了鲜花作为送给妈妈的母亲节礼物，教师创设了插花艺术活动，通过参观花店、欣赏插花、自己创作等活动，使学前儿童感受到花的另一种表现形式。活动从生活中来却不失其审美价值。其次，在美术教学活动的各个环节以及教师引导方法的设计中，要始终注意培养儿童对美的感受力，唤起儿童的审美情感和体验，提高其审美感受力和审美理解力。如在欣赏《哈里昆的狂欢》（胡安·米罗）时，教师不仅要引导儿童欣赏作品的内容，还要引导他们欣赏作品的线条、色彩和构图等形式审美要素，以提高学前儿童的审美能力。

学前儿童美术教育活动遵循审美性原则还要注意美的多样性，即教师在教学活动中应注意各种不同类型课业的特点。比如：绘画与工艺各种类型的艺术形式分别有各自不同的形态美的特点。绘画的画种不同，其形态美也不同。绘画和图案分别具有绘画艺术和装饰艺术的不同的形态美；工艺设计制作具有与绘画艺术和装饰艺术的不同的形态美。泥塑与纸制作都是立体造型，但其各自的装饰性、奇特变形的美的特点差异悬殊……人人都有审美的偏爱，作为教师，应该不带偏见地给予必要的介绍，不把个人的好恶强加于学前儿童，不仅如此，教师还应充分讲解、分析各种美术形式美的特点，使学前儿童的审美能力得以提高。

如美术活动创作水墨画《向日葵》，这幅画的绘制过程是将现实美的一个具体形象变为艺术美的画面的教学过程。首先，教师可从花朵、叶子的形状、颜色等方面选择符合造型美的要求的实物，用实物本身唤起学前儿童的审美感。然后，教师提醒他们从不同的角度观察，找到最佳的表现角度，启发、讲解，使学前儿童在观察认识中领悟到形象美的构造原理，美感便油然而生。在创作活动中，学前儿童不仅学到观察物体形象美的本领，而且还会产生一种指向物象的亲切感和喜悦的情绪，创作性、表现性也会随之得到加强。接着教师再作进一步讲解、演示用水墨画技能表现向日葵的方法，特别要讲明画出来的向日葵既像眼前看到的，又具有向日葵的典型的形象美，使学前儿童感受到水墨画表现的美。最后，在教师的引导下操作绘制，儿童就成为制作美、欣赏美的人。有了这种"双重美"的感受，儿童才能更清楚地领悟到现实美与艺术美的区别。当他们能够真切地感受到这一切，其审美能力就有了一个飞跃，而这种审美感受，比未经训练过的审美感受要深刻得多、丰富得多。

同时，教师还要用正确的审美眼光看待学前儿童美术创作的过程和结果。在美术活动中，学前儿童的创作过程是美术作品形成的过程。教师既要尊重儿童创作过程中的自主选择，更要尊重儿童艺术创作的过程和结果。成人评价时不能使用"像不像"这样唯一的或刻板的标准来衡量学前儿童的作品，而应该尊重他们的解释和表现方式，审学前儿童之"美"，挖掘美术活动过程和作品对他们自身的价值。

二、发展性原则

发展性原则指在学前儿童美术教育活动中，一是选择美术教育活动内容时要符合学前儿童的发展水平，二是要着眼于儿童未来的发展，处理好其当前需要与长远发展的关系，使儿童的身心获得可持续发展。

学前儿童美术能力的发展是由低到高呈阶段性规律发展的，如学前儿童手工制作能力发展从无目的活动期再到基本形状期是一个渐进发展的过程。发展的动力来自两个方面：一方面是儿童从自己所做的许多造型尝试中得到成果和发现，再反过来加以运用；另一方面是随着儿童视觉理解力的增长，他们对自己初级阶段上造型式样产生不满，于是，向着更加高级的阶段探索。作为教育者，应更多地从儿童的兴趣出发，按照学前儿童美术发展的规律实施美术教育，让他们在轻松、愉快中发挥天性和创造性。在美术学习过程中，主要看儿童是否大胆、自主、创作性地表达想法和从事创作活动，而不是只关注结果。因而，学前儿童美术教育的发展性就体现在两个方面：促进学前儿童个性化发展以及美术教育的可持续发展。

学前儿童的学习方式和表现方式是个性化的，因此发展也是个性化的。学前儿童美术教育特别强调面向全体儿童，关注每一个个体的学习特点和心理品质，赋予每个孩子以满足感和成功感。美术教育不能单纯以培养"天才儿童"为目标，而应该从全体儿童出发，保护他们纯真的童心与多样的个性。美术活动是学前儿童获得自我满足感和成功感的最佳舞台，儿童喜欢展示自己的成果，因为这是他们自己的创作，最能体现自我的价值，使他们获得真正的满足感和成功感。作为教师，不论是从面向全体考虑，还是从关注个体考虑，都需要关注学前儿童表达方式和表达水平的不同，在接纳、尊重的基础上促进他们个性化地发展。

在实施发展性原则时，要处理好情感与技能的关系，坚持美术教育的可持续发展，避免功利化的美术教育取向。也就是说，在美术活动中培养学前儿童的表现能力和创造性，不能只强调技能、技巧的训练，还应引导学前儿童去表现美、感受美、创造美，能大胆地表现自己的情感和体验，并能用自己喜欢的方式进行艺术表现活动。美术活动中，技能的掌握固然重要，但培养儿童对美术的热爱更重要，因为只有服务于艺术的技能才是可持续发展的技能。但另外一方面，我们还要明确：美育也不应是单纯美学的讲授，而应是与技法训练、设计、制作相结合，这种结合还意味着培养儿童创造美、应用美的能力。因此，学前儿童美术教育中必须坚持正确的价值取向，对学前儿童实施合理的美术课程，促进美术教育的可持续发展。

如在某教育机构，教师在每次教学活动中都出示精美的范画，在提供给儿童的画纸上也事先画好了确定位置的一个基本型。儿童跟着教师的范画一步一步地模仿，最后画出同一主题的绘画作品。然而这些儿童面对其他绘画任务时，却常常表示"不会画，画不出来"。这种以牺牲儿童观察、思考、创造性表现等能力的长远发展为代价的教学活动就是违背发展性原则的表现。

三、因材施教原则

因材施教原则是指在学前儿童美术教育中要根据儿童的美术基础和接受能力，有的放矢地进行有

区别的教学,使每个儿童都能在自己原有的基础上得到最大限度的发展。

在幼儿园,使用的教材是针对绝大多数儿童的情况而制定的,班级也是按年龄划分的,而在实际的教育教学工作中,即使一个班的儿童,由于他们的遗传因素、家庭环境和所受教育的不同,各自的兴趣爱好、知识经验和美术活动的能力也是有差异的。教师在教学中要充分考虑到每个儿童的实际情况,针对他们的不同特点,在统一要求的基础上因材施教,使所有的儿童都能得到充分的发展。

实施因材施教的教学原则要注意尊重学前儿童的个别差异,重视和关注每个儿童独特的需要与体验,尊重和保护他们的个性。而了解是尊重的前提。教师了解儿童包括了解全班儿童的整体水平,了解每个儿童的能力、知识水平、性格特点、兴趣等等,这样才能有针对性地提出统一要求,有针对性地因材施教。比如大班绘画活动"在动物园",对于能力较强的儿童,可要求他们多画几种动物,并画出动物的不同姿态,而对于能力较弱的儿童,只要求他们画最容易画的动物。教师要使教学的深度和速度适合学前儿童的知识水平与接受能力,让每个儿童的智力和才能得到最大限度的发展。

四、创造性原则

创造性原则是指在美术教学活动中应充分发挥学前儿童的创造性,以学前儿童创造意识、创造力和创造个性的培养为主要目标。

学前儿童的创造力是指创造出对其个人来说是全新的、前所未有的想法或作品的能力。每个学前儿童都有创造的潜力。学前儿童美术创作依赖的心理功能是"象征",即创造某种具体可视之物代表与之同形的另一事物或情感。在学前儿童美术活动中,儿童用线条、图形和色彩等将自己头脑中的经验、印象和情感转化为美术形象,这一转化过程就是创造。

在美术活动中,学前儿童的创造包括两类。一类是实在的可视形象的创造。这就是我们常看到的学前儿童的绘画作品、手工作品中出现的一些打破成人美术创作的不合比例的造型、主观想象的色彩、不合逻辑的构思、随意安排的空间构图等既可笑又非常可爱的现象。这一类创作具有可视性,常常引起我们的关注。另一类是审美心理意象的创造。它既出现在学前儿童的美术创作活动中又出现在美术欣赏活动中。这是学前儿童基于自身的审美需要和审美能力,在特定、具体的审美理解活动中的一种创造。它具有不可视性,常常不被成人知晓,也常常被忽视。这两类创造体现出学前儿童大胆的想象和神奇的创造力,其中审美心理意象创造是可视形象创造的前提。

《纲要(试行)》和《3~6岁儿童学习与发展指南》(以下简称《指南》)中艺术领域对上述两类艺术创造都作了说明,并且特别强调审美心理意象的创造。作为教师,不但要关注学前儿童艺术活动实际呈现出来的结果,而且更加要关注艺术创造的过程。要以学前儿童的创造意识、创造能力和创造个性的培养为中心任务。

实施创造性原则时首先应为儿童提供适宜的机会和物质条件,丰富教育内容,帮助学前儿童积累多种经验。还应以和蔼的态度为儿童创设自由表达、自由创造的温馨气氛,鼓励他们标新立异、大胆创新。活动过程中教师应从构思的新颖性、手段的创新性、选择材料及其综合应用的创造性三个方面加以引导,让每个儿童自由创造。要尊重学前儿童不同寻常的提问和想法,肯定或鼓励其想法的价值,以发展他们自己独立的个性。

五、兴趣性原则

学前儿童美术教育的兴趣性原则是指教师在美术教育活动中要注意萌发学前儿童浓厚的学习兴

趣，以调动他们学习的积极性。

现代科学研究表明：儿童学习兴趣可以使整体教学过程积极化，可以使儿童产生更强烈的求知欲。没有兴趣，就没有学习的积极性。由于学前儿童认识的发展尚处于无意性占优势的阶段，所以他们参与美术活动的兴趣和主动的态度往往由他们从事及实现美术活动愿望的程度和情绪的高低、好坏支配。年龄越小的儿童越需要靠外界环境及教学中提供各种适当的刺激。教师在美术教学中需要激发儿童在整个活动中的积极性，引起和保持他们对美术的兴趣和主动态度，使他们喜爱美术，乐于从事美术活动，热忱地投入到美术活动中来，在活动中获得愉快的情绪体验，从而充分发挥他们的各种潜能。

实施兴趣性教学原则首先要求教师要对美术活动具有浓厚的兴趣。因为教师的兴趣直接影响着学前儿童的情绪和学习的积极性。如果教师平时特别爱好美术活动，教学时以极大的热情和娴熟的技能指导他们，让儿童在游戏中学习，寓教于乐，同时又积极地对幼儿园内外环境进行各种美化和装饰，那么这种榜样的力量就能对他们学习的积极性产生潜移默化的影响，对儿童美术学习起积极的推动作用。

其次，教师应给学前儿童提供多样性、趣味性、游戏性的教学题材和丰富的工具材料，刺激他们对学前儿童美术活动的积极性。不同的教学题材和工具材料具有不同的特性和表现力，蕴含着不同的情感物质，不仅能让学前儿童体验到灵活和丰富，让他们慢慢能根据自己的体验有目的地选择适合的材料加以造型，而且能使学前儿童产生丰富的联想和新颖的构思，使美术活动充满趣味和生机。

实施兴趣性教学原则还要恰当地运用表扬、赞许、挑战、竞争。这也是激发学前儿童学习美术的积极性，保持他们对美术的持久、稳定、浓厚的兴趣的有效方式。以肯定为主的恰当评价，能帮助学前儿童巩固美术创造的信心，因此教师可根据儿童表现情况和水平，适时、自然地提出进一步的要求；也可以在作品完成后组织儿童相互评议，同伴间相互学习。儿童间的互相激励、竞赛、合作完成任务等都能增添儿童美术活动的积极性，强化他们对美术活动的兴趣。

六、实践性原则

实践性原则是指在学前儿童美术教学中，教师要引导儿童积极参与美术实践，在实践中发展和培养他们的美术能力与兴趣。实践性原则是依据美术活动及美术教育规律和儿童身心发展特点提出来的，在学前儿童美术教育教学中有着重要的意义。

学前儿童本身对世界的认识是依赖于自己的感知觉的，他们在探究外在世界和表达自己的思想情感时，更倾向于以动作和形象为媒介来达到目的。这是由儿童的心理发展特点决定的，这一特点决定了他们的学习就是一种实践性活动。我们常常看到儿童在画画的时候自言自语或手舞足蹈地借助语言、动作、表情等来表达自己对审美对象的感受，这种自发性实践活动会转化为可加以控制且不断反复的意识性活动。也就是说，只有在具体的操作实践中，学前儿童的身心才能处于一种协调统一的状态，才能积极主动地进行自我与世界的双向建构。

实施实践性原则要注意引导学前儿童运用多种感官通道进行美术活动。学前儿童的美术活动是一种手、眼、脑并用的活动，它需要学前儿童用多种感官去感知审美对象，与美术建立多维联系，如用肢体动作表达自己的审美感受，用语言表述自己的审美情感，用手对美术工具和材料的操作，表现自己的思想情感和所见所闻，甚至用脑想象、理解、加工审美意象。因为参与的感官通道越多，儿童的理解与体验就越深刻。而儿童的美术体验和实践是相辅相成的，实践是美术体验产生的前提，体验是实践的必然结果，没有实践就不会有体验。所以，学前儿童的美术教学应注意让儿童在"看看、想想、动动、说说、画画、玩玩"中保持兴趣，使他们得到真正全面和谐的发展。

以上六个教学原则是相互联系的,在教学实践中它们也往往是结合在一起的,只是为了讲授的方便,而分别论述。这些原则只是给实际的学前儿童美术教学工作提出一般的线索,教师应灵活、创造性地加以运用,辩证地对待,不要孤立地、片面地强调某方面,而忽视另一方面。在实践中教师必须结合学前儿童美术教学的实际情况,充分发挥教学原则在提高教学质量上的巨大作用。

第二节　学前儿童美术教育方法

学前儿童美术教育方法是在学前儿童美术教学原则指导下,教师在教学实践中采用的教师和学前儿童相互作用的一系列活动方式的总称。它是完成美术教学任务、达成美术教学目标的重要手段。学前儿童美术教育方法运用的恰当与否会对美术活动的实践效果和学前儿童以后的学习与发展产生十分重大的影响。教师应根据不同课业类型的要求采用不同的方法。

对于美术教学方法的分类,学者们从不同的角度出发,提出了不同的看法。根据有关研究者对教学方法的分类,以及学前儿童美术教学的特点,我们把学前儿童美术教育的方法分为以语言传递信息为主的方法、以直观形象传递信息为主的方法、以指导练习为主的方法、以欣赏活动为主的方法、以引导探究为主的方法。教师可以根据教学实际灵活运用各类教学方法,在活动过程中的某一阶段以某一种方法为主,因此从分类的角度将其称为以某类为主的教学方法。

一、以语言传递信息为主的方法

学前儿童美术教育活动中,语言是教师与儿童之间进行信息、情感交流的主要媒介。以语言传递信息为主的教学方法,是指教师用语言向学前儿童传递信息和指导学前儿童学习美术的教学方法。它是美术教育活动必须采取的教法之一,主要包括讲授法、讨论法、对话法。

（一）讲授法

教师通过语言描述、说明和解释向学前儿童传授美术知识与技法的教学方式称为讲授法。它是教师进行教学的重要方法,能使学前儿童在较短的时间单位里获得较多的系统知识,是儿童领会造型技法、获得系统知识、产生正确审美观的重要途径。它在美术教学中主要包括讲述、讲解和讲评。教学时,可与其他教学方法有机结合起来使用。

1. 讲述,讲述是教师向学前儿童做系统的叙述。例如在写生动物时,描述写生动物的特点;在欣赏达·芬奇作品《蒙娜丽莎》时,以故事的方式向儿童介绍作品创作的背景、画家的生平;画“花生”的时候,教师通过“麻房子,红帐子,里面住个白胖子”的谜语形式形象生动地描述花生的典型特征等。

2. 讲解,讲解是指教师运用口头语言对某个概念或原理作分析、解释或论证。例如,讲解一幅水墨画时,教师向学前儿童介绍侧锋、中锋的运笔手法,在某个手工作品的制作过程中,教师向儿童讲解什么是“压扁”“搓长”“团圆”,在绘画活动中向学前儿童讲解“遮挡”的原理,在欣赏作品时解释关于对称、变化等形式美的原理等等。

3. 讲评,讲评就是对事物或事件做评议,如讲评作业、课堂总结等。

运用讲授法时应注意以下三点。

1. 讲授内容要有科学性、思想性和艺术性。由于学前儿童的分析能力较差,他们接受知识的特点是先入为主,因此教师对相关美术概念、原理等的解释要准确。讲授时要使用文明用语,讲授内容要有

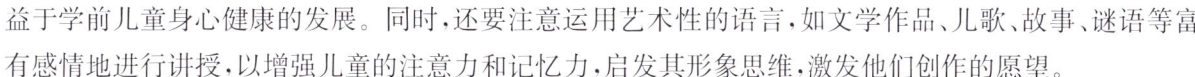

益于学前儿童身心健康的发展。同时,还要注意运用艺术性的语言,如文学作品、儿歌、故事、谜语等富有感情地进行讲授,以增强儿童的注意力和记忆力,启发其形象思维,激发他们创作的愿望。

2. 讲授时重点突出,语言通俗、简练、准确,易于儿童理解和接受。讲授时教师可以适当重述教学的重点和难点,以便让儿童记忆由于听觉不能及时反馈而遗漏的内容。重述时教师要注意前后用语的一致性。讲述技法和制作步骤时,声音要洪亮、条理清晰、通俗易懂,符合学前儿童年龄特点,并用适当的手势、神态、站立、移动等体态语辅助讲解,传递无声的视觉信息,引起学前儿童的注意,调动他们的情绪。

3. 讲授时要注意启发性讲解。运用讲授法进行教学时,教师易于控制自己所讲的内容,但学前儿童却常处于被动接受的状态,容易产生疲倦感。因此,教师要以感性事物为基础,启发、引导学前儿童朝着正确的方向积极进行思维,让他们自己去确定构思、构图,找到解决问题的途径,不断地丰富作品内容。尽量避免一问一答,或是直接告知问题的答案,限制学前儿童想象力和创造力的发展。尤其在意愿画教学中,教师更要经常使用启发性讲解的方法,多引导他们进行积极的思维,确定所要描绘的内容。

(二) 讨论法

讨论法是指学前儿童在教师的指导下,为认识、解决、探究某个问题而进行讨论,通过讨论获得知识的方法。运用讨论法时,讨论的时间可长可短,讨论的形式也可多样,全班讨论、小组讨论均可。

讨论法能充分调动学前儿童参与美术活动的积极性和主动性,为儿童提出问题、发表意见、自己得出结论提供机会。讨论的过程不仅能使学前儿童表达自己的真实想法,提高辨别是非的能力,使学前儿童获得对知识的深刻认识,还可以锻炼他们的发散性思维能力和艺术想象力。因较小年龄儿童生活经验较为贫乏,思维的方式以具体形象性思维为主,分析、概括能力较差,还不能进行以语言为中介的抽象逻辑性思维,因此讨论法比较适合大班儿童使用。

运用讨论法时应注意以下两点。

1. 要启发、引导学前儿童进行讨论。教师要创设宽松的心理环境,鼓励学前儿童结合自己的生活经验发表不同看法,给学前儿童提供思考的空间,并在适当的时候给他们提供线索,帮助学前儿童找出问题与他们已知事物之间的联系。

2. 及时对讨论结果进行小结。讨论结束后,教师要概括学前儿童讨论的内容,及时进行小结。进行小结时要考虑到美术学科的特殊性,讨论结果可能是多元的、开放的或不确定的,不见得都有一致的标准答案。

(三) 对话法

对话法是学前儿童美术欣赏教育中常用的方法。主要指在学前儿童美术欣赏教育中教师、儿童与美术作品三者之间的相互作用与相互交流。

对话法是针对长期以来美术欣赏活动中采用的灌输法提出的。灌输法以教师为中心,儿童缺乏自身的感知与体验,教师将自己掌握的有关美术作品的知识无条件地灌输给儿童,儿童没有直接与美术作品对话的机会,长此以往,儿童会丧失自我感受、主动创造的能力,最终导致审美素质的下降。美术欣赏活动中运用协同合作式的对话法,教师、儿童与艺术作品之间不再是一种灌输与被灌输的关系,而是一种平等的、对话式的、双向交流式的关系。儿童不再是被动接受,而是积极参与,他们的潜力在不断的对话碰撞中得到新生和成长。

对话法的主要特征是主体与主体之间相互交流。在艺术活动中,艺术家有一种向亲密的人倾诉自己深切感受或强烈印象的愿望;而欣赏者则是从自己的心灵世界出发,与艺术家、艺术作品进行独特的

对话活动。因而,欣赏者与艺术作品的对话是主体间的相互交流,即艺术作品对欣赏者说话,欣赏者对艺术作品说话。

在幼儿园美术欣赏教学活动中实施对话法时,教师作为儿童与艺术作品的中介,一般通过启发的方式、提问题的形式给予儿童以线索启迪,引导和帮助儿童与美术作品进行对话。由于作为欣赏者的学前儿童的心理发展、生活经验、艺术经验有限,因而教师的启发和提问要符合儿童的认知发展水平。在儿童美术欣赏过程中,如果作品是写实的,则要指出作品包含哪些形象,如作品中所包含的人物、动物、景物、物品等。如果作品是抽象的,则要指出主要的形状、色彩及其运动的趋向。如欣赏凡•高的作品《星月夜》时,教师可以用"画面上画了哪些景物?""你认为这幅画画的应该是一天中的什么时间?""画面上有哪几种线条?""线条是什么样子的?""你看后有什么感觉?""你能用身体动作表现一下吗?"等问题启发、引导学前儿童与作品进行对话。

实施对话法时教师应注意以下两点。

1. 要尊重学前儿童对美术作品的感受。由于每个人经历不同,对美术作品认可、喜欢的程度就会不同,引起的联想也会不同。学前儿童由于经验、认识能力有限,有些看法在成人看来可能是幼稚、可笑的,但只要是在他们对作品感知和体验基础上产生的,教师都应尊重和认可,不能强求儿童接受某一权威的结论或教师自己对美术作品的看法。当然,这并不表明教师不需要说出自己对于美术作品的看法和感受,相反,教师也应该阐述自己的观点,还要引导和鼓励儿童用各种方式大胆地表达自己的审美感受。

2. 要为儿童创设多种感官感受、体验的条件和充分的时间。因为参与的感官越多,儿童对作品的感受和体验就越深刻。如,在美术欣赏活动中教师常采用倾听音乐或用动作、语言表达等方式帮助学前儿童感知、理解与表达美术作品。

二、以直接感知为主的方法

美术主要依靠视觉来进行感知。在美术活动中,往往会出现学前儿童不会把自己的感知用美术的方式表现出来的现象,教师这时就需要通过直观形象传递信息给他们以启迪,这就是直接感知为主的方法。这类方法主要包括观察法和演示法,在幼儿园美术教学指导中占有极大的比重,也最能体现美术直观形象性的学科特点。

(一) 观察法

观察法是在教师的指导下,学前儿童积极、有意识、有目的地通过视觉器官感知和认识观察物象的形状、颜色、结构以及事物间的空间位置、相互关系等,从而在头脑中形成鲜明表象,获得感性认识的一种方法。观察法是学前儿童美术教学的最基本的方法。

美术是视觉艺术,没有观察便没有视觉的感知和认识,更谈不上对物象的绘制表现。运用观察法时,由于观察对象直观鲜明,不仅能激发学前儿童学习的兴趣,还有利于培养他们的观察能力和形象思维能力。

观察可以分为直接观察和间接观察。

直接观察是教师为了使学前儿童获得对周围生活的丰富印象,借助与事物的直接接触来观察事物的方法。直接观察有助于打破儿童的概念画法,使他们更深层次地发掘、认识事物,培养其探索精神。

由于季节和条件的限制,当教师不一定能及时做到让学前儿童对实际物体进行观察时,可选择符合教学要求的玩具、模型、图片、标本、示范画或多媒体等,供学前儿童分析、比较所要描绘物象的

基本特征，这种观察就叫间接观察。学前儿童有着极强的模仿能力，图片或示范画的图式往往容易成为他们临摹的对象。因此，教师应根据儿童对教材的熟悉情况和教材的难易程度，恰当地运用图片或示范画。

运用观察法时要注意以下三个方面。

1. 观察的目的要明确。教学时教师引导儿童观察的目的性要明确。学前儿童由于知识、经验贫乏，认识能力和概括能力有限，在观察中往往凭兴趣出发，注意力不稳定、不持久，不会自觉地、有意识地观察事物，观察也往往不全面。因此，教师在指导他们观察时，事先要让学前儿童了解观察的内容，并组织和帮助他们进行有目的、有计划地观察。

2. 教给学前儿童正确的观察方法——整体观察法。整体观察法是指学前儿童观察事物时，首先应观察事物的整体，获得对事物的整体印象，然后再观察细小部分，以便更好地反映整体。这种观察法是整体——局部——整体的辩证观察法。学前儿童注意力不稳定，形象知觉水平较低，看东西往往一掠而过。因此，正确的观察方法不仅使他们在美术活动中了解内容丰富的感性材料，还能让他们运用自己的感性知觉更好地认识客观事物。

3. 组织学前儿童进行观察的方法可以是多种多样的。教师要根据观察的目的、儿童的年龄特点和实际情况灵活运用各种观察方法。有时可以先讲解后观察，有时可以先观察后讲解，有时可以边观察边讲解边组织儿童实践。对生活中一些不易观察到的事物，教师可以用图片、绘画的复制品、标本和多媒体等来代替。

（二）演示法

教师配合讲解，向学前儿童展示直观教具，示范绘画、制作等过程，使儿童获得对事物现象感性认识的教学方式被称为演示法。演示用的教学媒体有实物、挂图、录像、标本或 VCD、DVD、flash 动画等。

美术教学活动中，许多知识、技法问题仅用语言讲授是不够的，必须借助演示使学前儿童获得直观感受，并在大脑中形成对教师制作、绘画过程的系列表象才能使儿童获得深刻印象。在演示的同时，教师再配合语言进行"画龙点睛"地讲解，儿童才能在一目了然的情景中接受新的知识和技法。

演示法直观、生动，能使学前儿童获得丰富的感性材料，加深对事物的印象，激发儿童学习积极性。儿童在对演示内容进行观察和分析的过程中，观察能力和思考能力得到了提高，在观察的过程中促使他们积极思考，提出问题。

按演示的步骤，演示法可分为以下三种。

1. 整体演示：教师完整地、连续地向学前儿童示范如何表现物体形象。整体演示适合在演示简单的创作技能时使用。它完整、明确，能让儿童连贯地掌握整个技能。如教师演示油水分离画中刷背景的方法时，就可以用宽水粉笔一次性同一方向均匀涂刷在整张纸面或半张纸面上，让儿童一目了然地清晰看到涂背景的整体过程。

2. 分段演示：教师将所表现的物体形象的过程分成若干段，根据学前儿童的理解能力进行逐一演示。例如在学前儿童美术技能的学习有层次性后，后一阶段的技能学习常用建立在掌握了前一阶段技能的基础上，这时，教师就可以根据儿童所掌握的技能来进行分段演示，也可以就新的技能来演示。如学前儿童水墨画教学活动中，如果儿童已在前一阶段已学习了调浓淡墨和毛笔用笔方法，教师就可以根据儿童需要进行演示，当儿童掌握得好，也可以不必演示，而只需演示调色的方法即可。

3. 分步演示：教师将所表现的物体形象的过程分成若干步骤进行一步步地演示。当活动中美术技能涉及的环节较多，完成一次耗时较长，学前儿童一次明确所有的环节有困难时，可用分步示范。也就是说，教师把一个完整的过程进行分解成若干个小的步骤，逐个演示给学前儿童看，在确定其掌握之后

再进行下一个步骤。如在学前儿童扎染活动中,由于程序较多,教师把整个扎染过程分解为若干个步骤,首先为儿童演示几种扎布的方法,在他们也扎好布后,再演示染布和捞布的步骤,等儿童都把扎好的布放进染缸进行充分染色并捞出来后,教师再演示清晰染布的步骤。

在一次美术活动中,教师应根据需要单独或结合使用以上演示方法来帮助学前儿童更好地掌握某种美术技能。

另外,按演示的准备情况可分为有准备的演示和随机演示;按观看对象的多少可分为整体演示、分组演示、个别演示;按教学内容可分为绘画、制作步骤演示、工具性能和技法特点演示等。

运用演示法时要注意以下两点。

1. 演示的准备工作要充分,组织要周密。演示用的教学录像、多媒体资料等在活动前要试放,工具材料在课前要准备齐全并安排好展示的顺序。

2. 演示时,教师要同时运用明确、简练的语言讲解,并启发学前儿童进行思考。美术活动中运用演示法的目的是帮助儿童更直观地认识与把握物象的基本特征,使他们思考与表现物象的整体形象。教师把演示的内容与观察、讲解有机地结合起来更容易使儿童理解或接受,在演示中还应一边讲解提问一边演示,这样儿童理解快、记忆深、效果好。

如在学前儿童纸浆画的制作程序中,教师就运用一边讲解提问一边演示的方法,让学前儿童熟悉纸浆画的制作过程。

首先,教师出示一幅色彩鲜艳的纸浆画请学前儿童观察,并问:"这幅漂亮的画是用什么画出来的呢?"儿童猜测后,教师再拿出准备好的染色的纸浆请他们了解绘画材料:"这就是纸浆画的原料——纸浆。"之后教师进一步提问:"纸浆是用什么材料和方法做出来的呢?"在儿童讨论的基础上,教师逐一出示卫生卷纸、水、白胶、颜料,并请儿童说出它们的名称,了解制作纸浆的原材料。

然后,教师清晰演示纸浆制作的过程:(1)把撕碎的卫生纸用水浸泡,泡湿后进一步撕碎;(2)捞出纸泥,拧干;(3)纸泥中和入白胶,用手搅拌;(4)将做好的纸浆分成若干份,分别加入不同的颜料和匀。以上步骤,每完成一步都要请儿童回答:"这一步具体是怎么做的?"儿童回答的同时,教师出示事先准备好的操作图示,并按顺序贴在黑板上,使其明晰纸浆的制作步骤。在这个过程中,教师需要让学前儿童观察撕碎的纸,触摸和入白胶后的纸浆,并请他们回答"纸要撕成什么大小的?""纸浆和好摸上去是什么感觉?",以使其明确撕纸和和白胶的具体要求。最后教师再请儿童根据操作图示的提示,制作纸浆,并进行纸浆画。

三、以指导练习为主的方法

练习是学前儿童将头脑中的艺术构思用美术的方式表现出来的实际操作过程。练习法,就是学前儿童在教师指导下,进行各种形式的绘画、制作等练习,从而熟练掌握各种美术知识与技能。儿童要获得美术知识与技能,必须反复多次地练习和操作。

根据创造成分的多少,练习可以分为技能练习、模仿练习和创造练习三种。

1. 技能练习是运用工具简单表现技能的练习,如执笔、运笔、用剪、涂色、折叠、剪贴、团泥、捏泥等等。

2. 模仿练习是依照范例或教师的示范所做的练习,如学前儿童根据教师折纸的分步示范,进行折纸练习等。

3. 创造练习是让学前儿童对已有的表象、材料进行加工、改造、制作,独立构思和表现的创作活动,目的是加深儿童对美术的理解和提高他们的美术表现能力,如意愿画、意愿塑造、意愿剪贴、自由美术活

动等。

教师应根据学前儿童的能力和美术活动内容的需要单独或综合运用,以技能练习为基础,以创造练习为目的,以模仿练习为辅助过渡手段,合理安排各种练习的比例。

另外,从操作的步骤上划分,练习又分整体练习、分段练习、分步练习;从人数来划分,练习可分为个人练习、分组练习、集体练习等;从时间上划分又可分为课内练习和课外练习。

在美术教学中,教师可以根据教学要求和学前儿童的实际情况,灵活运用各种练习。适当地使用多样化的练习方式,不仅有助于培养儿童的兴趣,集中他们学习的注意力,而且还有助于培养儿童在实践中灵活运用知识和技能的能力。

运用练习法时要注意以下四个方面。

1. 练习要有目的性。教师在每次练习前要向学前儿童明确练习的要求、操作的方法和步骤,培养儿童操作练习的自觉性,使他们目的明确,能按步骤有条不紊地进行练习。

2. 要多采用生动有趣的游戏和竞赛等方式。教师要增加儿童练习的趣味性,将练习与游戏、竞赛结合起来,激发他们练习的欲望,使他们达到熟练掌握技能的目的。

3. 要求学前儿童发挥一定程度的创造性。练习中要注意让儿童不要把练习当成机械的模仿或重复,要发挥他们的主动性和创造性,给儿童一定的自由空间,让他们根据自己的想象自由表达。

4. 教师的巡视和指导要有计划性和目的性。教师巡视和指导时首先应着眼于全体,及时发现所有儿童出现的共性问题和多数儿童的共性问题,及时运用讲述、演示等方法予以指导解决。对个别儿童出现的问题,通过个别辅导及时解决。

四、以欣赏活动为主的方法

以欣赏活动为主的教学方法,是让学前儿童通过对美术作品、自然景物、社会生活中美好事物的欣赏,获得美的感受,以提高表现能力、审美能力的教学方法。以欣赏活动为主的教学方法中,最基本方法是对话法,即在学前儿童美术欣赏教育中教师、儿童与美术作品三者之间的相互作用与相互交流。该方法已在以语言传递信息为主的方法中进行表述,在此不再赘述。以欣赏活动为主的教育方法,除了对话法,还有以下几种具体方法。

(一) 对比法

对比法即通过对作品表现手法、表现形式、表现风格的比较,提高学前儿童对美术作品的审美感受和审美理解能力。也就是说,在进行美术作品欣赏时,教师可以就同一主题的不同表现手法、同一画家不同的绘画作品或画家不同时期的作品等,引导学前儿童仔细观赏,认真比较,找出差异,加深理解。例如,同样是画马,徐悲鸿的水墨画《奔马》和马克的油画《蓝马》,在造型、设色、构图、表现手法等方面截然不同,给儿童以不同的视觉感受。再如,画家蒙克的作品《呐喊》,表现同样的形式、同样的内容、同样的情绪,却用不同的表现手法创作,有蛋彩画《呐喊》,有木刻作品《呐喊》。通过同类作品的比较,学前儿童能够感受到不同表现手法所带来的视觉效果:蛋彩画通过色彩更能表现内心的情感,木刻作品则简洁、明了,使人耳目一新。通过对比,学前儿童在一系列具体直观的观察比较中找出正确结论,并使他们能够积极参与,主动去理解、去体会、去感知艺术作品的审美特色,逐步提高审美的能力。

运用对比法时要注意以下两点。

1. 选择作品时,作品的对比特征要鲜明。如欣赏毕加索不同时期的作品《哭泣的女人》时选择《梦》进行对比,就比选择《朵拉·玛尔的画像》的对比效果明显。

2. 出示作品时，要考虑出示作品的顺序。如欣赏《哭泣的女人》时，先出示《梦》，儿童简单感受后再出示《哭泣的女人》，视觉冲击力更强。

（二）动作模仿法

学前儿童美术欣赏活动中，儿童除了欣赏作品的线条、色彩、形象等基本要素，还要感受和理解隐含在作品中的表现形式，这也是美术欣赏过程中的难点。教师可以让学前儿童通过自己的肢体动作模仿表现作品的某些特征，如用身体动作来表现人物的面部表情，人物的姿态或是抽象画的结构，用这种方式来深刻体验和理解美术作品的内涵。

如欣赏《星月夜》时可以让儿童用身体动作模仿星星、灯光的闪烁及山脉的连绵起伏等，欣赏《哭泣的女人》时让儿童模仿人物紧张、恐惧、悲伤的样子，欣赏《牵牛图》时让儿童感受牛和牧童之间的拉力等。在儿童模仿后，教师可用提问的方式引导他们说出自己的感受："你有什么样的感觉?"引导儿童进一步加深对作品情感的体验和作品意境的把握。

在运用动作模仿法时要注意，不是所有的动作都要儿童去模仿，只模仿对理解作品起到关键作用的动作即可。

五、以引导探究为主的方法

在美术教学活动中，以引导探究为主的方法，主要包括讨论法和探究法。这两种方法有助于激发学前儿童思考，调动其学习的积极性和语言表达能力。讨论法是教师根据学前儿童已有的知识或经验提出问题，引导儿童思考，对问题逐步得出结论，从而获得知识、发展能力的方法。该方法在以语言传递信息为主的教学方法中已经阐述，此处不再赘述。

探究法是在教师指导下由学前儿童自己发现问题、探索问题并解决问题，以获取知识并发展能力的教学方法。对学前儿童来说，玩是他们的天性，而探索就是玩。学前儿童是依靠感官进行学习的，他们认识事物大多依赖于直接经验，通过摸、看、抓、拆等行为进行探究。在美术教学活动中运用探究法，教师往往不把相关的美术技能直接教给儿童，而是提供有关范例，让儿童通过尝试和思考，增加体验，丰富感受，激发想象，在不断的试验、操作中发现问题、分析问题，直至找到解决问题的方法。

运用探究法时，教师应注意以下两点。

1. 要允许学前儿童探究过程中出现错误。现代心理学研究认为，试误学习虽不是人类学习的主要形式，但人类学习中含有试误成分。在操作性较强的美术活动中，教师要允许儿童对学习任务经过几次错误的尝试，这是一种培养学前儿童思维能力和探索精神的好方法。经过努力才找到正确答案过程不仅能丰富儿童的感受，增加他们的体验，同时还能使他们取得成功的愉悦，增强自信心。

2. 要根据学习任务的难易程度引导儿童探索，必要时要进行讲解。

在美术活动中，当表现、制作的难度不大或有一定难度但经过儿童的努力能够解决时，教师可以先让儿童尝试练习。当学习任务有一定难度而儿童当时没有意识到困难时，可以让儿童先尝试某一局部、某一步骤，当问题显露出来且儿童久攻不下时，教师可进行适当地点拨。对于儿童实在解决不了并带有普遍性的问题，教师还应提供必要的讲解。更多的时候，教师需要针对儿童具体情况进行个别指导。

教学方法是活动过程中教法与学法的统一体。教学方法的运用受美术活动的课业类型以及美术活动的目标和内容的限制。俗语说，教学有法、教无定法、贵在得法。教师要根据实际情况灵活、综合地运用各种教学方法，并在教学实践中不断总结，创造出新的、行之有效的教学路子。

思考与练习

一、解释题

1. 审美性原则　　2. 因材施教原则　　3. 创造性原则　　4. 讲授法　　5. 观察法　　6. 演示法

7. 对话法　　8. 探究法

二、填空题

1. 学前儿童美术教育方法的类型主要有：以语言传递信息为主的方法、以直接感知为主的方法、_____和以引导探究为主的方法等。

2. 按演示的步骤，演示法可分为：_____、分段演示和_____等。

三、简答题

1. 什么是讨论法？教师在运用讨论法时的基本要求是什么？

2. 以直接感知为主的教学方法有哪些？教师运用演示法的基本要求是什么？

3. 以引导探究为主的方法有哪些？请结合实际，谈谈教师在教学中是如何运用的。

4. 教师在运用以欣赏为主的教学方法时应注意什么问题？

5. 阐述学前儿童美术教育原则的内容和意义。

四、实践题

1. 结合幼儿园一个美术教育活动案例，对其采用的教学方法和遵循的教学原则进行评价。

2. 选择一个学前儿童美术教育内容，并设计出教学方法。

学前儿童美术教育组织与实施

【学习目标】

1. 认识学前儿童美术教育活动的指导思想。
2. 知道学前儿童美术教育的三个主要途径。
3. 掌握学前儿童美术教育活动设计内容与要求,能按照学前儿童美术教育活动的基本环节组织活动。

【内容概要】

有效地组织实施学前儿童美术教育活动是完成学前儿童美术教育任务的关键。本章在阐述组织实施学前儿童美术教育活动指导思想基础上,介绍了幼儿园美术教育、家庭美术教育和社会美术教育等开展学前儿童美术活动的途径,并结合案例阐述了学前儿童美术教育活动设计与实施的内容与要求,强调了科学的学前儿童美术教育活动设计可以优化活动过程,对提高学前儿童美术教育活动质量具有重要作用。指导学生明确美术教育活动指导思想,掌握学前儿童美术教育活动与实施的方法措施。

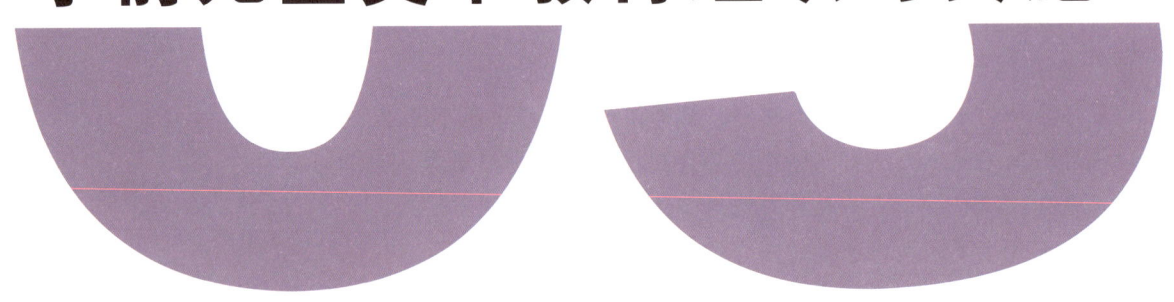

第一节　学前儿童美术教育活动指导思想

《纲要(试行)》指出:"幼儿园的教育是为所有在园儿童的健康成长服务的。"学前儿童美术教育是学前儿童教育的重要组成部分。因此,教师必须明确学前儿童美术教育活动的指导思想,以更好地对学前儿童美术教育的组织与实施起到规范和调节作用。

一、立足于促进儿童的全面发展

"教学永远具有教育性",这是教育活动的一条基本规律,也是学前儿童美术教育活动应遵循的基本规律。《纲要(试行)》指出"幼儿园的教育要为每一个儿童,包括有特殊需要的儿童提供积极的支持和帮助",因此,学前儿童美术教育活动的主要任务是促进儿童全面和谐发展。教师应该树立"一切为了每一位儿童的发展"的课程教学的核心理念,不仅充分挖掘教学材料中的各种教育因素,关注儿童在教学过程中的能力、知识表现和情绪情感体验,还要引导儿童在教学活动中的品德表现和品德发展,使儿童随着知识、技能的获得,变得越来越有爱心、同情心、责任感,真正实现在知识技能、学习兴趣与方法、情感、态度、习惯及价值观等方面整体、协调地发展。

二、帮助儿童获得审美感性经验

《纲要(试行)》所述的要满足儿童"多方面发展的需要,使他们在快乐的童年生活中获得有益于身心发展的经验"是有着严谨的科学依据的,其依据就是学前儿童特有的身心发展的规律。学前儿童的思维方式主要是具体形象思维,他们认识事物,也主要是通过直接感知,要让他们通过双手和各个感觉器官实际地接触到外界的人、事、物,从中得到各种不同的经验,使他们能真正理解,继而思考和提出问题,并在成人的帮助下解决各种问题。因此,学前儿童美术教育活动不是用于为儿童提供一生的美术知识技能储备,而是帮助儿童走向学习化的社会的一个驿站。学前儿童美术教育活动不是指导儿童学习系统的美术知识技能,而是提供大量的有益经验和情境,让儿童直接感知和体验,为其今后学习抽象科学文化知识打下基础。

三、促进每个儿童在原有基础上得到发展

《纲要(试行)》所述的"幼儿园教育应尊重儿童的人格和权利,尊重儿童身心发展的规律和学习特点",就是相信和理解儿童。这意味着教师要意识到儿童阶段独特的价值,相信儿童具有该阶段特有的内在发展动力和内在发展的可能性。因此,学前儿童的美术教育活动要求面向全体儿童,因材施教。首先,全面深入地了解每个儿童的特点,为他们各自确立相应的经过努力可以达到的目标。其次,教师应精心为不同发展水平的儿童选择相应的教学内容,逐渐学会有效地把集体、小组、个别的教学组织形式以及讲授、讨论、演示、游戏等教学方法有机结合,帮助儿童发展各方面潜能,使每个儿童在原有基础上得到最大限度的发展。

四、在游戏活动中使儿童自主、快乐地学习

《纲要(试行)》提出"幼儿园教育应以游戏为基本活动,保教并重"。因此,学前儿童的美术教育活动不是把儿童看作被动的接受对象,强制儿童学习,而是把儿童看作学习的主人,采取游戏的教学方式,调动儿童学习的主动性,使之积极自主地学习。首先,教师以热情、真诚、宽容、负责的态度对待儿童,建立起一种和谐、温馨、真诚的心理氛围,改进教学方法,使教学过程充满情趣和活力,提高教学过程的吸引力;其次,教师要为儿童提供观察、操作、游戏、实验、讨论等能促进儿童自主建构知识的各种活动,使美术教育活动成为儿童的一种享受和愉快的体验,激发儿童的学习兴趣;第三,要给予儿童自由发展的空

间,使儿童能够自由活动、自由思考、自由表达、自由想象和创造,让儿童自主、快乐地学习。

第二节　学前儿童美术教育途径

美术活动是学前儿童发展的需要,是他们成长过程中不可缺少的部分。因此,幼儿园、家庭和社会等都应承担起组织学前儿童进行美术教育的任务和责任,为学前儿童创设一个良好的美术环境,使他们在各种美术教育活动中发展各自的潜能,并促进良好个性品质的发展。

一、幼儿园美术教育

幼儿园美术教育是教师根据学前儿童身心发展规律,通过有目的、有计划地实施美术教育活动来满足儿童表现、表达和创造的需要,从而构建儿童审美心理的活动过程。幼儿园美术教育对促进儿童的全面发展起着重要的作用。

(一) 美术教学活动

幼儿园美术教学活动,是教师有目的、有计划开展的、以儿童为主体、教师为主导的双边互动活动。其主要目的是以有效的预设的目标,促进儿童全面发展。幼儿园美术教学活动的主要特点:一是活动内容的广泛性;二是活动方式的游戏性。广泛性是指幼儿园美术教学活动不同于中小学美术教育,幼儿园教师可以根据儿童的认知特点(具体、感性和直观的)从儿童生活的方方面面挖掘、派生出教学活动内容,为儿童提供有益的经验,促进他们健康地成长。游戏性是指游戏是儿童最喜欢的活动方式,通过游戏方式可以为活动的顺利开展提供重要的保障。

幼儿园美术教学活动是通过幼儿园美术活动领域课程和结合其他各领域课程(如语言、健康、社会、音乐、科学、品德教育等)进行的。根据教育内容的不同,幼儿园美术领域课程可以分为绘画教育、手工

图 5-1

教育、美术欣赏等不同类型的教育内容。但是,在美术学科领域的教育活动中,这些内容往往是综合在一起的。也就是说,活动可以是围绕某一具体的艺术作品而展开,也可以是围绕某一专门的美术技能或美术知识而展开,还可以是围绕着某个特定的主题而展开。活动可以是以集体教学的形式来组织,也可以是以小组合作的形式来进行,还可以是以儿童自发的探索为主(图 5-1)。但是,无论哪种活动形式,一般都会包含有不同类型内容。例如,围绕着徐悲鸿的美术作品《奔马》而展开的美术教育活动,既可以包含美术欣赏的活动内容,也可以同时含有绘画的活动内容等。

目前我国幼儿园课程基本分为五大领域,在幼儿园的语言、科学、社会、健康等领域中都渗透着的美术教育内容。例如,社会教育中的美术活动,可以让儿童欣赏不同国家和地区的艺术家的作品,了解他们艺术表现的风格和特点;又如,在语言教育中的美术活动,教师指导儿童用语言描述自己对故事内容形象的认识和感受,用画笔再现故事或诗歌的内容;再如,音乐教育中的美术活动,儿童根据所听到的节

奏、旋律、声音等，用绘画工具和材料将它们表现出来。

（二）美术角区和美术室

美术角区也称为美术角，美术角是幼儿园区角活动中常见的一种形式，是一个供少量儿童自由欣赏和创作的美术活动空间（图5-2）。美术室是专门的美术活动室，如泥工活动室、绘画活动室，也可以是综合的活动室，如把美术室划分为绘画区、手工区和欣赏区。美术室的开放需要全园统筹安排，并由教师进行指导（图5-3）。美术角区和美术室主要是为了满足那些对美术有兴趣的儿童的需要。《纲要（试行）》指出艺术是儿童"表达自己的认识和情感的重要方式"，而美术角区和美术室活动则让儿童在宽松、愉快的环境中尽情发挥创造性思维，发掘他们的创造潜能。教师在美术角区和美术室的主要作用是创设条件，儿童可以在这里选择自己喜爱的美术作品欣赏或用自己感兴趣的工具材料画和做，表达自己的所思所想。

图5-2　美术角区

图5-3　美术室

教师在美术角创设条件时，主要是为美术角区需要配置美术欣赏的画册、图片和美术创作用的工具材料。这些工具材料有些是常备的，有些需要定期或随时更换。儿童经常使用的笔、纸和颜料等应是常备的。在定期和随时更换的部分中，有一部分内容和工具材料是从集体美术活动中转移过来的，它们可以使儿童感兴趣的活动在美术角区延续下去；另外，还有些工具材料属于先投放于美术角区，受到较多儿童的欢迎时，引入集体活动之中，使儿童感兴趣的活动得到扩展。美术欣赏用的画册等物则需要定期更换，这一部分内容的选配可以和集体美术活动相配合并适当拓宽一些。

儿童可以在美术角选择自己喜爱的美术作品欣赏或用自己感兴趣的工具材料画和做，表达自己的所思所想。由于美术区域中材料的丰富性和多样性，使儿童的想法不受材料的限制，儿童可以在这里选择自己喜爱的美术作品欣赏或用自己感兴趣的工具材料绘画和做手工，表达自己的所思所想。如：在"鱼"的主题表现中，有的儿童会用蜡笔在纸上进行丰富的构画，有的儿童会先用橡皮泥捏出鱼或用纸剪出鱼，然后再进行描绘。在儿童与材料的作用中，他们新奇的构思与大胆的表现使画面活泼而富有生气，不仅画得形态各异，表情、动作都非常生动、有趣，从中增强了儿童对艺术活动的创作兴趣。另外，由于儿童在美术角中的活动是自由的，他们的表现更为自然真实，因此，教师应注意观察儿童在美术角的表现，适时地给予有针对性的指导。同时，在美术角发现的儿童普遍感兴趣的美术活动可以引入集体活动，使之更充分深入地展开。

（三）美术环境创设

《纲要（试行）》中指出："环境是重要的教育资源，应通过环境的创设和利用，有效地促进儿童的发展。"美术环境是幼儿园为儿童自由欣赏创设的外部条件,美术环境的主要作用是扩大儿童的眼界,使之受到潜移默化的艺术熏陶,于不知不觉中受到美术教育。幼儿园的美术环境创设从空间和时间上可分为大的环境和小的环境,或户外环境和户内环境。大的环境是指各班除活动室以外的公共空间,包括幼儿园建筑、室外活动场地、走廊等;小的环境指各班专用房间,包括活动室、卫生间、睡眠室等。这些环境既是儿童在园活动的物质条件与基础,又是对儿童进行艺术教育的重要资源。所以,要充分发挥空间环境的对儿童的艺术教育价值。

首先,要创设以自然景物为主的户外环境。幼儿园的户外环境是大自然的一部分,对儿童认识自然、接受大自然的熏陶具有重要意义,同时优美的户外环境又有利于培养儿童的审美意识。所以,幼儿园户外空间环境创设应以自然景物为主,首先要考虑绿化,可种植四季树木花草,或以人造物作为点缀,也可因地制宜地做些艺术加工,有条件的幼儿园还可以做些微型建筑来美化户外环境。如铺上石子镶嵌的路或草坪。这些既是儿童观察欣赏的景物,又可作为大孩子写生的对象。其次,总体上要有儿童生活气息,色调要明亮,绘画的主题要配合幼儿园教育特色。如户外主墙面布置和利用,不仅主色调和空间造型等要素应与幼儿园环境的整体面貌协调一致,而且主墙面的内容应蕴含教育性,且适合儿童的认知层次,其形象和色彩表达,应富有童趣(图5-4)。

图5-4　室外活动区环境创设

图5-5　活动室内环境创设

其次,创设以美化装饰为主的室内环境。室内环境是儿童近距离接触生活环境,主要有走廊、活动室、卧室、盥洗间等。要充分虑室内场地特点,创设以美化装饰为主的室内环境,发挥室内环境教育作用。在选择时既要考虑儿童的审美需要,又要考虑作品的艺术性,也就是说所选的作品既要是儿童喜欢能理解的,又要有一定的艺术水平。如各班专用房间中活动室是环境布置的重点,在这里主要是展示陈设美术作品供儿童欣赏。这些作品可以是艺术家创作的作品,也可以是儿童或教师的作品。怎样布置这些作品没有定则。在形式上可以灵活多样,较好的活动室布置是平面式的墙壁布置、立体的展台式布置与空中悬挂相结合;作品以立体造型、平面造型、实物照片、描绘装饰相结合为好。内容要既丰富又有主题,可以根据本班的教育需要或配合区域内容安排(图5-5)。

幼儿园走廊、楼梯的墙面环境是对儿童进行艺术教育不可忽视的空间,教师应给予充分的重视。如走廊、楼梯的墙面布置要以简洁为主。如可以用画框装裱一些教师、儿童的作品和名家的艺术作品作装饰,在走廊设置儿童作品画廊,展示儿童不同时期、不同手法的绘画、手工艺品等。还可以沿着楼梯墙面,设置画廊,悬挂工艺美术品或名人名画,这样既增加了儿童艺术欣赏的空间,又有效地点缀了楼梯环境。对楼梯的防护栏,可在安全的前提下配合楼层总体色调油漆成不同的色彩或作些加工处理,做到富有童趣,方便自然,使儿童的上上下下,不再是重复单调的环境。还可以设置能够反映幼教信息、家园联系、健康教育等栏目,使之成为家长了解幼儿园教育的信息窗口(图5-6、7)。

图 5－6　走廊环境创设　　　　　　图 5－7　楼梯环境创设

　　幼儿园室内是环境创设的重点，怎样布置没有定则。应该注意不仅在形式和材料的选择上注意装饰性，重要的是要紧密配合各领域的教育内容，体现一定的教育目标和儿童的可参与性。如：春天到了，教师让儿童关注周围环境的变化，并组织大家到美丽的植物园郊游。看着公园里五颜六色的花、草地上的小昆虫……《美丽的春天》的主题墙应运而生。儿童有了丰富的感性知识和经验，他们用蜡笔涂画着五颜六色、姿态各异的花草；用长条的绿色皱纸粘贴柳条……大家共同创造了《春天的公园》(图5－8)。又如：结合奥运会可以引导儿童创设主题墙饰《同一个世界，同一个梦想》(图5－9)①。

图 5－8　幼儿园主题墙饰《春天的公园》(小班)　　　图 5－9　幼儿园主题墙饰《同一个世界，同一个梦想》(大班)

(四) 家园联系

　　对于大多数儿童来说，他们美术兴趣和能力生长的根源在家庭中。因此，幼儿园的美术教育要与家庭保持紧密的联系，则可达到事半功倍的功效，取得最佳的教育效果。与家庭相配合家园联系的工作有二：一是幼儿园与家庭沟通，以协调两方面的教育；二是取得家长的协助，有效利用家庭中的教育资源。

　　首先，幼儿园可以建立一些与家长沟通的渠道，了解掌握儿童的美术发展情况。如在班活动室门口的墙壁上设置家园联系栏，在上面展示儿童的作品，家长在接孩子的时候可以观看，了解孩子在幼儿园都做些什么。还有开放一日活动，即家长开放日，家长可以在这一天观看儿童的美术活动，更进一步了解幼儿园是怎样做的。另外，隔一段时间，将儿童的作品整理出来，交给家长，也可以使家长更仔细地了解孩子。每日家长接送孩子的时候都是教师与家长交流的好时机，教师可以在此时向家长了解儿童在

① http://www.diyifanwen.com/jiaoan/zhutiqiangshi/index_7.html

家中的情况：是不是喜欢美术，在家中画不画，做不做，做什么，做得怎样，等等。有时教师可以请家长把孩子在家中画的、做的作品带到幼儿园，给老师看，比较一下儿童在家庭与幼儿园中的表现，看看有无不同，然后作出反思和调整，必要时给家长提些建议。

其次，定期组织一些家园合作的美术活动，丰富美术活动内容。幼儿园的教育环境和资源是有限的，而家庭中有着丰富资源，如家长们各有自己的知识经验、能力专长、兴趣爱好，特别是儿童的直接经验对美术活动创作具有重要的意义，如定期组织一些家园合作的美术活动，可以丰富美术活动内容，将使幼儿园美术教育更有效。如幼儿园组织儿童外出多有不便，请家长在节假日、双休日有目的地带自己的孩子参观游览或参加一些活动，家长和孩子都会很乐意。在亲子活动的过程中，儿童那些独特的好奇心和问题可以得到很好的满足和解答。间接经验对于儿童美术创作也是必不可少的，在围绕某项事物创作期间，请家长协助儿童搜集一些有关的资料，汇集起来，会非常丰富。例如，在一个幼儿园中班以昆虫为题材进行美术活动时，孩子们从家中带来了各种各样的图片，其中一组图片真实地记录了蚕的蜕变过程，很吸引人，是一位家长从电脑中调出并打印出来的。根据材料的性状进行创作是培养儿童美术创造力的又一方面。请儿童把家中废弃的包装箱、包装盒、塑料瓶、布头、线头等捐助给幼儿园，可大大丰富创作的材料，也使儿童懂得节约和关心集体。总之，家园联系可以使幼儿园的美术教育更有效。

另外，幼儿园的美术教育还有一种随机的美术指导。随机的美术指导是指教师对儿童在自由活动时间内所从事的美术活动的指导。日常生活中，教师可抓住每一个机会对儿童进行随机的美术教育。例如，午餐后带孩子在园内散步，和儿童谈论一年四季景色的变化，随机欣赏孩子们带来的新玩具、穿着的漂亮衣服，以及老师的发卡、丝巾等。

总之，幼儿园的美术教育是儿童接受美术教育的主要场所，通过美术教学活动、美术角区和美术室活动、美术环境创设及家园联系等相互联系的整体，使儿童的审美能力、表现能力、创造能力得以提高，身心健康、完美性格及心智得到发展。

二、家庭美术教育

家庭是孩子从一出生就长期生活居住的场所，家庭中通过各种优秀的美术作品可使儿童从色彩、形态、结构等方面感受到美，通过优美的艺术环境和良好的艺术氛围也可以感染儿童，使之成为幼儿园美术教育的补充和延续。

（一）家庭美术教育特点

1. 灵活性

家庭对孩子的美术教育可以在家庭生活的任何时候、任何场合进行，因此，家庭美术教育具有极大的灵活性。如：画家李钊在他的一本书上曾经提到"家是最好的画室"，儿童涂鸦阶段的涂鸦游戏是艺术启蒙，对儿童创造性思维的发展具有积极意义。父母可以抓住时机支持鼓励甚至和孩子一道进行涂鸦游戏，激发孩子的绘画热情。一方面可以规范孩子的行为，另一方面父母与孩子共同创作过程又是感情交流的过程。另外，逢年过节，一家人可以一起用各种艺术作品来美化家庭环境，提升家庭环境的审美性。

2. 长期性

家庭美术教育是和家庭生活紧密相连的。它渗透在家庭环境的各个方面，对儿童起着潜移默化的作用，并一直伴随着儿童的成长，因此具有长期性的特点。早期的家庭美术熏陶和启蒙可以使一个人终身受益。

3. 个别性

与其他艺术形式相比较,美术更有其独特性。儿童对美术学习的需求、兴趣,以及自身美术能力的发展水平各不相同。因此,家长应该对儿童因材施教,根据儿童的需要、发展水平、个性特点等来选择和安排家庭美术学习的内容和形式,以满足儿童的个别需要。如果家长不能胜任家庭美术学习的要求,可以根据儿童的兴趣、已有的发展水平选择适合的美术学习班,帮助儿童在原有水平上获得提高和发展。

(二) 家庭美术教育的注意事项

1. 创设良好的家庭美术环境

家庭是儿童最早接触的美术环境。要给孩子优美的、健康的家庭环境,首先家长要和孩子一起来创设温馨的、优美的家庭环境。例如,有的家庭墙壁上悬挂一些装饰品、绘画作品,在博物架上陈列一些工艺品等,能使孩子们在具有造型美、色彩美的氛围中受到美的熏陶。家长还可以在家中饲养一些小动物,如小猫、小狗等,种植一些植物,让孩子学着照顾、观察动物和植物,养成勤于观察的习惯。

2. 通过共同参与,培养儿童初步的感知能力

儿童感受美的能力不是天生就有的,需要家长后天加以培养。家长可以和孩子一起进行一些亲子美术活动,在活动中认识一些美术的基本要素,如形状、色彩、造型等。例如,家长和孩子做玩色游戏,用三原色(红、黄、蓝)中的两种颜色进行配色,观察颜色的变化,通过游戏让孩子认识到所有的颜色都是通过三原色变出来的;和孩子一起在纸上画线条,用不同粗细的笔表现不同形态的线条,从而认识到线条也是有"性格"的,不同的线条给人不同的感觉,如直线的平稳、折线的尖锐、曲线的优美等等。

3. 通过欣赏美的事物,培养儿童初步的审美能力

艺术家罗丹曾说过:"生活中不是缺少美,而是缺少发现美的眼睛。"家长为孩子选择欣赏内容时,要着眼于孩子的生活,要善于在日常生活中发现美,要善于利用居住地的各种自然条件和物质资源随时随地对孩子进行美术欣赏活动。例如,在城市,可以带孩子欣赏马路上来来往往的车辆,小区建筑风景,公园里各种类别的花草、树木,动物园里各种动物以及游乐场的玩具设施等。带孩子逛街时,可欣赏各家商场的橱窗布置、物品的摆设,各种广告招贴等;在农村,可以带孩子在田野里散步,观察田里的农作物,欣赏点缀在农田里的乡村住宅等;有山的地方还可以让孩子欣赏美丽的山川河流等,培养孩子初步的审美能力。

4. 正确对待儿童的美术学习

随着家长对儿童早期美术教育重视程度的提高,越来越多的家长把孩子送入各种美术班进行美术学习,对于美术学习,家长要持正确的态度和方法,特别是要注意以下四点。

第一,早期的涂鸦教育可以在家长的参与下共同进行。早期的涂鸦乱线是孩子的无意识涂鸦阶段,他也不明白自己画的是什么,只是体验工具材料给自己带来的快感,家长可在孩子的涂鸦作品上稍加添加帮助孩子从中找到形象,会进一步激发孩子的绘画热情。

第二,应根据儿童的兴趣有选择性地进行美术学习。每个孩子都有自己的爱好,家长应在了解孩子的兴趣和尊重孩子的选择或根据孩子内心需求来选择合适的美术学习班。

第三,父母要鼓励孩子的点滴进步。画画是孩子最早的学习,父母对待学习的态度直接影响到孩子对学习的认识,孩子学画年龄越小越需要家长的支持和帮助。因此,要鼓励孩子的点滴进步,妥善保存好孩子的每一幅画。

第四,家长应正确认识和评价儿童绘画作品。对儿童的美术作品不能妄加评论。家长应接受并尊

重儿童异想天开的提问和怪异想法,评价时应采取积极的态度:多表扬、少批评;多肯定、少否定;多启发、少干预。要否定"像不像"的传统评价标准,强调儿童作品的多元化表现,在儿童美术创造活动中,要突出个性化特征,提倡新颖奇特,只有这样才能激发儿童的创造力并处于极其活跃的状态。

三、社会美术教育

社会美术教育是除幼儿园、家庭以外的社会机构和场所所提供的早期儿童美术教育形式。例如,由国家或社会团体举办的各种美术培训班、儿童美术技能大赛、美术等级考试等,以及美术馆、博物馆、电视、电影、网络、美术期刊、画报等,对儿童都能起到一定的美术教育作用。

社会美术教育是幼儿园美术教育的延伸和补充。由于幼儿园美术教育受到教材、教师、场地、设备、材料和相关资料等的束缚,美术教育应有的魅力无法得到充分的发挥。而社会美术教育所开展的各种美术活动可以不受教学大纲、课程标准和教材的影响,又有优越的设备、多元化的指导者,可以使儿童深刻体会到美术活动的丰富性和乐趣。因此,越来越多的幼儿园与社会美术教育机构携起手来,开展多种形式的美术教育活动,主要包括美术馆、博物馆美术教育和多种社会办学形式中的美术教育。

(一) 美术馆、博物馆美术教育

近几年来,随着艺术传播手段的不断扩展,艺术与日常生活日趋贴近。人们的日常生活中充满了艺术品,随时随地接受着艺术的熏陶。与此同时,我国的美术馆、博物馆也从仅为少数人提供观看、研究美术作品服务的艺术象牙塔,转化为以全体大众为服务对象、广泛开展各种艺术普及教育活动的大众学习场所,并成为对儿童进行美术教育的新场所和新形式。与幼儿园相比,美术馆、博物馆具有场地开阔、材料量大、活动时间充裕、指导人员的专业水平高等特征,有利于提高儿童学习美术的兴趣,发展个性。

(二) 社会办学中的美术教育

社会办学中的美术教育,如各种美术技能训练班、美术兴趣班等。这些针对儿童美术培训机构的教学理念也随着美术教育课程的改革,美术教育内容和教学方法发生了很大的改变,教学重点从单一的绘画教学活动进行扩展,注重培养儿童的观察力、想象力和创造力,使儿童美术教育呈现出平面造型与立体造型活动并重、表现与欣赏活动相融合的新面貌。

总之,学前儿童美术教育的社会美术教育,能够使儿童获得更多亲近美术、了解美术的机会,能够给儿童提供学习美术的帮助,也能更科学、更合理地利用各种社会资源来培养儿童的美术素质。这是幼儿园与家庭美术教育的有效延伸和补充。

第三节 学前儿童美术教育活动设计与组织

一、学前儿童美术教育活动设计

学前儿童美术教育活动设计是根据学前儿童美术教育目标和学前儿童发展特点,在一定的教育理论和原则的指引下,对活动的结构、方法和手段等多种因素进行优化组合形成活动方案的计划过程。科

学的学前儿童美术教育活动设计可以优化活动过程,帮助儿童学习,提高活动质量,促进教师专业成长。

学前儿童美术教育活动有多种类型,既可以是一个单元主题活动,也可以是一个单位时间内完成的某一具体活动;既可以是集体活动,也可以是小组活动或个别活动;既包括专门的美术教育教学活动,也包括非专门的美术教育活动。下面以一个集体活动的设计,说明美术活动设计的基本内容和要求。集体美术教育活动设计一般是以教案(或教学计划)的形式体现的,一般包括内容活动名称、活动目标、活动准备、活动过程等要素,有时还包括活动建议和活动延伸等。

(一) 选择活动内容

美术教育活动内容是美术教育活动目标得以实现的重要载体。《纲要(试行)》明确指出:应该"既考虑儿童的现有水平,又有一定挑战性;既符合儿童现实需要,又有利于其长远发展;既贴近儿童的生活来选择儿童感兴趣的事物和问题,又有助于儿童经验的积累和视野的拓展"。因此,选择美术教育内容应符合下列四个要求。

1. 活动内容与活动目标相一致。

科学的选择活动内容是实现教育目标的重要条件。学前儿童美术活动内容丰富、种类形式繁多,选择内容时要依据活动目标,应该有利于目标的实现。

2. 活动内容适合学前儿童的发展水平。

美术教育活动的内容应该从学前儿童现有的水平出发,同时又具有一定的挑战性。教师要了解学前儿童的心理发展水平,针对其特点去组织教学,活动内容要符合学前儿童的实际能力。

3. 活动内容贴近学前儿童的生活。

学前儿童处于人生发展的最初阶段,他们的学习发生在一日生活的各个环节,生活的内容就是他们要学习的内容。因此,活动内容应该贴近学前儿童的生活,如学前儿童生活中真实的人、事和物;学前儿童通过身边媒体和其他渠道感知到的、感兴趣的人、事和物;学前儿童基于自身生活经验的想象内容等。

4. 活动内容体现整合的理念,尽可能地向其他领域有机渗透。

学前儿童教育的各领域之间存在着一定的内在联系,各领域之间只有相互渗透,有机结合,才会更好地促进学前儿童的全面发展。另外,活动名称表述简单明确,生动形象,符合儿童的兴趣。

(二) 确定活动目标

幼儿园美术教育活动目标是对年龄阶段目标或单元活动目标进行分解后而确定的,通过具体教育活动所期望儿童获得的某些发展的表述,即期望儿童达成的行为或表现。如教师设计中班美术活动"好玩的泥土"时,提出的活动目标是:能说出泥土的特性;喜欢玩泥土,萌发对泥土的兴趣;学会玩泥土后洗手。确定美术活动目标要符合下列三个要求:

1. 活动目标要结合上级目标和儿童实际情况。

儿童发展的总目标以及学前儿童的年龄特点、学前儿童美术教育的目标是一个完整而有序的体系,因此,活动目标要结合上级目标和本班学前儿童的实际情况。

2. 活动目标的确定要具体、明确,具有可操作性。

美术教育活动目标具体、明确,具有可操作性,有利于教师落实到活动过程中,能够随时根据学前儿童语言、行为、态度等的反馈信息调整指导策略,而且还能够使评价者根据目标来判定教学效果。

3. 活动目标的表述应当具有统一性。

由于美术教育活动的效果是通过对学前儿童活动表现和结果的判定而得以显现的,因此,活动的目标具有检验、导向和指导作用。在目标的表述上,可以从教师角度提出目标,也可以从学前儿童的角度提出目标。无论从哪种角度进行目标表述,在一个教育活动中,目标应当体现统一性,即一个活动的几

个目标的表述要保持主体角度统一,切忌主体随意性的、混合性的目标表述。

(三) 选择教学方法

学前儿童美术教学方法是完成美术教育任务、达成美术教育目标的重要手段。学前儿童美术教学方法丰富多样,各有特点。恰当选用教学方法,可以收到良好的教学效果。如根据目标要求选择教学方法:为使儿童获得感性认识常用演示法,方培养儿童形成技能技巧多用练习法;又如根据教学内容选择教学方法:美术欣赏活动可以选用对话法,使儿童的审美能力在对话碰撞中得到新生和成长。泥工活动可以选用练习法,使儿童在动手操作练习中很好地感受到泥的柔软性;另外,还可以根据儿童年龄特点选择教学方法,如小班儿童注意力易分散,多选择游戏法;大班儿童独立思考能力强,可采用讨论法等。

(四) 做好活动准备

美术活动准备是为使顺利开展美术活动所做的经验方面的准备与物质方面准备。经验准备是指儿童进行此项活动所需具备的经验,如认知、操作、心理、情感等多方面的情况。美术活动准备是学前儿童美术教育活动达到预期目标的重要物资保证。活动准备包括物质准备和经验准备。

1. 经验准备

在美术活动前,要注意引导儿童在认知、操作、心理、情感等方面做好一定的经验准备,使活动能够更好地促进儿童的发展,保证活动取得良好的效果。如在画"美丽的春天"之前,利用春游活动,引导儿童观察公园里美丽的春景,然后组织儿童谈谈对春天的认识和感受,为绘画活动做好经验准备。

2. 物质准备

物质方面的准备即完成此次美术活动所需要的各种物质材料,包括教师使用的材料和学前儿童操作的材料。做好充分的物质准备。首先,创设的空间设备、选用的教具、操作材料要适合于美术教育活动,如空间桌椅的排列是否有利于学前儿童观察,美术工具材料在数量上能否保证活动顺利进行等;其次,选用的美术工具和材料应安全,并适合学前儿童操作。

(五) 设计活动过程

活动过程指一项活动进行的步骤,一般包括开始部分、基本部分和结束部分。开始部分包括导入、引起情趣等;基本部分包括教师的演示、儿童的具体操作与教师的指导等;结束部分包括整理用具和欣赏评价等。

活动过程设计主要包括对活动重点和教学策略的设计,如活动程序、方法、手段等。设计某一内容活动,有时在一次活动中就可完成,有时则由几个系列活动组成。对有经验的教师来说,活动过程设计可能仅仅是一份简单的列表,而对新教师来说,则必须详细写明每个环节所采取的教学方式、方法,甚至具体的提问与要求,只有这样才能保证活动的顺利进行。设计活动过程的五个要求如下。

1. 体现儿童教育新理念。活动过程是整个活动设计的中心环节,是落实现代儿童教育新理念的关键环节。教师要注意为儿童提供多样化的学习机会和条件,促进每个儿童的健康发展等。

2. 合理安排教育活动的组织形式。教育活动的组织形式应根据需要合理安排,灵活运用集体活动、分组活动、个别活动、分组后集体活动或先集体活动后分组活动等不同形式。

3. 活动程序。活动过程的结构应该严密,层层递进,环环相扣,要充分接纳和尊重学前儿童的个体差异和体现教师与学前儿童之间的互动。

4. 活动方法要符合活动目标、活动内容和本班儿童年龄特征。引导儿童在感知、体验、发现的过程中主动学习,活动方法、内容要结合儿童年龄特征为儿童所喜爱和接受,要能调动儿童学习的积极性,并能有效地达到目标。

5. 合理运用现代化教学手段合。合理、创新地运用视频、声音、图片等多种媒体现代化教学手段,

能够体现美术教育的情趣性、操作性、直观性、形象性和审美性。有利于完成教学目标。

（六）活动延伸

活动延伸有狭义和广义之分。狭义的指教师基本完成本次活动的教学内容，儿童初步达到既定目标后，视儿童在本次活动中接受程度的深浅，与教师呼应配合所引出的情绪高低，以及剩余时间的多少而灵活掌握的终了阶段。广义的指在具体活动结束以后教师为巩固儿童所学内容，更好地实现活动目标所设计的一切活动。目的在于使儿童在此活动中，获得的知识经验能在以后的活动中得到巩固和强化，或加强儿童在此活动中获得的经验，和儿童同一段时间在其他活动中获得的经验之间的相互联系，使儿童在同一段时间内从不同活动中获得的经验相互联系，构成一个经验整体。活动延伸可根据活动内容自然生成或缺省。设计活动延伸的三个要求如下。

1. 活动延伸要服务于活动目标。活动延伸作为整个活动的一部分应始终坚持为目标服务的原则。这里的目标不仅指某个具体活动的目标，也不仅指某个领域的目标，而应该是一定年龄阶段儿童发展的总目标。

2. 活动延伸的方法要灵活多样。活动延伸的方法没有固定的模式。这就要求教师根据本班儿童的发展水平及自己的准备情况，选择最能体现儿童主体性的方法。灵活还指各种延伸方法的综合运用，树立整体教育的观念。

3. 活动延伸要注意家园配合。孩子除了在幼儿园，其余的大多数时间是在家中度过的。如果家庭教育和幼儿园脱节，则会抵消原有教育效果。在充分利用美术区角、游戏区、积木区、自然角等各种幼儿园美术教育途径外，要注意在利用延伸活动中充分发挥家庭的教育作用。

（七）活动建议与活动反思

为了帮助教师更好地实现各种活动的目标，设计活动方案时可在计划的最后部分写出活动建议，便于执行者在执行计划时做选择和参考。在活动结束后，教师要对活动进行反思总结，以不断提高教学质量。

二、学前儿童美术教育活动组织

学前儿童美术教育活动是由开始部分、基本部分和结束部分三个环节有机组成。

教师在活动前应该熟悉所设计的活动方案，不仅对其各个部分有明确的认识，还要从实际操作角度思考具体的方法步骤，预计活动会遇到的困难和解决的措施。

（一）开始部分

开始部分是美术活动的起始环节，是指儿童进行美术活动的准备阶段。

在开始部分，教师的指导重点是采取多种多样的方式方法组织儿童迅速、安静地坐到座位上，集中他们的注意力，激发他们的学习兴趣、热情和积极性。例如：用生动、亲切的语言，美丽、形象的直观教具，猜谜语，念儿歌，讲童话，以及游戏的口吻，谈话等等。

开始部分一般时间不长，几分钟即可，约占整个活动的1/4。

（二）基本部分

开始部分是美术活动的重要环节，指儿童在教师的指导下进行美术活动这段时间。在基本部分，教师要做好两个方面的指导工作。

首先，教师要点明活动的目的、内容和要求，即交代清楚美术活动任务，然后引导儿童观察，进行适

当的示范和讲解,提出作业要求。示范讲解时要正确、清楚、敏捷,提出要求时要简短、明确,使儿童能更好地做作业,留出更多的时间进行练习。

其次,儿童练习作业时,教师要巡回指导。教师要注意为儿童创造和保持一种轻松、愉快的气氛,使儿童能够精神放松、高兴自由地但又认认真真、专心致志地作画或手工。在指导儿童作业时要注意鼓励儿童的主动性、独立性和创造性,绝不要给儿童以过多的限制。同时,教师要注意观察全班儿童和个别儿童,要善于发现问题和及时给予帮助解决。既要注意一些全班共同性的问题,又要注意个别性的问题,并且对每个儿童的辅导都应是有针对性的,使每个儿童都能在原有基础上提高一步。

基本部分约占整个课时的 2/3。

(三) 结束部分

结束部分是美术活动的结尾环节,指从儿童基本完成作业到下课这段时间,一般三五分钟。在结束部分,教师要注意做好几个方面的指导工作。

首先,在即将活动结束时,检查儿童的作画或手工完成情况,提醒儿童做好收尾工作,对动作慢的、尚未完成的儿童要进行适当的具体指导。

其次,根据教学内容、纲要要求和本班儿童的水平与当时的作业情况,对作品进行评议。评议时要注意以鼓励为主,方式要自然灵活。同时,又要指出不足和今后应怎么改进。应多引导儿童一起分析好在什么地方,不好在什么地方,不仅要看形象像不像,画面干净不干净,还要看有没有新颖性、独创性,对此应特别予以重视与肯定。评议不一定在课上,也可以在课外进行。有时课上时间不够了,可以在当日离园前或次日入园后,没有集体活动时组织进行。这可视当时情况灵活而定。

另外,还要求儿童整理美术活动用具和材料,并收放好自己的美术作品,培养儿童良好的美术活动习惯。如提醒儿童注意不要把作品弄皱了或随手扔到地上,从座位上起来时要慢点、轻点,不要过于莽撞,并轻轻地放好椅子等。

思 考 与 练 习

一、解释题

1. 幼儿园美术教育　　2. 家庭美术教育　　3. 社会美术教育

二、填空题

1. 幼儿园的美术环境创设从空间和时间上可分为_____和_____,或_____和_____。

2. 家庭美术教育具有_____、_____、_____等特点。

三、简答题

1. 简述学前儿童美术教育的几种途径。

2. 简述幼儿园美术教育的特点。

3. 简述幼儿园美术环境的创设特点。

4. 简述家庭美术教育的特点及方法。

5. 为什么说社会美术教育是幼儿园美术教育与家庭美术教育的延伸和补充?

四、实践题

结合见习活动,观察记录一个幼儿园美术教育活动过程,分析其设计和实施过程是否符合《纲要(试行)》精神。

附录:学前儿童美术教育活动案例

绘画活动《线条舞会》(小班)

(一) 活动目标

1. 体验使用蜡笔进行绘画表现所带来的快乐。

2. 在游戏中学习各种线的画法、建立线条与所表现事物的感受之间的联系。

3. 大胆尝试用线条表现音乐中不同旋律的舞曲。

(二) 活动准备

1. 经验准备

儿童有接触过各种绘画工具、材料的经验,有欣赏各种音乐旋律的韵律感和节奏感,并有看见大人或小朋友跳舞的经历。

2. 物质准备

背景音乐 CD、音响设备,舞曲磁带、油画棒、画纸等(数量与儿童人数相当)。

(三) 活动过程

1. 开始部分

(1) 播放欢快的舞曲,让儿童在欢快的节奏中进入绘画活动室。(创设轻松愉快的活动氛围)

(2) 请儿童看蜡笔娃娃跳舞,引起儿童兴趣,导入课题。

教师出示蜡笔教具:小蜡笔要学跳舞,老师用音乐来伴奏,大家快来看一看蜡笔跳的什么舞?(教师播放舞曲后,随着舞曲操纵蜡笔娃娃在空中或快或慢、或长或短地画来画去,表现出小蜡笔快乐的舞蹈样子,并引导儿童给舞蹈起名字——线条舞)

2. 基本部分

(1) 请儿童用手画线的方法模仿小蜡笔跳线条舞,通过身体运动获得对不同类型线的认识感受。

师:小蜡笔邀请小朋友和他一起跳舞,咱们大家用手来和小蜡笔一起跳线条舞吧!

儿童随着蜡笔动画的样子和速度在空中画线,并根据音乐的快慢节奏画出线的长短、曲线。

师:你是怎样用手学小蜡笔跳线条舞的? 你用手学小蜡笔跳舞出的线条是什么样子的?

教师鼓励儿童边做动作边讨论小蜡笔跳舞的样子。

(2) 老师出示课前准备的范画请儿童欣赏,引导儿童观察各种类型的线条。

师:你们用手跳的舞真好看。我把小蜡笔跳舞的样子画下来了。你们能从线条上看出我画的小蜡笔跳的线条舞吗?(引导儿童认识长线、短线、粗线、细线等各种类型的线条)

儿童可以根据自己的认识和感受,大胆表达自己发表意见。

(3) 指导儿童练习,掌握画各种线条的方法

师:请小朋友听着音乐,用真的蜡笔在画纸上画线条舞吧!

儿童在播放乐曲中开始画线,允许有交谈。

教师指导要点:

首先,启发儿童用流畅的曲线表现欢快的曲子,用折线、乱线或通过线的粗细、长短、光滑、粗糙等表达低沉或节奏感强烈的曲子。(教师适时适当的启发、指导)

其次,教师可适时要求儿童注意执笔姿势及坐姿。(充分发挥儿童的自主性)

3. 结束部分

(1) 分享交流。儿童画好后,让儿童互相展示他们作品并谈谈感受。

（2）处理作业。组织儿童和教师一起把作品张贴在活动室的墙上,大家可互相欣赏交流,分享活动带来的快乐。

（四）活动延伸

鼓励儿童在美术活动区选择自己喜欢的笔尝试练习用不同的线,表现柔软的、坚硬的、尖锐的、光滑的、粗糙的、高大的、矮小的东西。

活动反思

通过这次活动,儿童既体验到创造带来的快乐,也纠正了儿童作画的姿势。同时体会到各种绘画工具材料所画出的线具有不同的特点。进一步激发了儿童的绘画热情。教师的引导者、启发者、参与者身份以及儿童的主体地位也得到很好体现。

学前儿童绘画教育活动

1. 了解学前儿童绘画能力发展阶段与特点。
2. 明确学前儿童绘画教育活动的目标。
3. 掌握学前儿童绘画教育活动的内容设计要求与指导方法。

【内容概要】

　　学前儿童绘画教育活动是教师引导儿童使用各种笔、纸等绘画工具和材料,运用线条、造型、色彩、构图等艺术语言创造出视觉形象,从而表达创作者思想、情感的一种教育活动。绘画教育活动是学前儿童美术教育活动的重要组成部分。本章在分析学前儿童绘画能力发展特点基础上,根据《纲要(试行)》精神介绍了学前儿童绘画教育目标,结合案例阐述了绘画教育活动内容设计要求与指导要点。帮助学习者更好地理解学前儿童绘画教育基本理论,掌握开展学前儿童绘画教育活动的方法。

　　学前儿童绘画教育活动是教师引导儿童使用笔、纸等绘画工具和材料,运用线条、造型、色彩、构图等艺术语言创造出视觉形象,从而表达创作者思想感情的一种教育活动。学前儿童绘画教育活动是学前儿童美术教育活动的重要组成部分。绘画是学前儿童的一种良好的表现自我的形式。绘画教学对于发展学前儿童的感知能力,培养学前儿童的观察力、记忆力、想象力和形象思维能力都有着非常重要的作用。绘画教学能丰富学前儿童的知识,教给学前儿童绘画的简单技能,并能培养积极地观察生活、大胆地表现生活的良好习惯,因此,绘画在整个学前儿童美术教育中占着十分重要的地位。

第一节 学前儿童绘画发展阶段与特点

认识和了解学前儿童绘画教育活动的特点和规律,对指导我们更好地开展儿童绘画活动,达到既定目标具有特殊的意义。综合研究表明,儿童的绘画能力发展大致分为涂鸦期、象征期和图式初期等阶段,各年龄段孩子绘画具有明显的阶段性特点。

一、涂鸦期

涂鸦是1岁半～3岁左右儿童的一种本能的无意识的活动,也可以说是最初的活动,一般要经历以下三个阶段。

(一) 无意识涂鸦

一岁半左右的儿童,当他们有机会接触到纸和笔时,他们就会在纸上戳画断断续续、曲曲弯弯的不规则线条(图6-1、图6-2)。这是一种乱笔画,反映在画面上是杂乱的线条,无次序无目的性,画面呈现出来的图像都是偶然形成的。无意识涂鸦是儿童缺少视觉控制的纯肌肉活动。

图6-1 儿童无意识涂鸦(1岁半)　　图6-2 儿童无意识涂鸦(1岁零7个月)

(二) 有意控制的涂鸦

2岁以后,由于儿童生理的发育和适当的练习,儿童的动作已比较能受视觉的控制,手、眼之间的协调性有所加强。儿童手腕肌肉、腕关节运动较前期灵活,手的动作获得一定的控制,他们已能在纸上画出一些上、下、左、右有一定方向的直线、斜线、锯齿线、曲线等(图6-3、图6-4)。

(三) 命名涂鸦

3岁左右的儿童已开始意识到所画的线条与自己体验到的事物有一定的联系,虽然不能画出很具体的形象,但已有明显的表达意图。往往一边画一边喃喃自语,说出所画物体的名称,如太阳、人、鱼、鸟、怪兽等并出现类似的线条符号(图6-5、图6-6、图6-7、图6-8)。

命名涂鸦是一个重要的关键期,这时儿童已表现出凭借绘画与人交流思想的意向,他们开始加强观察学习,然后摆脱涂鸦期而进入新的阶段。

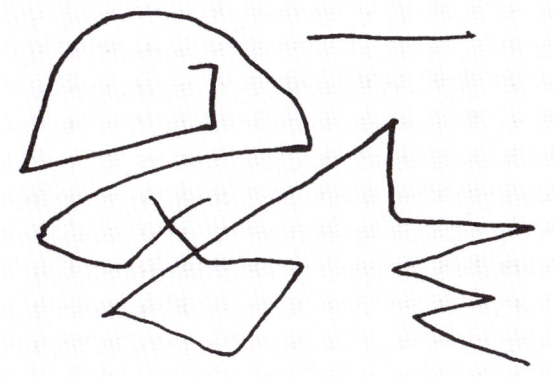
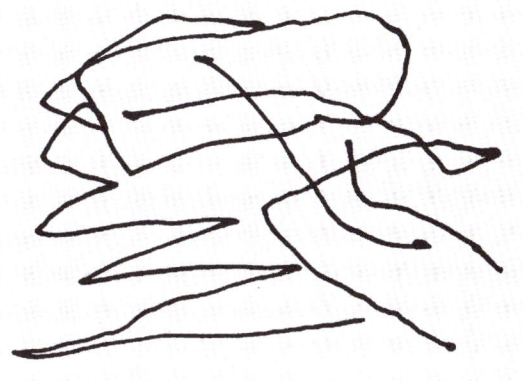

图6-3 有意控制的涂鸦(2岁半)　　　　　图6-4 有意控制的涂鸦(3岁)

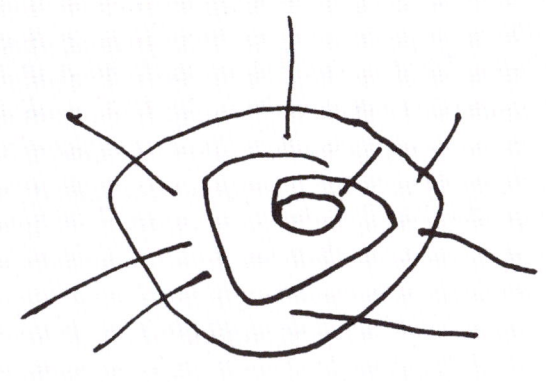

图6-5 命名涂鸦(3岁零7个月)　　　　　图6-6 命名涂鸦(3岁零10个月)

图6-7 《春天来了》 王子豪(3岁半)　　　图6-8 《春游》 陈滢帆(3岁零11个月)

关于儿童产生涂鸦的原因有多种解释,其中较著名的有:(1)心理分析学派认为婴幼儿的涂鸦是一种反抗和报复行为;(2)柏特、罗文菲尔德等学者认为婴儿童的涂鸦可以获得肌肉运动所产生的满足与快感,是达到动作协调的关键,也是开始创造的桥梁;(3)荣格认为婴儿童的涂鸦起因于模仿;(4)皮亚杰认为涂鸦是感知运动水平的活动,是重复所习得动作的结果。以上观点都具有一定的局限性。

总之,儿童通过涂鸦体验工具和材料所产生的律动感,使他们获得快感和满足,纸上出现的有色线条刺激着他们的视觉,使他们产生惊喜。在反复练习的过程中,手、眼逐渐趋于协调,纸上的线条渐渐成为某些有意味的形状,使儿童对绘画产生浓厚的兴趣和动力,享受"肌能"的快乐。涂鸦期的儿童其注意

以无意注意占主导地位,有意注意开始萌芽,其思维处于象征期,他们主要靠自己的肌肉动作和感觉来了解外部事物,对事物的观察和表现没有明确的目的和意图,以乱涂乱画为主,满足于肌肉动作产生的快乐感,他们常常"线不达意""线形不分"。儿童的涂鸦是一种积极的学习活动。

二、象征期

象征期(约3~5岁)的儿童随着心理和生理的能力的发展,其有意注意正在逐渐形成,自我意识不断增强,画面表现出来往往是自己想象中的事物,意识到主客体之间存在某种关系,试图以符号来表达自己简单的想法。但是,由于知觉的不完善且缺乏综合概括能力,儿童的心理符号是受直觉控制的,因而描绘的形象是凭主观直觉印象描绘物体的粗略形象,以象征性的外形轮廓,多半是不完全的遗漏的,表现的是瞬间的、不明确的感情和意图。例如,把圆圈做头部,两只大眼睛占据人的头的主要部分,用单线条表现手和足,或加上一些特别注意到的细节部分,创造出了奇怪有趣的"蝌蚪人"现象;他们画的房屋、动物、太阳等也是根据直觉创造的符号,表现象征性的物体形象。象征期是儿童从涂鸦期到图式期的过渡阶段。幼儿园小班和中班的儿童绘画正处于涂鸦期到象征期的过渡阶段。"他们经历了从无意识的纯肌肉运动,向有意识、有目的地用简单图像反映现实生活中事物的过程。"从乱画线—圆形涂鸦—形状轮廓产生—用平面反映物体(缺少深度、方向和大小远近不分),发展是有规律性、有顺序性的、是一个复杂的建构过程(图6-9、图6-10、图6-11、图6-12)。

图6-9 《猫和老鼠》 金康康(4岁)

图6-10 《我的自画像》 黄裕霖(5岁)

图6-11 《学做饭》 靳晨衫(5岁)

图6-12 《像小鸟一样飞》 张傲(5岁)

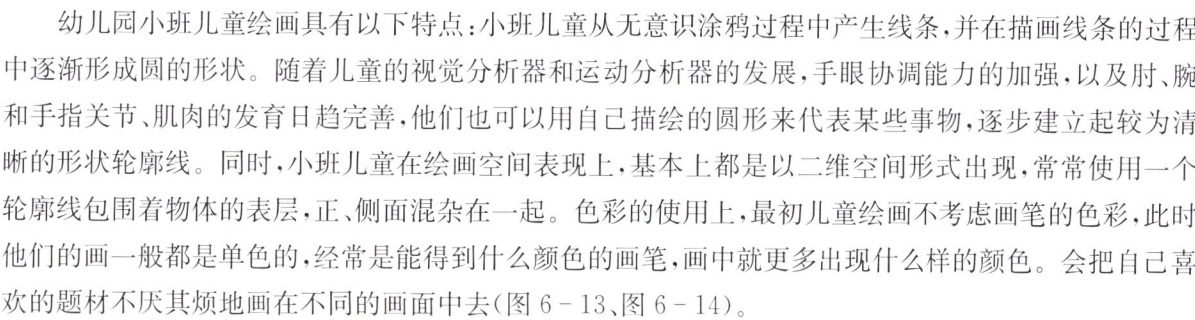

幼儿园小班儿童绘画具有以下特点:小班儿童从无意识涂鸦过程中产生线条,并在描画线条的过程中逐渐形成圆的形状。随着儿童的视觉分析器和运动分析器的发展,手眼协调能力的加强,以及肘、腕和手指关节、肌肉的发育日趋完善,他们也可以用自己描绘的圆形来代表某些事物,逐步建立起较为清晰的形状轮廓线。同时,小班儿童在绘画空间表现上,基本上都是以二维空间形式出现,常常使用一个轮廓线包围着物体的表层,正、侧面混杂在一起。色彩的使用上,最初儿童绘画不考虑画笔的色彩,此时他们的画一般都是单色的,经常是能得到什么颜色的画笔,画中就更多出现什么样的颜色。会把自己喜欢的题材不厌其烦地画在不同的画面中去(图6-13、图6-14)。

图6-13 《拔牙》 黄皓(3岁半)　　　　图6-14 《动物与飞机》 董千里(3岁)

中班的儿童则已经能够把横线和竖线运用到自己的作品中,并在反复的实践、观察中学会运用斜线、弧线、曲线来表现更丰富多样、逼真生动的事物和现象。他们的表现方式还都是拼凑的,处于较低水平、作品停留在再现一般性特征的水平。类似于原始人创造象形文字,看上去简单的,似是而非的。然而,却是经过他们反复观察、辛勤试验以后得出来的。在空间表现上,中班儿童已能够通过视觉区别大、小,但体现在画中大、小的准确性却很低,能较准确地画出物体的上下、空间关系,能够识别前后方位,但还不能画出物象的前后空间关系。色彩的运用上,也带有一定的倾向性,他们往往根据喜爱不再使用单色作画,自发选用三五种颜色任意涂染,且带有很强的主观性。有涂色压线或涂出轮廓线外、涂色不均等现象。

象征期阶段的儿童还有在创作中构思上不稳定的突出特点,具体表现在以下五个方面。

第一,造型的目的性不强。一开始并不是很有意识的想好画什么,而是由某些动作、痕迹的刺激触发引起的表象,才决定画什么。

第二,事先构思和随意涂画穿插。在一张画上,有些是儿童先想后画的,有些则是随便涂画的。

第三,绘画内容的转移。具体表现是正画甲事物时,突然又去画乙事物,因而造成画面不连贯。

第四,一形多义。儿童画的形象含义经常是不稳定的。他们往往在画好的形象上加上几笔就说成是别的东西。这方面是由于儿童构思的不稳固,另一面也是由于儿童运用的形状比较简单,可塑性强,形状的组合稍一变化就可以构成新的形象。

第五,易受他人影响。如有的儿童正在画楼房,看到别的小朋友画汽车,他会马上改画汽车。甚至相邻座位的几位儿童都画同样的汽车。

另一方面,象征期阶段的儿童绘画心理特征表现在:3~4岁的小班儿童,对外界事物感到新奇,观察顺序也较乱,只能观察到事物外部轮廓,无意想象占重要地位,直觉行动思维向具体思维过渡,情感具有易变性、冲动性;而4~5岁的中班孩子,想象力迅速发展,再造想象开始发展,常常喜欢自由表达自己的思想,作

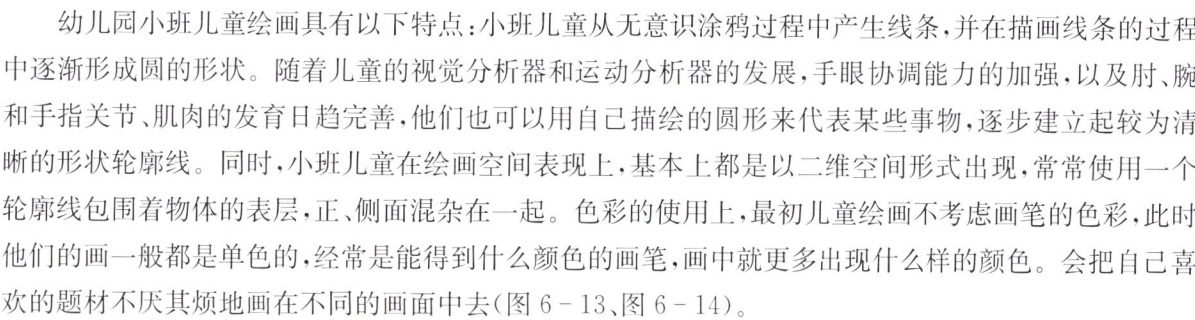

品带有幻想性,情感的有意性和稳定性逐步增长起来。(图 6-15、图 6-16、图 6-17、图 6-18)

图 6-15 《花蝴蝶》 彭真琪(4 岁)

图 6-16 《长颈鹿》 金康康(4 岁)

图 6-17 《会走的树》 王紫玄(4 岁半)

图 6-18 《与大象在一起》 常畅(4 岁半)

三、图式初期

图式初期(5~6 岁半)的儿童在自我为中心的前提下,表现自己的经验,构成儿童自己独特的图式画。这一阶段的儿童,形象思维发展敏感,想象力特别丰富,储存在儿童头脑里的形象常常是鲜明的、直观的、充满情绪性的。绘画内容比较丰富,从个别物体的形象的塑造来看,轮廓清楚,能表现出物体的基本特征。色彩鲜明,能注意到物体的固有色,但所画图式还是简略的,物体之间缺乏正确的比例关系、空间关系,构图几乎是拼凑而成的。儿童喜欢把他们主观感觉比较强烈的部分加以夸大,无法摆脱自我观点的影响。

06 学前儿童绘画教育活动

　　幼儿园大班(5～6岁)的儿童绘画处于图式初期,这一时期的儿童绘画具有以下特点:能够用二度平面表现物体的各个方面,能够掌握多种图式表现人、动物、树木、房屋等具有普遍意义的现象。表现的物体大都是正面的形象,如正面的人、建筑、树木、花朵,而动物则是侧面的。绝大多数儿童已能利用垂直与水平关系作画,对轮廓线的把握能力有所提高,线条表现更加流畅。同时,大班儿童能够通过基底线的突破来表现物体的空间位置,如利用上、下层线间隔来表现"竖式空间",用正侧、俯视的混合表现"水平空间",利用"透明画法"表现物体的深度层次关系;画面组织上,大班儿童更注意画面的整体效果,不仅从内容上,画面组合合乎逻辑,具有一定含义,物体之间又相互联系;从形式上也知道讲究画面均衡,对称和统一。色彩的使用范围有所扩大,对色彩的辨别力有所提高。对一般物体的固有色已有一定的概念,喜欢用装饰色彩,同时,色彩的适用范围受每个儿童的个性特点和智力因素等的影响。已经能够独立构思画面,表现简单的情节,并能在教师的引导、启发下,根据已知经验逐渐丰富画面。画面所表现的内容,大都是自己熟悉的且感兴趣的内容。随着观察能力的提高,大班儿童目测能力也有所增强,想象从贫乏、零碎,初步向丰富和完整的方面发展,并表现出明显的创造性。思维的逻辑抽象性开始萌芽。审美能力与表现美的能力有所提高,如能表现出爱憎情感,也能反映出社会的责任感、道德感、美感、等高级情感(图6-19、图6-20、图6-21、图6-22、图6-23、图6-24、图6-25、图6-26)。

图6-19 《千手观音》 臻子(6岁)

图6-20 《猫》 段祈舟(5岁半)

图6-21 《大嘴》 张晨曦(6岁)

图6-22 《老鼠和油的故事》 支佳慧(6岁)

图 6‑23 《大个子》 黄奕(5 岁)

图 6‑24 《挨打》 吕晨迪(6 岁)

图 6‑25 《发怒的狮子》 王履正(5 岁)

图 6‑26 《学刷牙》 吕征(6 岁)

第二节 学前儿童绘画教育目标

学前儿童绘画教育活动目标是学前儿童美术教育总目标在绘画领域的进一步展开与具体要求的体现,它强调运用造型、色彩、构图等要素进行平面表现,是一种由内而外的过程。在绘画教育领域,我们更侧重于审美表现力和审美创造力的培养。学前儿童各个年龄阶段的绘画教育目标具体表述如下。

一、3~4 岁(小班)儿童绘画教育目标

1. 引导儿童参加绘画活动,体验绘画活动的快乐,培养他们对绘画活动的兴趣,并养成大胆作画的习惯。

2. 引导儿童认识油画棒、蜡笔、水彩笔、水粉画笔和纸等基本绘画工具和材料,掌握其基本使用方法,养成正确的握笔方法和作画姿态。

3. 引导儿童学会画线条(直线、曲线、折线)和简单形状(圆形、方形等),并用于表现日常生活中熟悉的、简单物体的轮廓特征。

4. 引导儿童学会认识红、黄、蓝、橙、绿、棕、黑、白等基本颜色,并选用多种颜色作画。

5. 学习区分并尝试画出主体色和背景色,培养他们对使用颜色的兴趣。

6. 引导儿童学会在画面的中心位置安排主要形象,并把它画大些。

二、4~5岁(中班)儿童绘画教育目标

1. 引导儿童在小班的基础上进一步学习多种绘画方法(如蜡笔画、水粉画、水墨画等),体验绘画的快乐。

2. 引导儿童学习用各种线条和形状表现感受过的物体的基本结构和主要特征。

3. 引导儿童学习认识12种颜色并学会辨别同种色的深浅,学习用较丰富的颜色作画。

4. 引导儿童初步学习在画面上安排物体的上下、左右关系。

5. 引导儿童学习在简单的几何纸形(长方形、正方形)和生活用品纸形上用简单的花纹(如小圆圈、小花朵、小叶片、小动物等)进行装饰,并能用对比色涂出鲜艳、美丽的画面。

三、5~6岁(大班)儿童绘画教育目标

1. 引导儿童学习使用多种绘画工具和材料,运用不同的技法表现自己的思想和感受,体验创造的快乐。

2. 引导学习完整地表现感受过的或想象中的物体的动态结构和简单情节。

3. 引导儿童学习深浅、冷暖颜色的搭配,并初步学习根据画面的需要,恰当地使用颜色表现自己的情感。

4. 引导儿童学习表现前后、远近等简单的空间关系及主题与背景的关系。

5. 引导儿童学习在各种几何形纸(如圆形、三角形、菱形等)和生活用品纸形上,用一些简单的、具有民族特色的花纹有规律地进行装饰,能用同类色或近似色装饰画面,使画面层次清楚、色彩和谐。

第三节 学前儿童绘画教育活动内容设计

学前儿童绘画活动的形式丰富多样,按题材内容不同,分为动物画、人物画、风景画、故事画、科幻画等;按使用材料的性质不同,分为蜡笔画、油画棒画、彩色铅笔画、钢笔画、彩水笔画、棉签画、水彩、水粉画、水墨画等;按绘画主题提出是教师还是儿童,分为命题画、意愿画等。我们在这里介绍幼儿园常用的物体画、情节画、图案画和意愿画等绘画活动内容的设计。

一、学前儿童物体画活动内容设计

物体画是由教师确定画某一物体,在指导儿童观察基础上表现出物体的形状、色彩、结构、特征的绘画活动形式。物体画主要描绘的对象为单一的物体,侧重于培养儿童的造型能力,因此,物体画教学活动对于发展儿童的观察力、提高儿童的绘画知识技能,有着非常重要的作用。

(一)3~4岁(小班)

对3~4岁(小班)儿童的物体画要求,主要是引导儿童学习用线条(直线、曲线、折线)和简单形状

(圆形、方形等)表现日常生活中熟悉的、简单的物体的轮廓特征,体验绘画活动的快乐,培养他们对绘画活动的兴趣,并养成大胆作画的习惯。

小班儿童认知能力较差,生活经验较少,所接触的事物范围较小,而且绘画技能较差,常把绘画当作游戏。因此,为小班儿童设计的物体画内容主要是他们日常生活中经常接触的、熟悉的和最感兴趣的、轮廓简单的物体,如皮球、饼干、手帕、太阳、花、树、小鸡、小鸭、简单的房屋、汽车等。小班儿童已经开始有了画出数种图形的能力,但儿童的绘画技能较差,在技能上不应过高的要求,在儿童学习一个新的图形时,如学会画长方形、正方形、三角形、半圆形等基本图形的同时,注意引导儿童进行新的图形组合,使其变化出许多儿童所熟悉的物体,引到儿童初步能用图形与线条组合的方法创造图画。

在绘画工具材料的认识和使用上,让儿童初步学会使用简单的绘画工具和材料,逐步学习控制手的动作。如用彩色水笔画各种线条、用印章在纸上敲印、用油画棒在轮廓线内进行涂色等。

(二) 4～5 岁 (中班)

对 4～5 岁(中班)儿童的物体画要求,主要是引导儿童学习用各种线条和形状表现感受过的物体的基本结构和主要特征,如画人物时,要求画出正面的人,还可以画狗、猫、鸡、鸭等一些家禽、家畜,画飞鸟、鱼类,画汽车、火车、轮船等交通工具画简单的风景、建筑物等。进一步学习多种绘画方法(如蜡笔画、水粉画、水墨画等),体验绘画的快乐。

中班儿童已经能够画出较有力度而且平稳的线条,掌握了用各种图形表达简单物体的绘画技能。为中班儿童设计物体画的内容,应有顺序地从由两个基本形状组合成的结构简单的物体,转移到由两个以上基本形状组合成的较复杂的物体上去。在开始阶段,应强调将基本部分归纳为图形,图形组合的方法是儿童最基本的绘画方法,它可以帮助儿童把握整体的形象和结构。在儿童表现基本部分的基础上,进一步引导儿童表现出物体的主要特征。最后,在儿童掌握从整体到局部(主要特征)的作画方法后,可启发儿童变动组合的位置,画出正面直立和侧面直立的人物、动物,要求儿童能用不同的几何图形表现出人物、动物的基本特征。结合物体画活动,在绘画工具材料的认识和使用上,要求儿童学会用蜡笔均匀涂色、清晰地勾轮廓线、小面积涂色,提高控制笔的力度和方向的能力。

(三) 5～6 岁 (大班)

大班儿童已积累了较为丰富的知识经验和作画技能,所表现的内容日益丰富。因此,对5～6 岁(大班)的物体画的要求,主要是引导儿童学习完整地表现感受过的或想象中的物体的动态结构和简单情节,如人物、动物的不同姿势;学会画多种交通工具,如洒水车、大吊车、飞机、轮船等;学会画结构更为复杂、场面较大的建筑物;学画各种植物,如热带植物等。学习使用多种绘画工具和材料,运用不同的技法表现自己的思想和感受,体验创造的快乐。

为大班儿童设计物体画内容时,要注意使他们不仅能画出物体的主要特征和基本部分,而且能画出很多细节来丰富画面,逐步完成从表现物体的个别特征过渡到表现物体的综合特征。教师应为儿童选择那些他们感兴趣又有一定动作要求的内容,例如老鹰抓小鸡的游戏、玩翻斗乐、快乐的舞蹈、动物运动会等。儿童主要是从直觉印象出发来画这些动态,开始可能画得不合理,但兴趣会促使他们努力观察。当他们能独立地画出一两个动态后,就会激发其学习的积极性,从而促使表现出的动态更为生动和富于变化。

另外,应注意指导儿童在物体学习中掌握蜡笔、水彩笔、毛笔等不同工具的基本性能和使用方法,有目的地选用多种表现形式,如:涂蜡法、粘彩法、刻划法、喷水法等。

二、学前儿童情节画活动内容设计

情节画是在物体画的基础上进行的,是教师引导儿童学习将个别物体与其他物体相配合,表达一定

的情节的绘画活动形式。在情节画教学中,教师不仅指导儿童进一步表现物体形象,而且还要求儿童根据主题内容,把相互关联的各个形象恰当地安排在画面上,以形成一个情节,表达一定的主题思想。例如:"小朋友拍皮球""小朋友看花""美丽的公园""快乐的幼儿园""动物园""放风筝""堆雪人""热闹的大街""过新年"等。情节画教学除了有助于提高儿童的绘画造型基本技能外,对于培养儿童绘画的目的性、计划性,培养儿童构图、布局的能力,促进儿童思维的综合性和理解能力的发展,具有特别重要的意义。

(一)3~4岁(小班)

对3~4岁(小班)儿童绘画要求,主要是引导儿童认识基本的绘画工具和材料,能用简单图形表现物体的轮廓特征,培养其画画的兴趣。在情节画上没有过高的要求,只是引导儿童学会在画面的中心位置安排主要形象,并把它画大些。

(二)4~5岁(中班)

对4~5岁(中班)儿童情节画的要求,主要是引导儿童学习在画面上安排物体的上下、左右关系,在画面上作简单的布局,将景物都画在基底线上,并能画一些辅助物来表现简单的情节。如画小朋友时,在小朋友手中画上绳子、皮球、扫帚等等,借以表现"小朋友跳绳"、"小朋友拍球"、"小朋友扫地"这样一些简单的情节。

一般来说,中班儿童已能较清楚地画出个别物体的形象,视觉经验也日益丰富,已经具备了在绘画中表现物体相互关系的能力。但是,他们的空间知觉发展还不完善,对物体之间较复杂的空间关系不能理解。因此,在为中班儿童设计情节画内容时,可以先从简单的内容着手,即要求儿童在画纸上重复地画某一物体,然后在主要物体旁添加背景或辅助物以构成简单的情节。如"小鸡吃米",可在纸上画上三四只小鸡,再添加一些米粒、小虫、小草等,构成简单的小鸡吃米的情节。经过一段时间后,再为儿童设计一些较复杂的情节画,把几个物体相互连接起来,添上背景以构成简单的情节。如"我的家",可以画正面人物,简单地添画一些家庭中的家具如床、橱、桌子等。刚开始画由几个物体连接起来表现一定情节的课题时,儿童往往不注意物体之间的相对大小关系。

(三)5~6岁(大班)

对5~6岁(大班)儿童情节画的要求,主要是引导儿童学习表现前后、远近等简单的空间关系及主题与背景的关系,能够根据自己对生活的认识,以自己周围的实际事情作为表现题材,画出简单的情节。随着知识经验的不断丰富,绘画技能的逐步提高,5~6岁(大班)儿童已经产生了描绘一个事件、表达一定情感的愿望。因此,大班儿童的绘画活动可侧重于情节画教学。在为大班儿童设计情节画内容时,在题材上可根据儿童自己的生活印象和故事、诗歌的内容画简单的情节画,如"美丽的春天""我的好朋友""我们一家人""幼儿园的运动会""小熊过桥"等。要求儿童把这些熟悉的生活画面表现出来。在表现方法上初步学会恰当地安排画面,并能表现出各物体形象间的主次关系、相对位置和物体之间前后遮挡重叠等空间关系。

经过一段时间后,大班儿童已能独立地构思画面,表现简单的情节。此时,教师根据儿童的生活实际情况设计一些连贯地表现情节发展过程的内容。如"过新年",启发儿童把新年里发生的事编成故事,用二至三幅画面表现出来,如"放鞭炮""闹元宵"等等。儿童喜欢听故事、童话,也喜欢说儿歌。由于故事、童话、儿歌中的人物、动物有着鲜明的个性特点,情节生动有趣,容易激发儿童表现的欲望,因此教师要注意为儿童设计一些表现故事、儿歌内容的情节画内容。例如,讲述了《小蝌蚪找妈妈》的故事后,可引导儿童用三至五幅不同的画面来表现这一情节。第一幅画的是小蝌蚪把鸭妈妈当成自己的妈妈;第二幅画的是小蝌蚪把大金鱼当成了自己的妈妈;第三幅画的是小蝌蚪把大螃蟹当成了自己的妈妈;第四

幅画的是小蝌蚪把大乌龟当成了自己的妈妈;最后一幅小蝌蚪终于找到了自己的青蛙的妈妈。

三、学前儿童图案画活动内容设计

图案画是教师引导儿童用各种花纹、色彩,在各种形状纸形(如圆形、长方形、正方形、三角形、菱形等)和各种生活用品的纸形上有规律地进行装饰的绘画表现方式。图案画活动能使儿童学会简单的图案装饰的知识和技能,体验图案装饰美。有助于发展儿童手的动作的灵活性和准确性,培养儿童的耐心、细致、有顺序地工作的习惯,还可以发展儿童的想象力和创造力。图案画是儿童在视觉、动作日趋精细、空间知觉能力发展到一定程度时,才进行的绘画活动。因此,一般从中班开始进行图案装饰画。

(一)4～5岁(中班)

对4～5岁(中班)儿童图案画的要求,主要是引导儿童学习在长方形、正方形纸上用简单的图案花纹(如小圆圈、小花朵、小叶片、小动物等)进行装饰,要求花纹排列的位置、距离、色彩对称,并能用对比色涂出鲜艳、美丽的画面。

为中班儿童设计图案画教学内容时,主要侧重于纹样的变化。在设计纹样学习内容时,应从简单的点开始,然后过渡到线和简单的几何图形(如长方形、正方形、圆形、三角形、菱形等),最后学习一些自然界的花草、树木、虫鱼等纹饰。图案纹样的组织形式一般有独立的和连续的两种。开始可以先为中班儿童设计一些二方连续装饰内容,即以一个纹样为基础,向任何两个相反的方向连续排列的形式。二方连续只涉及两个方向,因而容易掌握。如让儿童在长方形纸上用简明的花纹画花边,在纹样上的变化应由简到繁、由易到难。最初可以采用一种花纹、一种颜色装饰,以后逐渐增加难度,如采用两种花纹、两种颜色装饰等,要求纹样排列整齐、均匀(图6-27)。经过一段时间后,可以为儿童设计"花手帕""花台布""画围巾"等内容,引导儿童在长方形、三角形和简单的生活用品纸型上用独立的纹样和二方连续的纹样进行装饰(图6-28、图6-29、图6-30),初步学习在整个画面进行构图。在色彩的使用上要求简洁、鲜明。根据儿童视觉发展的特点,可选择二至三种对比度较大的颜色(如红、黄、绿),涂出鲜艳、美丽的画面。

图6-27

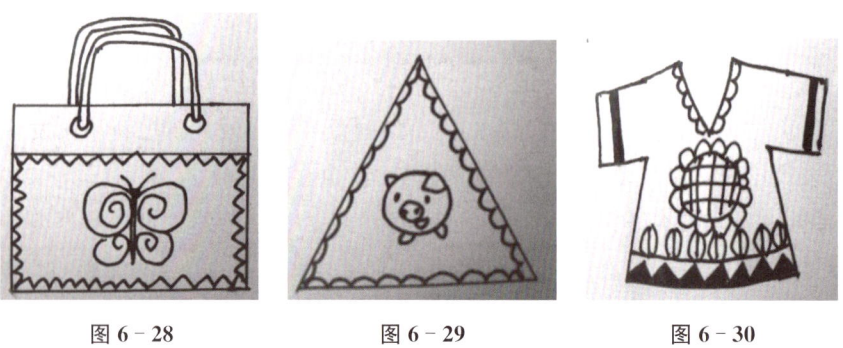

图6-28　　　　图6-29　　　　图6-30

（二）5～6岁（大班）

对5～6岁（大班）儿童图案画的要求，主要是引导儿童学习在各种几何形纸（如圆形、长方形、正方形、三角形、菱形等）和生活用品纸型上，用一些简单的、具有民族特色的花纹有规律地进行装饰，能用同类色或近似色装饰画面，使画面层次清楚、色彩和谐。

为大班儿童设计图案画内容时，应侧重于构图的变化，色彩在鲜艳中求和谐。纹样学习要突出民族花纹，如羊角花纹、波浪花纹、回形花纹、云纹等，使儿童通过用民族花纹装饰，初步了解中华民族文化的特点。在纹样组织上，要继续设计二方连续纹样的装饰内容，而且还要设计四方连续纹样的装饰内容，即以一个单位纹样为基础，同时向上、下、左、右四个方向重复排列的形式。在构图形式上，要在更复杂的规则纸形（如圆形、椭圆形、菱形等）和生活用品纸形（如杯子、手套、面具、拖鞋等）的中心、边缘、角上装饰图案。不仅要考虑花纹排列的间隔距离，还要考虑方向的变化。如在菱形纸上装饰，必须让儿童掌握菱形相对两角对称的特点，然后才能画出适合菱形的花纹图案。又如装饰花瓶、毛衣和袜子等，应根据这些生活用品纸形的特点灵活进行装饰（图6-31、图6-32、图6-33、图6-34）。在色彩上要设计用同类色或近似色装饰画面的内容，使画面层次清楚、色彩和谐。

图6-31　　　　　图6-32　　　　　图6-33　　　　　图6-34

四、学前儿童意愿画活动内容设计

意愿画是在教师的启发下，由儿童自己确定具体内容、形式和表现方法的绘画活动形式。意愿画与物体画、情节画不同，意愿画强调儿童对自己在生活中的所见所闻和自己头脑中想象的东西进行独立的加工和改造，画出的图画具有一定创造性。因此，意愿画的主要功能在于发展儿童的想象力和创造力。

（一）3～5岁（小班、中班）

小班儿童年龄小，独立思考能力还比较差，常常不知如何选择作画的内容。因此，对小班儿童意愿画的要求，主要是引导儿童在画好的图像上添加一些其他形象，表现儿童自己的认识。对中班儿童意愿画的要求，主要是添加更多的形象，使表现内容更加丰富。教师应结合儿童的生活经验，按照每个儿童的兴趣和爱好及表现能力，启发他们根据自己的兴趣确立表现的内容。

（二）5～6岁（大班）

5～6岁（大班）儿童知识经验的日益丰富，生活的范围不断扩大。因此，对大班儿童意愿画的要求，主要是引导儿童学习选择自己感兴趣的主题进行绘画，并能围绕这一主题表现自己的认识和情感。大班儿童的意愿画内容极其广泛，凡是他们所看到的、听到的或是梦到的事物都可以作为意愿画的内容（图6-35、图6-36、图6-37、图6-38、图6-39、图6-40）。

图 6-35 《妈妈和我》
陈驰(6 岁)

图 6-36 《还珠格格》
马一菲(6 岁)

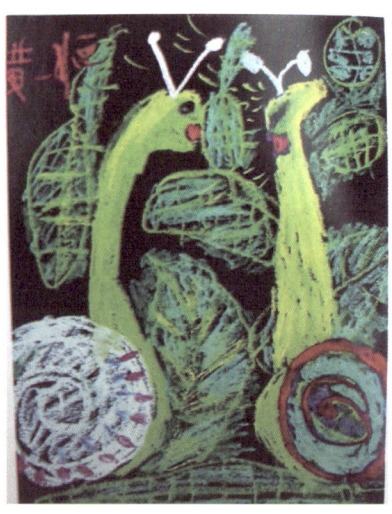

图 6-37 《吵架的蜗牛》
黄一恒(5 岁)

图 6-38 《玩呼啦圈》
常子骞(6 岁)

图 6-39 《狐假虎威》 徐硕鸿(6 岁)

图 6-40 《巨轮》 刘卓(6 岁)

五、学前儿童色彩认识与运用活动内容设计

色彩是美术表达的重要元素。重视儿童期色彩感的培养,提高儿童对色彩的感知能力,引导儿童用色彩表达自己的想法,可以增强儿童的审美情趣,并有利于儿童在生活中融会贯通地应用,帮助儿童形成积极健康的品格。[①]

(一) 3~5岁 (小班、中班)

对3~4岁(小班)儿童色彩认识与运用的要求,主要是培养他们对色彩的兴趣,引导他们认识并学会使用三至六种颜色,这三至六种颜色主要是红、绿、蓝、黄、黑、褐色。学习使用这些颜色时要结合儿童熟悉的事物,以引起兴趣。

对4~5岁(中班)儿童色彩认识与运用的要求,主要是引导儿童学习能够选择与实物相似的颜色画画,并且能"逐步做到涂色均匀",即不过稀、不过密,不出轮廓、不留空白。

(二) 5~6岁 (大班)

对5~6岁(大班)儿童色彩认识与运用的要求,主要是进一步培养儿童能根据图画的内容和表现的需要,会使用各种颜色。这有两方面的含义,一是颜色数量上的要求,要求教儿童使用"各种"颜色,而不只是红、黄、蓝、绿、黑、棕、粉、紫等,还要会用浅绿、浅蓝、浅棕、灰色等;二是颜色运用技能上的要求,要求教儿童"会"使用颜色,这既包括教儿童进一步正确地选择与实物相似的颜色来画画,也包括教儿童涂色要进一步均匀,能够顺着物体的轮廓,一道一道地、由边缘向中心地轻轻涂染,甚至能根据内容和表现的需要而用较重或较轻的笔道涂出深浅不同的颜色。

第四节 学前儿童绘画教学活动指导

幼儿园绘画活动一般分为物体画、情节画、图案画和意愿画等形式,由于学前儿童在这些绘画形式中的表现特点不同,教师要根据学前儿童的绘画表现特点来加以指导。[②]

一、学前儿童物体画活动指导

(一) 了解学前儿童物体画的特征

1. 拟人化

拟人化是儿童心理发展中泛灵论的反映。幼小的儿童相信世间万物都有像人一样的心理和感情,认为世界上所有的东西都是有生命的。他们以自我为中心去推想一切事物。表现在绘画中,最常见的便是给太阳添上五官,把动物画成直立的,跟人非常相像,并把自己所想的赋予到所画的动物身上去。

2. 透明式

透明式是儿童在表现形象时,常从自己的想象出发,把从视觉上看不到的部分像X光透视一样的表现出来。如儿童在画是动物妈妈和动物宝宝,透过动物妈妈的肚子,我们能看见里面可爱的物宝宝。

---

① http://www.ahjwb.com/2011.asp? id=8408

② 林琳,朱家雄.学前儿童美术教育[M].上海:华东师范大学出版社,2006:163.

透明式的表现,是孩子们画其所知的表现。儿童还没有学会如何合理地去表现物体之间的关系,透明式的表现是儿童从机械地表现事物之间的关系,如把相关的物体简单地重叠在一起,到客观表现事物间关系的过渡。

3. 展开式

学前儿童画面中的人物、事物大都由中心向四周或上下、或左右地展开。如儿童画一家人围着桌子吃饭,画面上的人一个个都"躺"在地上,呈放射状。这主要是因为儿童在绘画时,用自己的认识代替了知觉,是"画他所知而非画他所见"。儿童作画时的视点是不固定的,在不断地游走。因此,从儿童的绘画作品中,他们往往把在许多个不同视角中看到的物体在一张画面上呈现出来。

4. 夸张式

夸张式是儿童在绘画中的一种主观表现。他们根据自己的经验作出图式的变化,将自己认为重要的部分或是感兴趣的东西画得特别突出和仔细。如儿童画自己拍皮球的样子,会把自己拍皮球的手画的比皮球大出许多,以表现自己对拍皮球的兴趣。

(二) 引导儿童观察认识物体的形象特征

观察是物体画表现的基础。学前儿童在观察表现对象时缺乏目的性和计划性,没有正确的观察方法,往往抓不住重点,需要在教师的指导下才能更好地观察认识物体的形象特征。观察一般分为分直接观察和间接观察两种。直接观察是让儿童对所观察的事物直接接触,而间接观察则是对于那些因条件限制而无法接触的事物进行的观察,它包括标本式观察和图片式观察。在观察过程中,教师可以采用特征对比、形象比喻、几何图形概括等方法来帮助儿童获得物体的视觉表象。如:物体画《小企鹅去旅行》(4~5岁),教师先通过图片和视频引导孩子们观察企鹅的形状、颜色、特征、动作、生活环境等,并进一步引导儿童对企鹅进行感知,获得"企鹅的身体大体呈椭圆形、白白的肚皮、尖尖的嘴、颌下有一些赭黄色、穿着黑色的燕尾服、走起路来摇摇摆摆、进入水中如鱼得水、喜欢群居、生活在南极的冰川环境"等一系列感知。再加上群颂儿歌《小企鹅去旅行》"小企鹅美滋滋,经常穿件黑褂子,出门忘记系扣子,露出白白大肚子"。让儿童对企鹅充分感知,产生共鸣,进而萌发表现的欲望,创造出生动、富有情感的作品(图6-41、图6-42)。

图6-41 《游泳的小企鹅》　　　　　　　图6-42 《欢呼》
李浩天(6岁)　　　　　　　　　　黄一恒(6岁)

教师应根据不同年龄班儿童的特点引导儿童观察物体形象特征。由于小班儿童认识能力较差,还不会表现物体的基本结构和特征,因此教师只需引导儿童观察物体的大致轮廓,形成对物体的基本视觉印象。随着认知能力的提高,中班儿童已能逐步地有目的地作画。教师可引导中班儿童观察物体的基

本结构和主要特征,如人物、动物、植物、交通工具、建筑物等的形状、颜色、结构。大班儿童已积累了较多的知识经验和绘画造型技能。教师可引导大班儿童细致地观察物体的形状、大小、结构、颜色和物体的动态。并要求儿童能辨别物体的异同。

在引导儿童观察时,要突出艺术活动中的审美感知。艺术活动中的审美感知不同于科学活动中的感知。科学活动中感知的目的在于观察客观事实,形成科学概念,强调的是"真"。而审美感知是对事物的各个不同的特征——形状、色彩、光线、空间、张力等要素组成的完整形象的整体性把握,是一种区别于日常感知的,能够揭示事物的表现性(或审美属性)的特殊的感知,具有非实用功利性、完整性、超越性、情感性等特点,强调的是"美"。教师在引导学前儿童进行观察时,其观察内容要有别于科学感知中那种追究事物的属种、用途、习性等科学概念的标准,应该把注意力集中于事物的形状、色彩、空间等形式因素及其所表现的对称、均衡、节奏、多样统一等形式美的模式,事物的主题、情节、形象等内容要素,以及这些形式和内容所表现出的情感因素上。例如:对柳树和松树的审美感知,就不能像在科学教育中那样要求儿童说出柳树是一种落叶树,松树是一种常绿树,而应该引导儿童观察柳树与松树的树冠形状的不同、树叶的形状与颜色的差异、肌理的变化。微风吹来时,柳树与松树不同的动态;感受柳树的婀娜多姿、松树的伟岸挺拔等情感象征性。又如:对下雨天的感知,在科学领域中,儿童需要了解雨的形成过程,雨对植物、人的作用及影响等科学知识;而在艺术领域中,儿童就要观察下雨的时候,天空是灰白的,雨从天空落下来时大雨、小雨的不同线条,以及风儿一吹,雨线飘动的样子,雨中人们的行为、装束形态等。

(三) 引导儿童学习表现物体形象的技法

将所观察认识的物体形象表现出来,需要表现物体的技法。比较适合学前儿童掌握的一般是涂染法和线描法。涂染法是指不画物体的轮廓线,直接用笔蘸颜料涂画出物体整体形象特征的方法。这种画法简练、概括性强,能很快地在画面上表现出现有颜色的物体的形象,因而能引起学前儿童对绘画活动的兴趣。

线描法是指先用线条勾画物体的基本部分和主要特征,然后再涂上颜色的方法。这种画法准确、概括性强,能清晰地表现物体形象细节特征。比较而言,涂染法更适合较小年龄儿童学习,随着儿童年龄的增长,线描法的运用也越来越多。

(四) 通过系列练习帮助儿童掌握物体造型的方法

系列练习可以帮助儿童学会从不同角度来描绘物体的不同造型特征,便于儿童在绘画时能根据情节的需要表现物体的形态,使画面更加生动,促进主题的表现。例如:教师引导儿童学习掌握建筑物的造型,几何形是建筑物和交通工具的造型特点,教师就可以引导儿童通过"建筑艺术欣赏""我们的幼儿园""我的家""天安门""住宅小区""未来的房子"等系列练习活动,掌握表现建筑物描绘方法。这样可以帮助儿童打好物体造型的基本功,儿童在创作中就不会出现因为不会表现某个物体形象而影响整幅画的效果。[1]

二、学前儿童情节画活动指导

(一) 了解学前儿童情节画的特征

学前儿童情节画具有构图形式多样、内容丰富、表现技法多样等特点,其构图水平由低到高分为以下四种:

---

[1] 孔起英.学前儿童美术教育[M].南京:南京师范大学出版社,2007:193.

学前儿童美术教育

1. 零乱式构图

儿童在3岁左右时,绘画构图多是零乱式构图。他们对画中的形象不作空间安排,只是随机地把物体分布在画面上,画面没有上下之分,更无前后之别。

2. 并列式构图

儿童在四五岁左右时,绘画上出现并列式的构图方式。并列式构图是儿童构图能力发展过程中的一个转折点。但是,并列式构图还不能很好地区别物体的远近、前后。因此,有的学者把这种没有层次感和深度关系的构图方式称之为"垂直式"或是"竖式空间"的构图方式。并列式构图是儿童的主要构图方式。

3. 散点式构图

散点式构图已摆脱了地平线,开始表现出物体的离散关系,即物体向着四面八方离散开去。儿童往往将整张画纸作为地面来表现作品中的形象,构图开始具有层次感。也就是说,在这种画面上同时存在着竖式空间和水平空间。散点式构图的出现,表明儿童的认知水平又提高到了一个新的高度。

4. 遮挡式构图

遮挡式构图是运用图形之间的相互遮盖或重叠的构图方式。遮挡式构图是儿童期最高的构图形式,是随着儿童空间概念的发展而出现的,只有很少一部分儿童能达到这一水平。遮挡式构图的出现,表明儿童开始从一个固定角度出发去表现物体的空间关系。从一个固定角度看物体就有了前后关系,而前面的物体必然遮挡住后面的物体。因此,让一些形象部分地遮挡住另一些形象,便能表现出物体固定角度上的前后关系。

（二）引导儿童观察各种事物之间的空间关系

各种事物之间的空间关系指现实的空间关系,观察现实的空间时,教师应引导在日常生活和学习中多观察,帮助儿童认识各种物体形象在现实的空间关系,为在表现画面物体形象之间的关系打下基础。如可以先观察比较物体之间的相对大小、高矮特征,然后观察物体之间的上下、左右等空间关系等,进一步,可以再加上内外、前后、远近等空间关系。

（三）引导儿童开展多种形式的构图练习

开展多种形式的构图练习,可以使儿童掌握构图方法。教师要结合不同年龄儿童构图发展的特点选择适宜他们的练习形式。

对于中班儿童,教师可以给儿童提供与主题相关的各种单张图片,如人物、交通工具、动植物、建筑物等,让儿童根据主题进行构图。例如,儿童可以选择太阳、各种花卉、人物等图片来构成一幅主题为"美丽的花园"的图画;教师可先提出一个主题,然后让儿童根据主题,选择一些与之相关的图片进行构图练习。如教师可以先在纸上画上部分形象,其余的由儿童添画来完成一幅完整的画。对于大班儿童,教师可运用合成、连画、游戏等形式进行构图练习。合成,如把废旧的图书、广告纸上的图片剪下来,根据主题进行重新组合,并添加一些内容,使其成为一幅完整的画。连画是指由儿童A设计一主题,例如题名为"快乐的幼儿园"的连环画,A先完成第一张画,然后由B完成第二张画,再由C完成第三张……以此类推,直至整套连环画完成;通过的游戏学习遮挡法,如指导儿童学会画乌龟后,让儿童每人画一只乌龟并剪下来,然后找一张大纸,老师指导儿童把乌龟重叠错落地粘在一起,使儿童了解物体形象之间的遮挡关系(图6-43)。

图6-43 《叠乌龟》 蒋恒辉(5岁)

（四）引导儿童通过情感体验来表现空间关系

罗恩菲尔德指出："第一个空间关系通常是透过感情来体验的，因此，有关主观关系的经验，是具有刺激性的，如'你喜欢洋娃娃吗？''画你自己跟洋娃娃'。在这类绘画中，我们可能看到，儿童与身外的物体间并没有关系，而儿童和洋娃娃的感情关系则清楚地表现出来。这种反应显示了在早期阶段里，空间关系受到价值判断很大的支配。"因此，教师在指导时，应尽可能地使所画内容和儿童的生活经验、情感体验相联系。

（五）引导儿童欣赏感受大师作品中的构图形式

在儿童积累了一定的构图经验后，可以让儿童欣赏一些大师的作品，感受大师作品中的构图形式。如马蒂斯、保罗·克利、奥基弗、凡·高等的作品，引导儿童分析画面上形象相互之间的关系，看作者是如何处理这些关系的，这就包括主要形象与次要形象的位置、大小关系，主体与背景的关系，形象与背景的颜色关系，等等。在分析的过程中，还应让儿童体会、理解到作者处理画面的意图，它给观看者什么样的感觉，逐渐丰富自己构图的形式。

三、学前儿童图案画活动指导

（一）了解学前儿童图案画的特征

1. 学前儿童喜欢用具象的花纹进行装饰

儿童在选择和运用花纹进行装饰时，往往喜欢一些具象的花纹，如小花、小草、汽车、树、动物等，而不太喜欢抽象的点、线条、几何图形等；儿童在选用图案花纹上表现出明显的男女性别差异，如男孩较喜欢选房子、机器人、车子等物体形象做图案画中的花纹，而女孩则喜欢用小花、小草等物体形象做图案画的花纹。

2. 学前儿童掌握不好图案构图的规律

由于儿童的视觉和动作尚不能协调配合，因此在描绘图案、花纹时不能准确地辨别各花纹之间的距离，也不能准确地在固定的位置上描绘花纹。在他们的作品中，图案不对称、不均衡、不规则的现象经常出现，如图案的间距不相等，花纹的排列不对称，相对位置上的花纹的大小不一致，花纹距中心、边缘、四角的距离不一致等。

（二）通过欣赏的形式帮助学前儿童理解装饰原理

图案画是一种规律性较强的绘画形式，理解这些装饰原理，有助于学前儿童的图案画的实际操作。如对称与均衡、对比与调和、节奏与韵律、连续与反复等图案装饰的法则；图案花纹的变化、图案构成的组织形式和图案色彩的配置等图案装饰要素的变化规律等。

教师可以通过欣赏的途径来帮助儿童装饰原理。欣赏的形式是多种多样的：第一，在日常生活中观察欣赏自然界中自然物所生成的装饰美。例如：人所具有的对称性、红花绿叶所具有的对比性、水波纹所具有的节奏与韵律等；第二，在日常生活中观察人造物品的装饰美，如衣服、围巾、手帕、床单、糖纸、地毯、花伞、脸盆、花瓶、碟子、地砖等的装饰图案；第三，教师引导儿童欣赏专门的图案装饰画。这些欣赏活动，能开阔儿童的视野，培养儿童对图案装饰美的感受、认识和理解图案装饰的实用价值，初步了解图案装饰的规律，激发儿童对图案装饰画的兴趣。

在这些图案原理的学习中，教师首先应注意，所选取的内容应该具有典型的装饰美，每次学习的内容应集中在一个方面，以给儿童留下一个深刻的印象。其次应注意儿童的年龄特征和实际水平，用浅显

易懂的语言来引导他们学习一些知识与原理,切忌生搬硬套深奥的、专业的装饰术语。例如:图案花纹的变化规律之一——夸张法的学习,就不必告诉儿童"夸张法是指一种对物象的外形特点、神态、习性等进行适度的夸大、强调,使其形象特征更能显示出形式美的手法",而只需用实际的事例分析,如外形处理上圆的更圆、方的更方、胖的更胖、瘦的更瘦、大的更大、小的更小,通过这样的解释让学前儿童逐渐理解什么是图案装饰花纹的夸张。

(三) 引导儿童循序渐进的学习图案画技法

图案画的描绘过程比较规范、精细,教师要为儿童安排循序渐进的学习顺序,让儿童由浅入深、由易到难地学习图案装饰画的技法。

图案花纹的学习可以从简单的点开始,然后过渡到线和简易的几何图形(如长方形、正方形、圆形、三角形、菱形等)的学习,最后学习一些自然界的花草、树木、虫鱼和具有民族特色的花纹(如螺旋纹、羊角纹、云头纹、回纹等)的学习。

图案纹样的组织形式可以是独立的,也可以是连续的。连续纹样中,可以先让儿童学习二方连续,即以一个单位纹样为基础,向任何两个相反的方向连续排列的形式。二方连续只涉及两个方向,因而相对容易掌握。在此基础上,再引导儿童学习四方连续,即以一个单位纹样为基础,同时向上、下、左、右四个方向重复排列的形式。

在纹样组织的基础上,教师引导儿童学习整个画面的构图。要求学前儿童掌握的装饰画构图通常为格律体构图。这种构图形式要求花纹排列的位置、距离、色彩等都是对称的。教师可让儿童先装饰规则的纸形(长条—长方形—正方形—圆形—三角形—菱形),然后装饰不规则的、复杂的生活用品纸形(如花瓶、毛衣、裙子、手套、面具、拖鞋等)。

在图案色彩的学习上,教师可以先通过欣赏引导儿童学习什么是对比色(指不含有共同色相的诸色)、什么是同种色(指色相相同而明度不同的诸色)、什么是类似色(指含有共同色相的诸色)。然后学习图案色彩的配置方法,即同种色的配置、类似色的配置、对比色的配置。例如:当儿童初次进行图案色彩配置时,教师可给他们提供两种鲜艳的对比色,通过醒目的画面对比引起儿童对色彩配置的兴趣。然后教师再引导他们学习同种色与类似色的配置。当儿童掌握了图案色彩的配置的几种基本方法后,教师就可以给儿童提供多种颜色,让儿童自由地选择配色。在儿童独立配置色彩时,教师要引导儿童注意两个方面:一是背景色与对象色在明度上要有层次;二是要有主调,包括色相上的暖色调和冷色调。

(四) 通过多样化练习发挥儿童的想象力和创造力

图案画的描绘过程规范性较强,如果教师只是要求儿童反复地用一种形式练习某种表现技法的话,会在不同程度上抑制儿童的想象力和创造力的发挥,使图案画的练习变得枯燥乏味,也容易让儿童失去图案画的兴趣。因此,教师要采取多样的练习方法培养儿童对图案画的兴趣,提高图案画的能力,发挥儿童的想象力和创造力。在组织形式上,可以集体练习,也可以小组间进行竞赛,看看哪组小朋友设计的纹样最多;在表现内容上,可以结合节日进行练习。如"三八妇女节""父亲节",为妈妈设计"服装",为爸爸设计"领带"。在表现技法上,可以采用盖印章、贴树叶、折叠染纸等练习装饰画的方法,如用折叠染纸的方法装饰《花雨伞》:利用生宣纸的吸水性能强的特点,先把四方形的纸折叠呈三角形,然后让儿童拿蘸有彩水的毛笔在上面点染,充分浸透,逐层打开后,一个美丽的花雨伞就染制成了(图6-44)。还可以结合游戏练习图案画,如教师在纸上画出一棵树、一株向日葵、一只鸟或一组不规则图形,然后鼓励儿童对这些形象任意分割或用学过的点、线任意装饰(图6-45、图6-46、图6-47、图6-48)。这些多样化的练习活动不仅能让儿童在轻松的氛围中掌握图案画的方法,而且激发了儿童对图案画的兴趣,发挥了儿童想象力和创造力。

图6-44 《花雨伞》 张亮(5岁)

图6-45 《装饰瓶》 李儒(6岁)

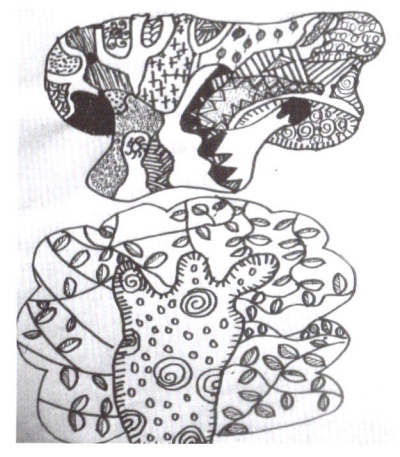

图6-46 《装饰树》
梁一萌(6岁)

图6-47 《向日葵》
梁一萌(6岁)

图6-48 《鸟》
李志清(5岁)

四、学前儿童意愿画活动指导

（一）了解学前儿童意愿画的特征

儿童意愿画主要包括记忆画和想象画两种。记忆画是儿童从日常生活的具体事件、生活场面及景物的记忆中，选择自己感兴趣的形象或事件进行创造性的构思和描绘的一种意愿画表现形式。记忆画又分为日记画和故事画两种。想象画是儿童在作画时，打破时空限制，不受现实生活的约束，自由作画。想象画又可分为现实性想象画和虚幻性想象画。现实性想象画是儿童以自己所熟悉的现实生活为根据进行想象画出来的画。虚幻性想象画是儿童根据自己的认识，进行符合愿望的虚构。意愿画为儿童提供了充分表现自己对周围生活的认识和感情的机会，因此，大部分儿童都非常喜欢画意愿画。但在实际意愿画活动中，儿童会出现如想象力不丰富、下笔不够胆大、表现内容相似等现象。

（二）丰富学前儿童的生活体验

创作的灵感源于生活，丰富儿童的生活经验，开阔儿童的眼界是儿童进行意愿画创作的前提。意愿画是学前儿童在自己的生活体验的基础上，加以想象和思维进行作画。如果儿童头脑中没有对动物和植物的了解，怎能画出热闹的大森林，没有对下雨的观察又怎能画出雨中的故事呢？因此在日常生活中，

一定要引导孩子多去观察周围的事物,为儿童积累丰富的生活体验,开阔儿童的眼界,为儿童意愿画创作做好准备。

(三) 启发儿童确定意愿画的主题和方法

儿童的创作过程一般要经历一个"画什么"(确定绘画主题)和"怎样画"(拟定作画方法)的简单思维过程。在这个过程中让儿童用语言表达"画什么"和"怎么画"是非常重要的。因为儿童的复述会使他的构思变得更清晰、更具体、更明确。

引导儿童确定意愿画的内容和方法时要注意以下问题:

第一,要给孩子创造一个自由而快乐的绘画环境气氛。在轻松、愉快、自由、活泼的环境和气氛中,孩子可以放松、大胆地发挥自己的想象力,表现自己的认识和情感。

第二,启发儿童根据自己的生活体验,确定绘画的主题。由于儿童独立思考的能力较差,他们常常不知道如何选择作画的主题。因此,教师要指导儿童围绕生活体验来确定绘画的主题。儿童只有在把绘画当成一种游戏时,他的主动性和创造力才能得到最好的发挥。因此,教师要运用多种多样的启发形式激发孩子的兴趣,如富有启发性的语言、讲故事、欣赏等,这些活泼有趣的形式引起儿童的创作欲望。

第三,帮助孩子设计作画的思路。在确定主题的基础上,要帮助孩子设计作画的思路。一般多采取讨论的方式来进行。如画的主要形象是什么? 次要的形象是什么? 把他们安排在画面的什么位置? 谁画的大些? 谁画的小些? 等等。但在集体绘画活动时,教师不可能对每一个儿童的问题都做具体的指导,而是运用启发式引导,选出个别有代表性的典型内容,提出问题与儿童一起分析讨论,确定安排画面,还可以通过分析优秀的儿童画,使广大儿童受到启发,得到启示。另外,教师还要启发儿童根据不同的角度去表现。如"快乐的六一节"是孩子们非常喜欢的绘画题材,教师要注意启发儿童从不同的角度作画,可以抓住一个人或几个人去描绘,也可以描绘一群人。可以描写整个庆祝场面,也可以抓住个别事做细致刻画。这样的启示,既帮助孩子掌握了安排画面的方法,又可以避免作画雷同,没有新意的情况了。

(四) 帮助儿童解决作画时遇到的困难

儿童在作画时,往往会遇到这样和那样的困难,当经过努力仍遭失败时他们往往会沉浸在消极、失望的情绪之中。因此,当儿童开始进行作画时,教师应当巡回指导,帮助儿童克服作画时遇到的困难,实现他们的构思。帮助儿童解决作画时遇到的困难要时注意处理好儿童的主体地位和教师的主导作用之间的关系。儿童是绘画的主人,教师只能在必要时给以适当的帮助,而且不要过多地做具体的示范与讲解,要在启发诱导儿童大胆想象和表现上下更多的工夫,避免抑制儿童的想象力和创造力。教师要细心地观察儿童的作业情况,了解他们的困难。如有的儿童构思的画面需要画小老鼠,但不会表现小老鼠的各种动态。这时,教师可以在旁边简明扼要地示范老鼠的动态形象,待儿童掌握基本原理后,再鼓励儿童独立大胆地作画,使儿童顺利地完成意愿画创作。对缺乏信心、表现力较差的儿童,教师要耐心地启发、鼓励他大胆作画。如启发他画一些喜欢玩的玩具、喜欢看的小花,教师还可以先画上几笔,然而让他进行添画等。

(五) 启发儿童大胆想象和创造

意愿画的重要功能是发展儿童的想象力和创造力。著名儿童美术教育家陈铁桥认为,儿童创造性思维也是开放式思维,以开放的心理要求儿童,不强行规定或否定儿童的想法,不限制儿童的才能,让儿童的思维无限地发挥下去。儿童的创造性思维分三个层次:第一层次是直线想象阶段,又叫点状思维,是思维的初级阶段,只能思维想象事物的一般关系和直接关系。如:绘画活动"小白兔采蘑菇",一般儿童的作品只是想到要画一个小白兔拿着篮子在树林里采蘑菇,树林里有好多蘑菇等。而第二层次的思维想象阶段,又叫放射性思维阶段,是自然联想阶段。这时儿童能想出事物一般关系之外的特别关系和曲折关系,这是思维想象的一种升华。如《小白兔采蘑菇》的绘画内容,有的就画出小白兔在采蘑菇的过程看到树后的大灰狼,被吓哭了,这时候树上的小松鼠们纷纷扔下松果、干树枝,打在大灰狼头上、身上,把大灰狼给打跑了。创造性思维想象的第三个阶段是思维想象的高级阶段,又称跳跃式思维,是思维想象事物的特殊情节,情理之中,意料之外。如绘画活动《小白兔采蘑菇》,可以想象小白兔在采蘑菇的过程中,发现一个金光闪闪的蘑菇,拔掉后越变越大,最后小白兔骑着大蘑菇飞到天上,和小鸟、白云打招呼……诸如此类的奇思妙想均是思维的高级阶段——跳跃式思维阶段。培养儿童的创造性思维可通过"同类想象、不同类联想、拟人联想、变形联想、科幻想象、生活联想、跳跃联想"等来进行。关键是我们在意愿画活动中,要善于启发儿童想象,充分发挥他们的想象力和创造力。

(六) 对儿童的意愿画作品给予鼓励和适当评价

儿童的意愿画作品无论其主题是否突出,表现技能怎样,都是孩子的辛勤劳动成果,都具有一定的创造性。教师一定要看到他们的点滴进步,要珍视他们的成绩,并做出适当的评价,使儿童受到鼓励,明确怎样做会更好。在评价儿童意愿画作品时,在鼓励的同时应给予适当评价。奥地利儿童美术家齐赛克认为:"我的教育方法没有什么秘诀,只是做到爱孩子、关心孩子、鼓励孩子,并做他们的好朋友。"齐赛克利用这一秘诀培育出了许多优秀的人才。评价儿童意愿画作品有以下基本标准:

第一,看作品是否有儿童的生活情趣。我们主张儿童描写自己的生活。因为,生活是创作的源泉和重要途径。因此,我们评价儿童的意愿画作品,要看画面是否反映了儿童自己的生活和对生活的真实感受。当孩子们描写生活时,他们往往兴致勃勃,有画不完的内容,有表现不完的情趣,郊游、过"六一"、逛公园、在儿童乐园里……虽然他们在观察事物时比较笼统,不全面、不细致,但他们有着独特的眼光看待周围的事物。他们描绘的往往是成人所体会不到的生活情趣。在表现方法上他们大胆直率,往往让人出乎意料,如,他们画公共汽车,会把车画成透明的,把车中的一切人和物都展现在你的面前。孩子们对生活的观察和表现的独到之处,是任何大画家都学不来的。

第二,看作品是否有丰富的想象力。意愿画是儿童发挥想象力和创造力的途径,意愿画重要功能是发挥儿童的想象力和创造力。所以看作品是否有丰富的想象力是评价儿童的意愿画的重要标准之一。儿童天真的想象力是胆大、奇特、纯洁和美好,教师在评价时要给予充分的鼓励和肯定。如儿童听爸爸讲完故事《无家可归的小鸟》,他会含着眼泪画出解放军叔叔和他一起赶走凶恶的大灰狼的场面。在炎热的夏天,他会想到要画一幅《给太阳种上大树》的画来。在孩子们的笔下,美与丑、善与恶的情感都会表达得生动深刻。

第三,看作品技法是否有助于主题表现。在评价儿童意愿画表现技法上,我们不能以评价成人创作的标准去对待,只要儿童能用笔泼辣,雅拙朴实,生机勃勃地表现他的想法就可以了。

五、学前儿童色彩认识与运用活动指导

色彩是美术表达的重要元素。重视儿童期色彩感的培养,提高儿童对色彩的感知能力,引导用色彩表达自己的想法,可以增强儿童的审美情趣,并有利于儿童在生活中融会贯通地应用,帮助儿童形成积极健康的品格。学前儿童色彩的认识与运用学习一般结合物体画、情节画、意愿画和图案画等活动进行。

(一) 了解学前儿童色彩认识与运用的特征

1. 最初使儿童感到激动和兴奋的不是色彩

在绘画过程中,最初使儿童感到激动和兴奋的是绘画本身,而不是色彩。例如,儿童在涂鸦期一般

对绘画所运用的色彩的选择并不给予太多的理会,他们或者只是使用单色笔在纸上涂划,或者偶尔交替着使用两种不同颜色的笔重复地涂划。这并不是说那时的儿童不懂得色彩,而是儿童所具备的运笔能力占据了核心地位。

2. 根据自己的偏爱,毫无顾忌地使用颜色

儿童往往不受现实物体固有颜色的限制,根据自己的偏爱,毫无顾忌地使用颜色,把人头画成红色,把人脸画成绿色或蓝色,把天空白云画成紫色……鲜艳夺目的红、黄、蓝最受孩子们青睐。当你参观一个儿童绘画展览或翻阅一本儿童画册时,会感到强烈的色彩对比,大红大绿单纯简练,颇有些现代感。而灰暗的颜色,几乎无人问津。很多专家学者研究证明:鲜艳的颜色对儿童具有强烈的刺激,使儿童兴奋。

3. 各年龄段儿童的色彩感知特征不同

小班儿童能认识红、黄、蓝等基本颜色,但不能区别色度,不能把颜色和颜色的名称进行一一对应;中班儿童能认识紫、橙、黑、白等更多的颜色,逐渐能区别颜色的明度和纯度,并偏爱某种色系;大班儿童颜色辨别能力强,具备了比较丰富的运用色彩表现的能力,对混合色产生兴趣,画画时还能运用各种颜料调出需要的颜色,比较喜欢鲜艳的、对比性强的颜色。

(二) 通过欣赏活动,培养儿童对色彩的鉴赏能力

对色彩的鉴赏能力是以感性认识为基础的,组织儿童欣赏大自然的美、社会生活的美以及各种艺术的美,寻找色彩、感受色彩的魅力,培养儿童对色彩的鉴赏能力。如带领儿童置身于大自然中以及观察社会大家庭中各民族的服饰等等,这些五彩的色调能直接给予儿童美的感受,对儿童的色彩感的培养起到潜移默化的作用。把树涂成一种绿色,天空涂成一种蓝色。那么树究竟是不是一种绿色,天空是不是一种蓝色?我们应该深入自然,让儿童去观察一下,他们马上会说:"树不是一种绿,向光部分是黄绿,背光部分是深绿,还有点发紫……"这样画出的色彩就不单调了;指导儿童欣赏不同题材的名人名作,可以培养儿童对色彩的鉴赏能力。如吴作人的《小金鱼》、韩美林的《熊猫图》、齐白石的《虾》等,强调笔墨的趣味、浓淡相宜、色彩栩栩如生,具有很强的感染力;建筑作品中如永乐宫三清殿的壁画,色彩灿烂而沉着协调,富有装饰性,具有非凡的气魄;民间艺术以其质朴大胆的色彩渲染作品,吸引儿童等。如农民画家的作品、京剧脸谱、天津泥人、布老虎玩具、剪纸等。欣赏时可让儿童先比较鉴别,教师再加以评点,引导儿童懂得色彩本身没有美丑之分,只要搭配和谐就能达到美的效果。

(三) 在各种形式美术活动中认识颜色,提高儿童对色彩的理解能力

儿童喜欢涂涂画画,教师要引导儿童在各种形式的美术活动中儿童认识颜色,激发儿童对色彩的兴趣,了解颜色变化的过程,加深儿童的色彩体验,提高他们的审美理解能力。如在折纸添画、棉签画、印章画、指点画、吹画、蜡笔水彩画、版画、水墨画、水粉画等不同的形式的绘画活动中,通过运用不同的绘画工具、材料及技法,激发儿童对色彩的兴趣,认识颜色,了解颜色变化的过程,提高儿童对色彩的理解能力。

(四) 引导儿童掌握用色方法,提高儿童审美表现能力

在引导儿童学习色彩中,要为儿童介绍各种配色方法,让儿童感受不同色彩搭配所产生的各种视觉效果,使他们掌握一些用色规律与方法,更懂得选择和使用颜色,提高审美表现能力。下面介绍几种常用的配色方法:①

第一,使用固有色。固有色,就是物体本身所呈现的固有的色彩。例如:香蕉是黄色,叶子是绿

---

① http://www.xwjy.org/tresearch/blog/showArticle.jsp? ArticleCode=1932991669&CID=00028

色,大海是蓝色……但有时事物会因不同状态或种类而呈现不同的颜色,例如太阳有时是黄色,有时是红色,有时是橙色,故此,指导使用固有色时不可千篇一律,重点还是要引导儿童细心观察。(图6-49,50)

图 6-49

图 6-50

第二,使用对称用色。通常使用在一些对称图案上,蝴蝶就是儿童最常见的对称图案了,对称用色会产生平衡稳定的视觉效果。(图6-51)

图 6-51

图 6-52

第三,交替用色。交替用色在规律中有变化,摆脱单色的沉闷和多色的花乱感。(图6-52)

第四,使用渐变用色。彩虹的色彩是儿童常见的渐变用色,使用渐变用色方法很多,儿童仅局限用在彩虹上。(图6-53)

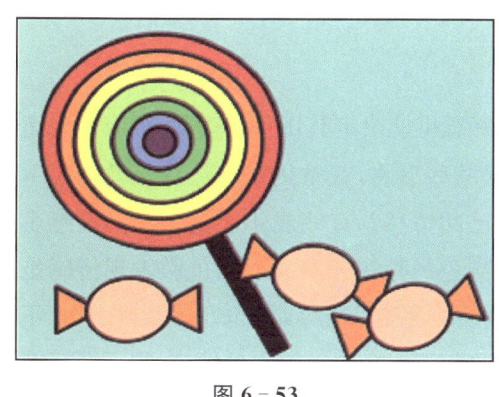

图 6-53

图 6-54

第五,同一范畴用相同颜色。这样会使事物形象更突出。(图6-54)

第六,使用同类色或近似色。同类色主要指在同一色相中不同的颜色变化。例如黄颜色中有深黄、

土黄、中黄、橘黄、淡黄、柠檬黄等等。这样的色彩效果比较协调和谐。（图6－55）

图6－55

图6－56

第七，使用对比度大的颜色。可以冷色与暖色，深色与浅色，鲜艳色与灰颜色的对比，这样的用色效果比较鲜明活泼。主题与背景之间用上对比色，会相得益彰，主题更鲜明。（图6－56）

用色没有固定标准，可以千变万化，随儿童兴之所至。在指导中，要为儿童介绍各种配色方式，让他们感受不同色彩搭配所产生的各种视觉效果，并带着浓厚的兴趣，在绘画过程中不断进行尝试，寻找到最能展示自我的色彩。

小班儿童对色彩的感受力很强，应鼓励儿童运用涂染法大胆地用色，不要用生活中固定的颜色框架去局限儿童的思维，如太阳一定是红的，鸡的羽毛一定是黄的等。只需要求他们在描绘事物时颜色有区别就可以了。因为，要做到有区别，就不能都画成一种颜色，就要能识别色相，也就是区别红、橙、黄、绿、青、蓝、紫；进一步可以增加深浅颜色的区别，画得更有层次一些。如引导儿童尝试将每种物体用线条分割后涂上不同的颜色，儿童边画边观察不同色彩相搭配的效果，积累初浅的颜色经验。

大班儿童喜欢鲜艳的色彩，但不注重颜色的协调。教师应引导儿童运用色彩区别主次。这有两种方法：一种是儿童最常用的，把主体形象画得色彩丰富，将背景用单一的色彩来画。另一种是利用色彩的对比，如：在蓝色或绿色的背景上画出红色、黄色的形象，在浅颜色的背景上画出深颜色的物体，在深颜色的背景上画出浅颜色的物体等。如画"过新年"时，可让儿童大面积地使用红色，形成暖调，突出渲染过年的热烈气氛。画"海底世界"时，可引导儿童自选三种固定的颜色涂各种鱼的花纹，整个画面色调协调，能给人和谐的美感。同时教师要指导儿童认识更多的颜色，能够说出名称，区别深浅色度。如让儿童观察树叶的深浅之分，新长出的叶子是果黄色的，较老的叶子是鲜草绿的，老叶子是深绿色的，让儿童用不同的颜色去表现叶片色彩的层次变化。

（五）引导大胆地选择多种颜色，用色彩表达情感

儿童对生活的感悟带有情绪色彩，对所画事物的好恶也能决定其用色的变化，如有的儿童非常喜欢太阳和公鸡，就将其涂抹上五彩的色调，有的儿童讨厌某些事物，就常用暗色涂抹。教师应引导儿童用心灵去表现画面的色彩，大胆地选择多种颜色表达自己的情感。有些成年人把色彩的情感表现性看得过死，如，把红色看作热烈的颜色，把蓝色看作冰冷的颜色。其实艺术家运用色彩表现情感是灵活多变的，在色彩的对比配合中产生情调，十分微妙。但是这些非儿童所能掌握，也非儿童所需要，不过教师可以在这方面对儿童做些启蒙。如，尝试探索运用简单的色彩配合的规律表现情感，提示儿童若要画出很痛快的感觉，可以用纯一些、互不相同、看起来区别大的颜色来画。若要表现轻轻的、柔柔的感觉，就用那些不太纯、有些类似、区别不太大的颜色画。在以近似色表现较细腻的情感时，需要给儿童提供各种各样颜色的画笔，若是能够配备可调配的颜料就更好了。在运用可调配的颜料时，由于颜料的混合，可以产生出无穷的色彩,使儿童能获得更丰富的颜色感受。

思考与练习

一、名词解释

1. 学前儿童绘画教育活动　2. 物体画　3. 情节画　4. 意愿画　5. 图案画

二、简答题

1. 学前儿童绘画发展有哪几个阶段?各发展阶段的特点是什么?

2. 学前儿童各年龄班绘画教育的目标是什么?

3. 如何为各年龄班儿童设计物体画活动内容?

4. 如何引导儿童观察认识表现对象的特征?

5. 结合实际谈谈教师应如何指导儿童的情节画。

6. 结合实际谈谈教师应如何指导儿童的装饰画。

7. 评价儿童意愿画作品的基本标准是什么?

三、实践题

尝试为小班、中班或大班设计一个绘画教育活动计划。

附录:学前儿童绘画教育活动案例与评析

一、绘画活动《夸张的漫画》(大班)

(一) 活动目标

1. 了解漫画夸张、变形的特点。

2. 根据自己脸部特征,尝试用简单的线条画有趣的漫画头像。

3. 在创作中体验画漫画的乐趣。

(二) 活动准备

1. 物质准备:小镜子,水彩笔,PPT课件。

2. 经验准备:观赏过篮球运动员姚明的球赛节目,知道姚明是我国著名的篮球运动员。

(三) 活动过程

1. 开始部分

以"猜猜他是谁"的游戏形式,引起兴趣,提出绘画活动内容。

师:今天老师给大家带来了一张画像,请你们猜一猜他是谁?

教师打开PPT,显示篮球运动员姚明的漫画,请儿童欣赏。因平时观看过有关姚明球赛的电视节目,所以儿童看了这一画像,会马上有兴趣地指认出姚明的名字。教师告诉儿童这张画像是采用漫画方法,提出本活动内容是用漫画的方法来画头像。

图 6-57　漫画《篮球运动员姚明》①

---

① http://sports. syd. com. cn/content/2007—07/04/content_24060764. htm

2. 基本部分

(1) 观察漫画《篮球运动员姚明》，了解漫画简练且夸张的表现特点

"姚明叔叔是我国著名的篮球运动员，看了姚明叔叔的漫画像你们都在笑，为什么？画上的姚明叔叔跟我平常在电视节目中看到的样子一样吗？虽然画的不一样，怎么还能够认得出来他是姚明叔叔呢？"

引导儿童观察比较姚明叔叔的画像，找出漫画中的姚明叔叔与在电视节目中看到的姚明叔叔的真实样子有哪些不同——姚明叔叔的脸是宽大的，漫画把他的脸画得夸张更宽大了；姚明叔叔是个篮球健将，身材高大，投篮有力量，漫画把姚明叔叔画得身材高大，而且以长城作为背景，突出表现了姚明叔叔高大有力量……所以，虽然画上的姚明叔叔与真实生活中的不一样，但由于夸大了姚明叔叔的身材和面部特征，能够使人很容易地认出画的是姚明叔叔。

教师小结漫画的特点：这张画画的虽然与姚明叔叔长的不一样，但还是看起来很像姚明叔叔。这种奇特的画称作漫画，漫画是一种是用简练且夸张的手法来描绘生活或时事的图画。漫画本身是供给大家观看的，带给大家欢乐和悲伤等等。可能也有很多人会在里面学到很多东西。漫画《篮球运动员姚明》夸大了姚明叔叔的身材和面部特征，表现出姚明叔叔高大有力量。大家看了会更加热爱体育运动。

(2) 教师以给自己画头像为例，演示讲解画漫画的方法

第一，观察认识表现对象特征(头形、五官、表情、发型)。如老师的脸是圆圆的，其他人的脸型有长的、尖的、三角的；老师的头发是短卷发，其他人的发型是长发或短发等。

第二，从整体到局部画出头像。先画椭圆形形表示老师头的基本形状；再添画老师短卷发的发型；最后再画出老师五官。注意：在画头像时不仅要画出老师与别人不同的特征，更重要的是把这些与别人不一样的特征夸张地画出来。如老师的脸是圆圆的，我们就可以画得更圆；老师的眼睛是大大的，我们就可以画得更大……引导儿童抓住老师最典型的特征来进行夸张的表现。

(3) 引导儿童给自己画头像，练习掌握画漫画头像的方法

老师提出作画要求：拿出小镜子，先观察自己的面部特征，后大胆地运用夸张、变形的漫画方法把这些特点画出来。提醒儿童可以画不同的表情。

儿童作画，教师巡回指导。教师巡回指导时注意启发儿童注意观察自己头部特征与别人不同的地方，并用夸张的方法把自己的样子画出来。对能力强的儿童指导他们把自己的特征恰当地表现出来；对能力弱的儿童，引导他们认识自己的头部特征，并鼓励他们把自己与别人不同的地方画出来。

3. 结束部分

(1) 以"猜猜他是谁"的游戏形式，总结练习漫画的表现方法。

教师将儿童画的漫画头像收集在一起，然后逐张出示，以让儿童快速抢答出描绘者是谁的方式总结漫画简练且夸张表现方法，同时也使儿童感受漫画艺术带来的乐趣。

(2) 教师组织儿童将漫画作品拿到别的班级展示交流，分享自己漫画创作的快乐心情。

(四) 活动延伸

教师在美术活动区中张贴世界著名漫画大师的作品，如漫画大师埃·奥·卜劳恩的漫画作品《父与子》，引导儿童自由欣赏学习，培养儿童对漫画的兴趣和审美能力。

附：埃·奥·卜劳恩《父与子》简介及漫画作品《最佳方案》

《父与子》是德国插画家埃·奥·卜劳恩(E. O. Plauen)所绘的著名漫画集。故事描绘了一位平凡的父亲和他那淘气的儿子在日常生活中的喜怒哀乐。在生活中，他们难免会遇到一些挫折，但他们都以自己的方式——有时甚至是在不经意间——化解了危机。父与子这个题材以及作者那犹如涓涓细流般细腻的表达方式使整册书洋溢着温馨感人的亲情。如《最佳方案》：一天，儿子闹着爸爸

带他出去玩,爸爸答应了。在回家的路上下起了雨。刚开始雨比较小,可以不用打伞。但过了一会儿,雨比之前大了一些,爸爸说:"怎么办?要不我们躲在别人的伞底下吧!"儿子听了,无可奈何地点了点头。他们躲到了一位高个子的伞下面。起初那个人把伞举在头顶上,这样爸爸就不用太费劲地躲在那人身后,儿子就躲在了爸爸的衣服里。可好戏不长,雨下得越来越大,爸爸二话没说就把那个人扛了起来,慢慢地走着。这样三个人就都不会被雨淋着了。这对父子俩有趣的行为使大家感受到生活快乐!

图 6-58　埃·奥·卜劳恩作品《最佳方案》

二、绘画活动《我学潘天寿爷爷画指画》(大班)①

浙江省宁海县潘天寿艺术幼儿园　冯静聪

设计思路

潘天寿是我国著名的国画大师,他的指画可谓别具一格,指墨花卉《晴霞》、《朱荷》、《新放》等画均以泼墨指染,以掌抹作荷叶,以指尖勾线,生动之气韵非笔力所能达。为继承传统文化,我们传承大师的墨韵精神,开展相关教学活动。根据儿童的发展特点,引导儿童在玩中感知指画的趣味性,让儿童通过整个手、手掌、手腕、手指、指甲、手肘和前臂等创作出各种绘画作品,发展儿童的想象力和艺术表达力。

(一) 活动目标

1. 在欣赏、探究、尝试的过程中,感受潘天寿的指画特点,初步萌发对潘天寿的敬仰之情和对指画的兴趣。

2. 通过水印游戏,拓展指画方法,体验用手的不同部位(不同手指、不同组合)作画带来不同效果的乐趣,激发创造性思维。

图 6-59　潘天寿《映日荷花》

(二) 活动准备

1. 材料准备

课件:潘天寿画指画的照片和其代表作品《映日荷花》;

儿童作画工具:涂碘宣纸、宣纸、墨、颜料等。

2. 经验准备

学习和掌握了一定的水墨画知识和作画方法。

(三) 活动过程

1. 欣赏潘天寿作品《映日荷花》,引入绘画主题

(1) 课件展示潘天寿作品《映日荷花》,引导儿童赏析

"画面表现的什么?"(水墨画、荷花)

"你觉得美吗? 哪里美?"(花、叶子、墨晕)

"你知道是谁画的吗?"(潘天寿爷爷……)

"他是用什么工具画的?"(毛笔、宣纸、国画颜料……)

---

① 教育部教育管理中心.全国优秀儿童艺术教育活动课例评析[M].重庆:西南大学出版社,2011:157.

"让我们一起看一下,你猜得对不对?"

(2) 课件展示潘天寿手指作画照片,介绍潘天寿生平

潘天寿爷爷是一位世界著名的国画大师……

指画又名指头画,指头画是用指头、指甲蘸墨作画的。潘天寿发展了这一画种,他之所以喜爱画以粗放取胜的指头画,是因为这种技法正适合于他那刚直倔强和深沉质朴的性格……

(分析:课件展示潘天寿画指画的照片,虽然儿童能根据已有的水墨画作画经验,将国画和绘画工具进行了很好的联系,但国画怎么还可以是用手指画的? 这个问题激发了他们探究指画的兴趣。)

2. 讨论《映日荷花》表现手法,认识手指作画技法

师:"你知道潘爷爷是怎么把画画出来的吗?"(根据作品,儿童猜测并尝试指画)

幼:"花茎,用手指勾画出来的。"(师请儿童现场尝试)

幼:"荷叶,用手掌抹画出来的。"(师请个别儿童尝试抹画)

幼:"花茎上的点,用手指点画出的。"(也请小朋友尝试点画)

师:"潘爷爷为什么用手指勾画茎,用手掌画叶,用手指印点?"

幼:"手指印:手指面比较小,便于用手指印点(茎节点)。"

幼:"手指勾画:手指动作灵活,便于勾画各种线(茎)。"

幼:"手掌抹画:手掌面比较宽大,便于用手掌抹画面(荷叶)。"

师:(小结)"潘天寿爷爷的指画可谓别具一格,他用手的不同部位来画点、线、面,还经常以泼墨指染,以掌抹作荷叶,以指尖勾线。我们在作画时也要思考:我要画什么? 它是什么样的? 可以用手指的哪个部分来画?"

(分析:在此环节中,引导儿童能大胆猜测并表述自己的观点与想法。如引导儿童首先将画面上的点、线、面与手指进行联系:花茎上的点是用手指点出来的,因为荷花茎是长长的,所以用手指画线就能画出来;具有难度的是荷叶,但经过教师引导,儿童发现了自己的手和画面之间的联系,因为荷叶是宽宽的,所以用手掌来画。在此环节中,教师注意提升儿童的语言概括能力,如线可以用手指勾画出来,比较大的面我们可以用手掌来抹画等,为下一步的作画作好经验准备。)

3. 通过水印游戏,拓展表现方法

师:"除了用手指点画、勾画,用手掌抹画,我们的手还可以怎样作画?"教师为每组提供一张涂碘宣纸,让儿童用手指作画。

教师引导集体分享讨论:"你还有什么画法? 画出来是什么样的?"

(分析:此环节让儿童在涂碘纸上用手蘸水进行探索,激发了儿童的表现欲,能将孩子的作品留住,并让他们对他人的方法进行联想和拓展,如几个手指同时勾画,手指弯曲勾画、印画,用掌侧刮画,用拳头印画等。)

4. 分组操作练习,掌握手指作画方法

(1) 教师为每组提供一份墨、水、颜料和人手一份宣纸。

(2) 提出作画要求:"先想好自己要画什么,用手的哪部分画,注意画面整洁"。

(3) 儿童作画,教师巡回指导。

(分析:经过猜测、探究、拓展,此环节引导儿童在自己所获得的经验基础上,练习掌握手指作画方法。)

5. 相互欣赏评价,体验成功快乐

(1) 教师引导儿童个体自我评价"你觉得自己的作品最令人满意的地方在哪里? 是用什么方法画的?"教师引导儿童集体互动评价"你喜欢哪幅作品? 为什么?"

（2）教师小结："小朋友们，今天我们跟潘天寿爷爷学画了指画，尝试了用指头作画的方法。其实作画的方法有很多，作画的工具也有很多，像绳子、牙刷、麦秆、海绵等都是很好的作画工具。只要我们平时注意观察、勇于尝试，就会掌握绘画的多样方法和感受到绘画的乐趣。"

（分析：教师通过组织儿童的自我评价和集体互动评价，引导儿童学习评价自己和同伴的美术作品，培养儿童的自信心，使儿童感受成功的快乐。）

6. 活动延伸

请家长与幼儿园互相配合，帮助儿童一起搜集各种绘画工具进行创作，让他们从中体验到美术活动的乐趣。

● 活动评析

此活动有别于一般的传统美术活动，采用了让孩子在边欣赏、边探究、边验证、边学习的策略来习得一种新的美术方法，过程中教师只是适时地点拨，孩子们对此兴趣浓厚，参与积极性强。本活动选材契合点好。虽然此活动是对大师名作的欣赏和模仿创作活动，但其忽略"形"像而求"神"似，从方法上引导孩子感受用手的各部位来作画的效果，这样不但让孩子一直对活动有兴趣，同时还能让他们在探究模仿的过程中意会大师的作画方法。在传统的绘画教学中，过多的演示或过多的探究都对孩子对绘画目标的达成带来了一定的影响。本活动采用了讨论与练习相结合的方法，不仅让儿童模仿了大师的指画特点，更重要的是拓展了他们手指作画的范围，手指的不同组合、手指甲、手臂的共同配合都成了他们的创意之举，同时让他们的画面也有了许多个性之处。活动中儿童的主动尝试与教师的适时指点有机结合，充分体现了教师在儿童学习中的支持者和引导者身份。

学前儿童手工教育活动

【学习目标】

1. 了解学前儿童手工能力发展的特点。

2. 明确学前儿童手工教育活动的目标。

3. 掌握学前儿童手工教育活动的内容设计要求与指导方法。

【内容概要】

　　学前儿童手工教育活动是教师引导儿童直接用双手或借助简单工具，运用贴、撕、折、剪等手段对可变性较强的物质材料进行加工、改造，制作出平面或立体的物体形象的一种教育活动。手工教育活动是学前儿童美术教育活动的重要组成部分。本章在分析学前儿童手工能力发展特点基础上，根据《纲要（试行）》精神介绍了幼儿园手工教育活动目标，结合案例阐述了手工教育活动内容设计要求与指导要点。帮助学习者更好地理解学前儿童手工教育基本理论，掌握开展学前儿童手工教育活动的方法。

　　学前儿童手工教育活动是教师引导儿童直接用双手或借助简单工具，运用粘、撕、折、剪等手段对可变性较强的物质材料进行加工改造，制作出平面的或立体的物体形象的一种教育活动。学前儿童手工教育活动是学前儿童美术教育的重要组成部分。学前儿童手工活动包括泥工、纸工和自制玩具等，是学前儿童最喜闻乐见的活动项目之一。通过手工教育活动使学前儿童了解和掌握粗浅的手工知识技能，锻炼手的动作的灵活性、精确性、手眼协调的能力，对于培养想象力、创造力以及耐心细致、勇于实践等个性品质都具有非常重要的意义。

第一节　学前儿童手工能力发展特点

儿童在绘画活动中所获得的构思、构图、色彩、造型等方面的知识与技能,与儿童手工表现能力之间存在着内在的联系,使得儿童手工能力的发展呈现出与绘画能力的发展状况相一致的特点。我们可从儿童常进行的手工形式来了解儿童手工能力发展的特点和规律。

一、学前儿童泥工能力发展特点

泥工是以黏土、橡皮泥、面团等为原材料,借助搓、团、压、捏、拉等手法来表现形体的一种造型活动。学前儿童的泥工制作最初意图多是自发型,儿童最初刚开始接触泥工活动,其实就是玩泥,表现为无目的的用手抓、拍、揉、掰各种形状的泥块;他们在该阶段只是觉得玩泥很有趣味,把摆弄手工工具、切分泥团、揉搓泥丸当作玩耍游戏,此时心中预先并没有明确的制作目的。在团团搓搓的活动过程中,会发现团搓后的泥条、泥块和泥团,似乎与以前在生活中感知过的某些形象很相像。于是,他们"手的动作"和"动作的结果",便开始与自己的"生活经验"发生联系,从而想做一些自己心目中的"东西"。比如,把泥放在手中搓一搓而成的泥条就成了"面条""筷子"或"小香肠";把泥放在手中团一团所成的圆泥球就成了"苹果"或"皮球";把泥球拍一拍、压一压就成了"饼干"和"烙饼"等。虽然,儿童这时塑造出来的形象大多是非常粗糙的,比如,做出的小香肠可能粗细不匀,做出的饼干可能厚薄不同,小皮球也可能不十分圆,但却是儿童心目中非常神圣的"成果"。渐渐的,在活动过程中儿童觉察到的东西越来越多,并能够注意到物象的很多细节,进而,其视知觉也就越来越敏感;他们还会拿自己的"作品"与原型进行比较,对自己"动作的结果"更加在意,希望做出来的"东西"尽可能与真的东西一样。在此过程中,儿童手上的动作开始从手掌动作逐步发展到手指动作,并且越来越精准,塑造出来的形象也逐步显得丰富而复杂起来。4~5岁的儿童,进入中、大班学习阶段,已经能够塑造出一些简单的物体形象,有时甚至能同时塑造出两个以上的艺术形象,并加以组合,构成简单的故事情节。

二、学前儿童纸工能力发展特点

纸工是运用折、剪、撕、粘、贴等各种技能,针对不同性质的纸进行形象塑造的手工活动。学前儿童纸工与玩具制作能力发展表现出不同年龄的特点。

(一) 学前儿童折纸能力发展特点

一般来说,儿童纸工活动能力的发展水平,较绘画活动和泥工活动要滞后一些。儿童自发的折纸活动虽然较早,但在3岁以下阶段,很难折出成型的东西。到4岁左右时,才可以在成人的悉心指导下有效地学习折纸。最初,儿童总是喜欢用正方形或长方形的的纸片,折叠一些简单的形象和玩具,如折扇、小船、飞机、纸盒等,折出的效果也往往不够理想,或边角不齐,或折痕不直,松松垮垮不够贴实、不够挺括。然而,儿童折纸的能力水平发展提高却很快,到5岁左右时,就能折出很多比较复杂的折纸作品,如小花蛇、小鸟、小兔、小花篮等,甚至能独立完成一些套装的组合折纸作品,如宝塔、狼狗等形象,而且折叠的效果也更加平整精确。

(二) 学前儿童粘贴能力发展特点

粘贴是将事先准备的现成图形拼贴成图画的活动。粘贴一般包括三个步骤:首先要在在图形的背

面涂上胶水或糨糊,接着需要将图形粘贴在纸上,最后还要把图形压平。3~4岁的儿童,一开始大多不太注意图形的正反面效果,拿起纸片来就急于涂抹糨糊,有时候涂抹对了,贴出的效果尚为可观,有时候涂抹错了,贴出的效果就面目全非了;另外,他们往往不注意糨糊的用量,有时候涂抹得过多,有时候涂抹得过少,还时常把糨糊集中涂在图形的中间区域,或者干脆点成几个疙瘩。这样,在粘贴时要么粘贴不牢、纸片翘起,要么容易把画面形象弄得疙疙瘩瘩、皱皱巴巴;在把图形往纸上粘贴时,不少儿童顾及不到粘贴的顺序和位置,总是拿起图形就往纸上粘贴,然后用沾有糨糊的小手去抚按画面、整理形象,结果,贴出的图形常常出现主次不分、位置不当,起皱翘皮的现象;有时甚至会把颜色蹭到画纸上,弄脏整个画面。

5岁左右儿童,在成人的指导下,能准确、适量、均匀地把糨糊涂在图形的背面,会根据老师的引导要求,按照粘贴的程序,较好地完成粘贴任务,会用干净的布覆盖在图形上,然后用小手轻轻按压,贴实图形。但是,掌握不好粘贴顺序、粘贴位置不够恰当的现象还时有发生。

(三)学前儿童撕纸能力发展特点

儿童的撕纸活动,会经历一个由无意识地玩纸、撕纸,到有意识地撕出一定形象的发展过程。开始时,儿童拿着纸翻来覆去地玩,触摸纸的质地,聆听纸的声音,或是一点点地把纸撕成小块,全方位亲近纸张、感受纸张。之后,虽然儿童撕纸的准确度还很受局限,但他们也会极力模仿大孩子们的举动,或把纸撕成条状,粘贴在嘴的周围当作胡须;或把纸条粘成链圈,套在脖子上当项链;或把纸撕成纸屑当成"雪花";在纸张上撕出空洞,蒙在脸上做出各种表情,进行游戏玩耍等。再后来,儿童能逐步进行较专业的学习模仿、撕出一些比较复杂的图形,如小鸡、小鸭、小兔等;渐渐的,也会用对折的方法,撕出对称的、或更为复杂丰富的形象。

(四)学前儿童剪纸能力发展特点

一般来说,4岁的儿童就可以开始学习认识剪纸艺术,进行简单剪纸艺术活动。此时,儿童还不大会用剪刀,尤其是不会配合剪刀的动作转动纸张,每每剪到转弯处时,常常以撕代剪;需要经过一个相当时间段的练习,儿童才能较为自如地使用剪刀。所以,一开始,儿童剪出的图形应该是一些轮廓清楚、结构变化不大的比较简单的形象,如气球、苹果、房子等。5~6岁的儿童,理解与操作能力进一步提高,能够设计制作出变化丰富、题材多样的团花剪纸图案,剪出一些形象较为复杂、轮廓曲折多变的形象,如热带鱼、熊猫、轿车等;而且,剪出的轮廓,也显得比较光滑、准确、流畅,当然,对形状太过复杂、结构太过精细的部分,剪起来还是比较困难的,也还时常出现剪断弄坏的现象。

三、学前儿童自制玩具能力发展特点

儿童面对多种颜色的彩色卡纸和多样化(不同形状、色彩、质地)的手工材料时,显得很有兴趣,参与硬纸工及玩具制作活动的积极性很高。但4岁以下的儿童,动手能力有限,从事硬纸工及玩具制作还较为困难,只能进行一些简单的制作项目,如制作小纸盒、小纸桥等;5岁左右的儿童,其生理机能和心理机能得到了进一步的发展,动手能力也有所提高,已经初步具备了学习硬纸工及玩具制作的基本条件。他们在活动中已经能够正确选用手工材料,较为顺利地完成剪、折、插、粘、接、染、画等动作,制作出诸如楼房、汽车、人物等相对复杂、质量较好的作品和玩具。

综上所述,一般说来,儿童受其年龄局限及生理特点的制约,其思维方式以直觉行动思维为主。大多数儿童在手工活动中,多以"迁想状物""借迹造型""借形造像"的构思方式,完成手工制作任务;其手工制作过程中基本上不存在独立的设计这一环节,而是将构思、设计与制作三者合而为一,很少出现"胸有成竹"的状况。可以说,这正是由儿童想象的特点和思维的特点所决定的。

通过实施手工活动，儿童学习了工具的使用方法，掌握了各种制作的技巧，认识了各种手工材料，提高了制作水平；其手工制作的表现意图也逐渐开始明朗起来，能够事先想好做什么，然后再动手制作；他们还会按照自己的审美趣味，在手工作品上添加一些简单的花纹、涂上一定的色彩，或在成型的作品上恰当地增添些简单的小物件，使手工作品更加生动完整，更加丰富而多彩。这都标志着其手工制作水准进一步提高，逐步由无目的转向有目的，从模仿转向独创。当然，儿童在手工制作的诸多方面还不能与成人相比，但其在联想方面的表现，有时却可能会超过成人。所以，教师应该充分了解儿童，并应用科学的方法，采用有效的措施，开辟多种途径，拓展儿童想象的空间，启发儿童创新的意识。

第二节　学前儿童手工教育目标

学前儿童手工活动教育的目标是学前儿童美术教育总目标在手工领域的进一步展开与具体要求的体现。手工制作是一种由内而外的过程，它强调用塑造和制作形体来表现。在手工活动教育领域比较侧重于培养儿童对美的表现力与创造力。学前儿童各个年龄阶段的手工活动教育目标表述如下：

一、3～4岁(小班)儿童手工教育目标

1. 引导儿童参加手工活动，体验手工活动的快乐，培养他们对手工活动的兴趣并愿意尝试各种手工工具和材料，培养儿童安全、卫生、整洁的手工活动的习惯。
2. 引导儿童学习用糨糊、胶水等粘贴沙子、种子等点状材料。
3. 引导儿童学习撕、拼贴、折(对边折、对角折)、印纸等面状材料。
4. 引导儿童体验泥的可塑性，学习用搓、团圆、压扁、粘合的方法塑造简单的立体物象。

二、4～5岁(中班)儿童手工教育目标

1. 引导儿童正确地使用多种手工工具和材料，使他们喜爱各种手工活动。
2. 引导儿童学习用比小班丰富、复杂的点状材料(如木屑、纸屑、泡沫屑)拼贴出简单的物象，表现简单的情节。
3. 引导儿童学习用纸折出(按中心线折、双正方折、双三角折)、剪贴出简单的物象。
4. 引导儿童在小班的基础上学习用捏的方法塑造简单的立体物象。
5. 引导儿童初步学习用其他点状、线状、面状和块状的自然物和废旧的材料制作玩具。

三、5～6岁(大班)儿童手工教育目标

1. 引导儿童较熟练地使用和选择手工工具和材料，创造性地表现自己的意愿。
2. 引导儿童学习用多种点状材料拼贴物象，表现简单的情节。
3. 引导儿童学习用多种技法将纸折出物体的各个部分，组合成整体物象。
4. 引导儿童学习用目测的方法将纸等面状材料分块剪、折叠剪来拼贴平面的物象或制作立体的物象。
5. 引导儿童学习用伸拉的方法并配合其他泥工技法塑造结构较复杂的物象，表现主要特征和简单细节。

6. 引导儿童综合运用各种工具、材料和技法制作教具、玩具、礼品、演出服饰、道具等布置环境,并注意装饰美。

第三节　学前儿童手工教育活动内容设计

一、学前儿童泥工活动内容设计

学前儿童泥工活动是教师引导儿童以粘土、橡皮泥、面团等为原材料,借助搓、团、压、捏、拉等手法来表现形体的一种教育活动。泥工活动是学前儿童手工活动中最常见的立体造型活动。泥工活动的主要目的在于引导儿童学习掌握用手和简单的工具塑造各种物体形象的方法,帮助儿童认识事物,形成空间概念,锻炼儿童手指肌肉动作的灵活性,发展儿童的手眼协调能力(图 7 - 1、2、3)①。不同年龄阶段的儿童的泥工活动内容和要求各不相同。

图 7 - 1　泥工《刺猬与果子》　　图 7 - 2　泥工《神气的小猫》　　图 7 - 3　泥工《向日葵》

(一) 3～4 岁(小班)

对 3～4 岁(小班)儿童泥工活动的要求,主要是认识泥工的简单工具和材料,知道其名称,知道泥的性质是柔软的、可塑的,学习用搓、团圆、压扁、粘合的方法塑造简单的立体物象。

在为小班儿童设计泥工活动内容时,应侧重于让儿童认识泥工活动的工具,如泥工板、小竹棍(用以在泥块上刻划)等等,懂得其名称和使用方法。最初的泥工活动内容是让儿童任意玩泥,任意塑造一些简单的形体,在玩泥中体验泥工活动的快乐。同时,注意引导儿童欣赏一些教师及中大班儿童的泥工作品,引起他们对泥工活动的兴趣。经过一段时间后,可以设计一些让他们用一种或两种基本技能来塑造简单物体形象的课题,如"苹果""汤圆""面条""饼干"等。以后,可以设计将两个基本形体结合在一起构成一个物体的内容,如将两根一样长的小泥棍拧一拧做成油条,将两个小圆球叠在一起做成葫芦娃,将两个一长一短的圆柱形横竖搭起来,而成一架飞机。

(二) 4～5 岁(中班)

对 4～5 岁(中班)儿童的泥工活动要求,主要是在小班的基础上学习用捏的方法塑造简单的主要特征,会使用一些简单的辅助材料表现出简单的情节,并能按意愿大胆塑造。并学习用泥塑造平面的物象。

---

① http://www.06abc.com/topic/20100920/64015.html

中班儿童基本学会了团、搓、压扁、压坑的技能,对泥工一般又都很感兴趣,手部骨骼肌肉的发育和认识能力也比小班有所提高。因此,为中班儿童设计的内容是塑造出比较复杂的物体形象,学习用捏的方法表现出物体的基本部分和主要特征,要求塑造的物体要比较光滑、均匀和结实,不追求形象的比例及细节的表现。如有一定容积的器皿(锅、盆、碗)、小动物的形象(猫、兔子)及小娃娃等。又如捏鸭子时,要求中班儿童能够捏出椭圆形的身体、细长弯曲的脖子、扁扁的嘴巴和尖尖翘翘的尾巴,整个鸭子都要比较光滑、均匀而不凹凹凸凸、粗糙不平,脖子与身体、尾巴与身体连接处要牢固、结实而无裂纹。

为了使儿童塑造的作品形象更生动、真实,应为中班儿童设计一些使用辅助材料的内容,如塑造公鸡时,可用小珠子或小豆粒嵌在眼睛的部位,把漂亮的羽毛或是纸做的尾巴插在公鸡的尾部,这样更能表现出公鸡的主要特征。

(三)5～6岁(大班)

对5～6岁(大班)儿童泥工活动要求,主要是学习用伸拉的方法并配合其他泥工技法塑造结构较复杂的物象,学会塑造人物、动物的主要特征和简单细节。表现出一定的故事情节。因此,为大班儿童设计泥工活动表现内容,已不再是简单的水果、器皿,而是以形体较复杂的动物、人物为主,同时要求塑造出形象的突出特征和某些细节。所塑造人物和动物要有简单的动作,如"小兔吃草""跳舞的小朋友""小刺猬采果子"。在此基础上,再为他们设计一些塑造两个以上形体,或者借助辅助物表达简单情节的内容,如"草地上的羊""小熊过桥""龟兔赛跑""小朋友跳舞"等。

二、学前儿童纸工活动内容设计

纸工活动主要是教师引导儿童以纸为主材料,运用粘、撕、剪、折等各种技能进行造型的一种教育活动。纸工活动有助于训练儿童手指肌肉及手指的灵活性,培养儿童的目测能力,帮助儿童认识几何图形的特征、变化等。学前儿童纸工活动内容主要有粘贴、剪贴、撕贴、折纸等。(图7－4、5、6)①

图7－4　撕纸《放鞭炮》

图7－5　剪纸《窗花》

图7－6　折纸《青蛙》

粘贴是指用现成的点状、线状、面状材料粘出或贴出具有浮雕感的或平面的画面。粘贴活动的目的主要是让儿童在学习粘与贴的手工技法的过程中,知道并能运用点状、线状和面状材料等制作成浮雕状或平面的各种画面,培养儿童布画面的能力和良好的手工活动的习惯。粘大多是用点状材料来进行的,贴则大多是用天然的或加工过的线状或面状材料来进行的。

剪贴是指运用剪刀将面状材料剪成所需形象后贴出平面画面的手工活动。剪贴活动的目的主要在于学习使用剪刀,锻炼儿童的手指肌肉动作的灵活性,发展儿童手眼协调能力。因此,剪贴活动的重点

① http://image.baidu.com/i? ct＝503316480&z＝0&tn＝baiduimagedetail&.

在"剪"。最普遍的剪贴的面状材料是各色纸,布、树叶等也可用作剪贴的材料。

撕贴是指以手指作为工具,利用双手手指的配合来撕出所需形象,再贴成平面的画面。撕纸活动的目的是锻炼学前儿童的手指肌肉动作及其控制能力。撕贴与剪贴的最大区别在于:用手撕出来的形象,其轮廓线蓬松、柔软、毛茸茸的,具有自然、浑厚、稚拙的独特美感。这是其他造型手段所无法比拟的。因而,撕贴活动的重点在于"撕"。一般来说,撕贴的材料是较薄的软纸,但其韧性不能太强。

折纸是指用纸按一定的折叠方法折出各种立体形象。折纸活动可以培养儿童目测能力和空间知觉能力。折纸所用的工具材料比较简单,一般用纸就可开展活动,但要注意选择厚薄适度、具有一定的韧性、便于折叠的纸张。

不同年龄阶段的儿童在粘、撕、剪、折等方面的内容和要求各不相同。[①]

(一)3~4岁(小班)

对3~4岁(小班)儿童的纸工活动要求,主要是以培养儿童纸工兴趣,为小班儿童设计的纸工活动内容主要是玩纸、撕纸和粘贴,初步学习纸工的简单知识和技能。培养儿童安全、卫生、整洁的手工活动的习惯。

小班儿童喜爱玩纸和撕纸,教师可事先准备一些颜色各异、性质不同的纸让他们撕着玩。在玩纸、撕纸的过程中,使儿童体验纸的不同特性,发现各种形状的变化,并初步撕出一些简单的形状,如"蘑菇""球""太阳""饼干"等。另外,还可以设计一些粘贴简单物体形象的内容,如粘贴"草莓""菠萝"。教师事先为儿童准备一些剪好图样的纸,让儿童把撕成的小碎片粘贴在图形纸中。在粘贴的过程中,认识粘贴的工具和材料,并掌握使用方法。小班后期,可让儿童认识并初步使用剪刀,学习一些简单的剪纸技能。

(二)4~5岁(中班)

对4~5岁(中班)儿童纸工活动要求,主要是学习掌握一些简单的折叠方法(如:按中心线折、双正方折、双三角折),较平整地折叠简单的玩具。能把现成的图形或自然材料,有序地粘贴在适当的位置上。正确地认识和使用手工工具和材料,能用剪刀剪出方形、圆形、三角形等多种几何形,并能进行简单拼贴。中班儿童纸工活动内容主要有折纸、撕纸、粘贴和简单的剪纸。

为中班儿童设计的粘贴内容,主要是几何图形粘贴和自然物粘贴,着重培养儿童掌握正确的粘贴方法,要求粘贴得干净、平整、牢固、美观。粘贴时,既可以是成品粘贴,也可以是半成品粘贴。

中班的折纸活动内容多是用单张纸进行简单的平面折叠。开始时,可以设计些结合简单实物进行折叠的内容,使儿童熟悉、理解并掌握几种基本折法,如小帽子(对角折)、飞机(集中一角折)、小手枪(双正方形折)等等。做成后的玩具可结合游戏玩耍。

在小班使用剪刀的基础上,教师可以为中班儿童设计一些结合实物进行目测剪的内容,包括以剪弧线技能为主的内容,如苹果、皮球、太阳等,以剪直线技能为主的内容,如面条、小棍、电线等。

中班儿童的撕纸内容,主要是以目测撕的技能为主,进一步学习撕纸的技能,也可教一些简单的折叠撕技能,如撕"花边""窗花"等。

(三)5~6岁(大班)

对5~6岁(大班)儿童纸工活动要求,主要是在中班儿童掌握技能的基础上,学习更为复杂些的纸工技能。为大班儿童设计的纸工活动内容主要是折纸和剪贴。

为大班儿童设计的折纸活动内容,主要是用两张以上的纸折成简单的立体组合物体造型,并且运用一些辅助手法,使表现的形象更加生动,如会在折好的形象上涂色、画线,用剪刀剪去多余的部分,或是

---

① 林琳,朱家雄.学前儿童美术教育[M].上海:华东师范大学出版社,2006:154.

把折成的形象贴在衬纸上，再添画上背景和其他景物，组成一幅半立体的画面。

为大班儿童设计的剪（撕）贴活动内容，主要是让儿童自剪自贴，使儿童更好地掌握三种剪（撕）法（即目测剪、按轮廓线剪和折叠剪），能将面状材料分块剪、折叠剪等拼贴平面的物象或制作立体的物象。剪（撕）贴内容的设计应由简到繁、先易后难，即先剪大面积的、线条较短、较直的物体形象，然后再剪一些有曲线的、有细节的物体形象。

三、学前儿童自制玩具活动内容设计

自制玩具活动是指教师引导儿童利用废旧日用品或水果、蔬菜等自然物通过联想，"因材施艺"地进行建构，制作出立体形象的教育活动。利用废旧材料制作玩具，可以培养儿童有目的、有计划地进行工作的能力。对于学前儿童的想象力、创造力的培养有非常重要的意义。由于制作过程对儿童手腕力量和手指灵活性的要求较高，因此，自制玩具活动一般在大班进行，但在中班也可以开展一些简单的自制玩具活动。

（一）4~5岁（中班）

对4~5岁（中班）儿童自制玩具的要求，主要是学习用其他点状、线状、面状和块状的自然物和废旧的材料制作玩具。中班儿童自制玩具的内容设计应是简单易做的，大多由老师画好图样，做成半成品再由儿童粘贴而成。例如做伞，教师剪好伞面的纸样，让儿童在上面装饰后，中间插上竹签即成。另外，还可为中班儿童设计一些用废旧物品制成玩具的活动内容，初步培养儿童运用各种材料制作简单玩具的能力。

（二）5~6岁（大班）

对5~6岁（大班）儿童的知识经验逐渐丰富，已经具备了一定的操作技能。因此，大班儿童自制玩具的要求，主要是学习综合运用各种工具、材料和技法制作教具、玩具、礼品、演出服饰、道具等，布置环境，并注意装饰美。

为大班儿童设计自制玩具活动的内容，应侧重于让儿童独立地完成制作过程，并综合运用各种操作技能和工具材料表现立体的玩具。例如做面具，先在纸上画上如真人般大小的头形，再添画五官，并确定穿橡皮筋的位置，然后用剪刀剪下，穿上橡皮筋即可。

设计自制玩具活动内容时，应注重教育性、科学性和艺术性相结合。教育性可启迪儿童智慧，促进儿童身心全面发展；科学性有助于儿童认识事物，掌握正确的科学概念；艺术性是使自制的作品形象生动、色彩鲜明，培养审美情趣。（图7-7、图7-8、图7-9、图7-10、图7-11、图7-12。常文化提供）

图7-7 自制玩具《机器人》　　图7-8 自制玩具《小丑》

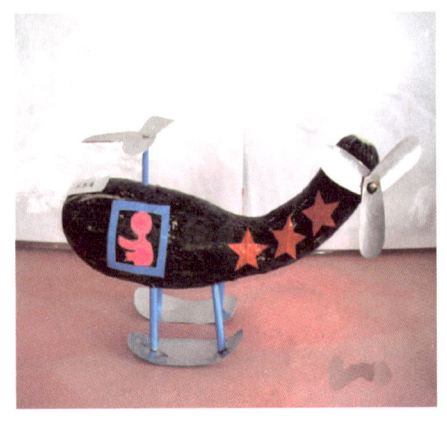

图7-9 自制玩具《南瓜的
想象——直升机》

图7-10 自制玩具《鸡蛋壳的联想》

图7-11 自制玩具《纸人》

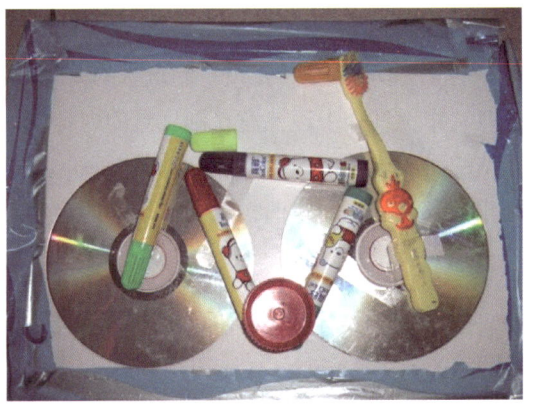

图7-12 自制玩具《自行车》

四、学前儿童手工活动工具和材料选择

（一）手工工具

手工工具：主要有刀、剪刀、笔、泥工板、橡皮泥、泥篦、牙签、切片尺、糨糊、胶水等。

（二）手工材料

可用于儿童手工活动的材料多种多样，从外形特点划分可以分为点状材料、线状材料、面状材料、块状材料四种形态。

1. 点状材料：如沙子、小石子、小珠子、纽扣、谷物、果核、种子、木屑、贝壳、牙膏盖等。

2. 线状材料：如绳子、棉线、毛线、火柴棒、麦秸、树枝、草茎、橡皮筋、高粱秸等。

3. 面状材料：如纸、布、树叶、花瓣、羽毛、刨花、塑料薄膜等。

4. 块状材料：如泥块、面团、石块、萝卜、土豆、蛋壳、瓶子、纸盒。

虽然学前儿童手工活动材料多种多样，但在选择手工活动材料时，往往要根据活动内容以及儿童年龄特点来进行。为此，选择和应用儿童手工活动材料时，应该注意以下几点：

第一，要能引起儿童活动的兴趣，能使儿童在活动中保持愉快的情绪。教师可让小班儿童塑造一些较为简单的物体，如：组织儿童进行泥工活动时，引导儿童在玩泥的过程中，制作"泥球""泥条""泥碗"等；又可以引导儿童进行组合，做成"糖葫芦""小蘑菇"等，激发儿童对泥工活动的兴趣，引发他们摆弄泥

团的欲望。

第二，活动材料要适应儿童年龄特点，贴近儿童生活，便于他们操作、能用多种方法加以利用，并应有利于引发儿童的创作欲望。例如：教师可以收集较多的糖果包装纸，引导儿童用捆扎拼接法做"蝴蝶"，撕纸粘贴做动物、花卉、人物等，进行折叠制作"小花蛇"等。使他们能全面地理解和体验糖果包装纸的手工功用价值，享受手工制作的乐趣。

第三，手工材料的选择使用，应因地制宜、因陋就简，既要考虑经济的因素，又要考虑功能与效果的因素，更要考虑安全卫生等因素。

第四节 学前儿童手工教育活动指导

一、学前儿童泥工活动指导

（一）引导儿童认识和使用泥工的工具和材料

1. 泥工活动的基本材料

儿童泥工的基本材料一般有粘泥和橡皮泥等。粘泥到处都有，经济方便，是泥工的主要材料，但一般必须经过水漂提炼，并加入少量的盐水和油，以保护儿童的皮肤和防止作品干裂。橡皮泥粘性较大，使用方便，而且有各种颜色，儿童很喜欢，是儿童泥工的常用材料。另外，根据塑造的需要，儿童泥工教学有时还使用一些辅助材料，如树枝（作苹果柄）、火柴杆（作刺猬背上的刺）、毛线（作娃娃的头发）、羽毛（作孔雀尾巴）和小豆子、小石子（作人物、动物的眼睛）等等。

2. 泥工活动的基本工具

儿童泥工主要是徒手塑造，在泥塑艺术中称为"手捏法"。因此，儿童泥工所用的工具不多，常用的就是泥工板和湿布。到大班，为使所塑形象更加生动、真实、细致，还备有小竹刀（长约8厘米，宽约1厘米，一头圆，一头尖），用以刻画人物、动物的五官、头发、衣褶和羽毛等。

教师指导儿童学习泥塑，首先要让儿童通过任意地玩泥的方式与泥工材料有充分的接触，了解泥的性质，知道泥既柔软，又可任意变形。教师应给儿童，特别是小年龄儿童充足的时间，让他们接触各种泥工材料，如面团、彩泥等，在玩泥的过程中逐渐了解泥的性质，而不是一上来便教孩子塑造某一物体。逐渐培养儿童良好的泥工活动常规，知道不能随便玩泥，要爱护自己和别人的作品，应该保持衣服、桌面和地面的干净整洁等等。

（二）引导儿童学习泥工的基本技法

教师引导儿童学习泥塑的基本技法有搓长、团圆、拍压、捏、挖、连接、拉伸等，运用这些基本技法可塑造出球体、椭圆体、圆柱体、立方体、长方体、中空体和组合体等基本几何形体。[①]

教师在指导过程中，可启发儿童先自己动手尝试着练习，仔细观察什么样的动作能塑造出什么样的形体。在此基础上，再在教师的指导下掌握如何用这些基本技法塑造这些基本形体。如指导小班儿童塑制胡萝卜时，教师可以这样演示和讲解："把泥放在手心里，两手前后地搓，搓成一根泥棍。请小朋友都拿起自己面前的泥，跟着老师一起搓，搓成一根泥棍。都把自己搓的小泥棍举起来，给老师看一看。

---

① 孔起英.学前儿童美术教育[M].南京：南京师范大学出版社，2007：221.

好,放下。再看老师是怎样搓的,把一头搓尖些,这就是胡萝卜的根。请小朋友跟着老师一起搓,把泥棍的一头搓尖。"这样,教师示范完了,儿童也随着做完了。又如指导大班儿童塑制小猫时,教师可以这样演示和讲解:"先根据塑造猫头、猫身和猫尾的需要,把泥分为大小适当的三块。然后,先取中等大的一块泥团成一个小泥球,并抻拉出两个小耳朵作猫头,再取最大的一块泥,团一个较大的椭圆形泥球,并抻拉出四条腿作猫身,然后,将头和躯干接合在一起担,再拿最小的那块泥搓一根泥条作尾巴,把它接到猫的后牙上,弯曲到身体的一侧,最后,再借助于小竹刀刻划出猫的眼睛、鼻子和嘴巴等,使小猫的形象更加生动、真实、美观。"

在指导儿童学习泥塑的基本技法时,要注意引导儿童掌握泥塑的基本规律,提高儿童泥塑的表现能力,发展儿童的想象力。一是从基本几何形体出发,可以塑造出哪些立体形象。球体可以被想象成元宵、皮球等;从球体出发,在球体上插上一根细木棒就成了樱桃、葡萄等;如果用拇指和食指将球体的上下捏凹,再插上细枝,便成了苹果;二是从基本技法出发,可以塑造出哪些立体形象,如通过捏可以塑造出碗、碟、勺、鸭嘴等。

(三) 引导儿童学习使用泥工的辅助材料和着色方法

在中班应引导儿童学习辅助材料的使用方法,提高儿童泥工技能,使塑造的物体更加生动形象。如在小兔头上插上两根小棍,头两旁按上两颗小豆粒,使它更像小兔。引导儿童使用的辅助材料有纸做的和自然物两种,纸做的如小红花、小红旗、绿叶片等等。自然物如小树枝、火柴杆(去头的)、羽毛、树叶和小豆粒、小石子等等。在教儿童使用这些辅助材料时,要根据塑造对象有针对性地选用,而不能任意乱用,如塑坦克时应插小红旗,塑小鸡时应用羽毛等。同时,辅助材料最好在儿童塑造完基本形体后,再发给他们,以免儿童分心、玩耍,保证儿童在教师示范讲解时能集中注意力听讲。

彩塑是具有民族特色的工艺品,因而,在幼儿园大班时,教师可引导儿童对自己制作的泥塑作品进行着色描绘以美化作品。具体操作方法是:待作品干透后,用水粉色上色;选择颜色时,可以用形象的固有色,也可以只考虑美观而用装饰色;着色的顺序是:先涂白色作底色,干后再上其他颜色,着色时不宜来回反复涂,否则颜色易浑浊而不干净。

(四) 教师要妥善处理儿童的泥塑作品

教师应注意将儿童的泥塑作品保存在通风阴凉处,若需重新使用泥料,则应与儿童商量或不当着儿童的面处理掉,避免挫伤他们的积极性;教师可引导儿童根据自己的或一个小组的泥塑作品来编故事,发展儿童的想象力。

二、学前儿童纸工活动指导

(一) 学前儿童粘贴活动指导

1. 引导儿童认识和使用粘贴的工具和材料

教师辅导粘贴活动时,首先要教儿童认识和使用粘贴的工具和材料,知道糨糊、刷子(或竹片、毛刷)、干布以及垫板的名称,懂得它们的用途和用法,同时,逐渐培养儿童良好的手工活的常规,知道应该保持画面、桌面、地面以及衣服的整洁。

粘贴工具和材料比较简单,一般使用粘贴剂、底纸和各种粘贴物即可开展活动。粘贴剂主要有固体胶、胶水、糨糊等。由于儿童在使用胶水与糨糊时掌握不好使用的量,因此常常涂上过多的胶水和糨糊使纸张变得黏稠而褪色,破坏了纸的造型。有条件的幼儿园可以让儿童使用固体胶,因为固体胶的使用方法非常简便,儿童容易掌握使用的量。底纸可选择与粘贴物颜色差别较大的纸,但要注意与粘贴物之

间的颜色的搭配。粘贴物主要有纸、布、树叶、花草、五谷等。在粘贴之前,教师应引导儿童认识粘贴的工具和材料,了解它们的性质及用途,并学习其使用方法。例如,如何将粘贴剂均匀地涂在粘贴物上,如何使粘贴物与底纸和谐地搭配等等。

2. 引导儿童掌握粘贴的方法技能

教师要引导儿童学习正确的粘贴方法,要求画面粘贴得干净、平整、牢固、美观。在活动中教师要把握住以下三点:

第一,引导儿童正确地定位:先将图形或自然材料摆放在纸的恰当的位置上,主要的摆放在中间,突出、显要的位置,次要的摆放在旁边,不显要的位置,各图样或自然材料都有了一定的适当的位置后,才能开始涂抹糨糊。

第二,引导儿童正确地使用糨糊:先认清图形或自然材料的正反面,将反面向上放在垫板上,再用刷子蘸上少许糨糊,在图形或自然材料的背面,由外向里、均匀地涂抹糨糊,并且右手涂糨糊时,左手要按住图形以使之固定、不移动。

第三,引导儿童正确地贴压:首先先贴主要的、大面积的,后贴次要的、小面积的;第二,看准了原来摆的位置再往下贴,上、下、左、右都要恰当,并且要正而不歪斜;其次,贴好后,用干布覆盖其上用手掌轻轻地压一压,或直接用手掌压,压时力要向下用,而不能手掌向四周转着压,同时还要告诉儿童绝对不能用手指去摸、抹图形,以保持图形、画面的干净、整洁和美观。

3. 引导儿童使用丰富多样的材料粘贴

教师要引导儿童学习用粘沙、粘树叶、粘种子、粘各种废旧材料等丰富多样的材料粘贴。如贴树叶是典型的用面状材料制作平面手工作品的制作活动。贴树叶的工具和材料主要有剪刀、双面胶(如果用胶水和糨糊贴,则晾干后容易脱落)、各种形状和颜色的压平的树叶、各色底纸。在活动开始之前,教师要发动儿童和家长一起收集各种形状和颜色的树叶,并欣赏树叶变化多端的形状、天然的叶脉肌理及其丰富的色彩。粘贴完成后可以将作品加框后作为装饰品,起到美化环境的作用。材料是为活动服务的,但并不是材料越多越好。因为,太多的材料容易使儿童将注意力转移到材料的翻找上,从而影响完成作品的进程。教师在准备材料时,应针对不同年龄儿童的活动特点,适度地提供不同的材料。

(二) 学前儿童剪(撕)贴活动指导

1. 提供儿童合适的剪(撕)贴工具和材料

剪刀是剪贴的主要工具。儿童使用剪刀以安全性为主,因此为儿童选择剪刀时要注意:剪刀头为圆形或方形;剪刀刀刃的长短要以能剪出一些长的直线和大的曲线为宜;刀刃不宜过快,以免儿童在使用时发生意外事故。剪(撕)贴的材料主要是各种纸张,一般以儿童能剪(撕)、不薄不厚的纸张为好。另外,一些自然物以及废弃物也可以作为剪(撕)贴的材料,如树叶、花瓣、羽毛、零碎布等。同时,要为儿童准备粘贴时用的底纸、抹布、粘贴剂等工具材料。

2. 指导儿童循序渐进地练习折叠剪(撕)的方法

根据儿童剪纸与撕纸能力发展的特点,教师应由易到难、由简单到复杂地对儿童指导练习折叠剪(撕)的方法。对于小班后期儿童来说,教师可向他们提供安全的剪刀,让他们尝试学习使用剪刀;另外,提供儿童各种纸张,让他们在撕、揉的过程中了解纸的性质。由于目测剪(撕)没有任何限制,因此在儿童开始学习剪和撕时可采用这种方法。

对于中班儿童,随着小肌肉的发育,让他们学习剪一些简单的图形,逐步学会剪弧线、圆曲线,并能根据教师的要求沿轮廓线剪出物体图形。最初剪(撕)的轮廓线要简单,所剪(撕)的形象要大。随着儿童年龄的增长,可使剪(撕)的轮廓线越来越复杂。

对于大班儿童,随着手部肌肉的不断成熟,已较熟练地掌握了剪纸和撕纸的技能,因此教师可指导儿童综合运用剪、撕纸的技能进行主题创作。儿童根据故事情节,将故事中的角色先剪(撕)下来,并添画相应的背景,最后进行粘贴。这样,既能丰富儿童的想象力,又可发展其语言表达能力和动手能力。

大班儿童可以学习折叠剪(撕)的方法。折叠剪(撕)的第一步是折叠。由于学前儿童手部肌肉发育不成熟,因此教师在引导儿童进行折叠时应注意:纸的折叠层数不宜过多,以二至三层为宜。折叠后的剪(撕)时,要提醒儿童不能把两边全部剪(撕)断,否则便无法形成对称的纹样。剪(撕)完后,教师还要指导儿童学习按折叠层逐层地揭开并摊平,揭开时的动作要轻,以保证作品的完好无损。

3. 引导儿童对剪(撕)坏的形象进行修改

由于学前儿童手部肌肉尚未发育成熟,他们在剪(撕)时常常不能很准确地剪(撕)出完整的形象,甚至会剪(撕)断连接的部分。因此,教师对儿童剪(撕)出的形象不必过于苛求。如果与所构思的形象有较大出入,教师可鼓励儿童想象自己手中的纸形像什么,通过添画或装饰可以把它变成另外一个什么形象或一幅画面。

(三) 学前儿童折纸活动指导

1. 引导儿童学习折纸的基本技法

在学习基技法的时,教师首先引导儿童学习一些折纸的基本术语,如角、边、中心线、对角折、对边折等,以使儿童能理解教师的指导。折纸活动中教师要引导儿童学习折纸的基本技法,如对边折、对角折、集中一角折、双正方形折、双三角形折、四角向中心折等;在折叠的过程中,教师还要引导儿童掌握折纸的基本规则,如一定要对齐、抹平,这样折出的物体形象就平整,不会松松垮垮、歪歪扭扭等。

2. 引导儿童学习看图示折纸

由于折纸的特点是容易忘记,教师可引导儿童学习看图示折纸。要教会儿童认识和熟悉折纸符号,不仅便于儿童掌握折纸方法和步骤,也丰富了儿童的识图能力,为他们自己独立进行折纸活动打下基础。教师可事先按照折纸顺序画好步骤图,图上线条要简明。在儿童第一次学习看图折纸时,教师可边教他们识图边进行演示,让儿童理解如何按照步骤图上的符号折。演示时,教师用的纸要大些,要有正反面,手的动作要明确,每折一步都要指明折叠的依据和标准部位,语言要简练,待儿童已理解图示后,逐步过渡到仅演示难点,其他部分让儿童自己看图折,教师可只出示一个折好的样品,使儿童对要折的形象有一个整体的概念,以加强折纸的目的性。教师可在手工角或活动区的墙壁上,贴上各种纸工图示。儿童根据自己的兴趣、能力,自由选择折叠的内容,在轻松、愉快的氛围中进行折纸活动。

3. 引导儿童进行创造性的折纸

折纸活动的模仿性强,经常让儿童按部就班地根据教师的示范或图示折出相同的物体形象,容易导致儿童重模仿、轻创造的习惯。因此,在儿童掌握了基本的折纸技法后,教师要注意引导儿童把折纸与添画、折纸与剪结合起来,根据造型的表现需要,配合使用剪刀,或在折叠的物体上添加部分的描绘,使形象更加生动。

另外,折纸是一种需要经过反复练习才能获得技能的活动。在进行基本技法练习时,教师可发挥孩子们的想象力和创造力,对折叠的造型进行加工改造,形成一件有创意的作品。例如,儿童用长方形纸学习边对边折,在把纸对折后,教师可让孩子在纸上画上车窗、坐车的人,再添画上轮子就可变成一列火车、一辆大巴士等;也可让孩子把对折后的纸竖立起来,在上面添画上窗、人物等,或是用剪刀开几扇窗,便成了一幢高楼。通过折叠和添画,孩子们在活动中,兴致盎然地学习折纸的基本技法。

三、学前儿童自制玩具活动指导

（一）为儿童提供丰富和多变的材料

由于儿童有许多潜能，且儿童之间存在着个别差异性，因此要为他们提供丰富多样的材料。废旧材料的选择范围是很广的，我们生活中存在的一切物品都可成为儿童制作活动的材料，从植物、农作物到石块、树皮、陶土，还有塑料、金属、零件等等。这些丰富的材料，可以启发儿童进行大量不同的创造活动，发展儿童探索和创造的能力。提供材料要注意能激发儿童制作的兴趣。如果只提供成品类的、定型的、变化单一材料，儿童不能进行多种组合，难以激发儿童制作的兴趣。因此，教师要鼓励儿童尝试各种可能的方法，发现不同的材料中能吸引视觉、触觉、听觉、味觉和嗅觉的要素，选择不定型的、变化多样的废旧材料。这些材料需要教师和儿童共同去发现，并发动家长一起收集。收集来的废旧材料需要分门别类地存放，以方便教师和孩子的拿取。

废旧材料大多来源于日常生活，提供给儿童的废旧材料必须是安全、无毒、卫生的，并通过儿童的再次利用能发挥材料的潜在价值。儿童通过与材料的互动，手的肌肉动作得到了协调，想象力、创造力等都得到了发展。

（二）引导儿童学习自制玩具的简单技能

教师应引导儿童在自制玩具活动中学习的简单技能有：折、剪、缝、粘糊和组装等。在制作玩具时，这些技能有时单独运用，有时综合运用。折纸包括一般的薄纸折和厚纸（白报纸、图画纸或旧挂历等）折两种。一般的薄纸折前面已经介绍，这里不再重复。厚纸折按制作方法的不同又分为两种：一种是"折格法"，另一种是"展开图"。用折格法可以制成各种立体的物体，如房子、公共汽车和提篮等；展开图是先由教师根据要制作的物体，画出有虚线、实线和箭头等标志的平面图样（虚线表示折线，实线表示剪线，箭头是指示折的方向），然后儿童再制作。用折格法所制作的玩具大都是整整齐齐的，各部分的大小比例基本相同，用符号标志制作的玩具则可以比较复杂，其中可带有斜面，如制作坦克、飞机、轮船和小卧车等。

对年龄大的儿童可以引导他们学会执针、穿线、打结和缝直线等缝的方法。如在打好孔的厚纸上缝一些简单的图形或画面，也可教儿童钉纽扣或用碎布头缝制小口袋、小沙包。为便于儿童缝制，给儿童使用的针不可太小，要及时给以指导。注意安全教育，提醒儿童不要刺伤手或身体。引导儿童用废纸盒组合成玩具时，应该针对玩具的形体结构，选择适当的纸盒。如用六个火柴盒组粘成办公桌，用个香皂盒和四个火柴盒组粘成沙发等。

（三）教师要示范讲解自制玩具的难点

引导儿童自制玩具时，教师要对制作中的难点进行示范讲解。首先，要把事先准备好的样子出示给儿童观看，以使他们明确工作的目的和任务，调动儿童的积极性。示范时，必须将各种制作技能（折、剪、粘贴和组装）向儿童演示清楚，突出制作的顺序、方法、要点和难点。如教儿童制作灯笼时，先教儿童将红纸对折，剪成均匀的长条，注意决不要剪断，然后把黄纸条剪出穗子，贴在红纸的下边，再将两边对齐贴好，最后在灯身顶端贴一个把柄。教儿童用火柴盒组粘卡车时先教儿童在一片厚纸上贴上半个火柴盒为车头，然后将另一个火柴盒竖起来，紧接车头贴牢为司机间，然后在司机间后面再横贴一个火柴盒为车身，最后再安上轴（纸卷的）和四个轮子。为美化制作出来的玩具，教师可提示和启发儿童用绘画和剪贴等技能装饰玩具。

（四）引导儿童发挥想象力与创造力

在引导儿童自制玩具活动中,教师除了教给儿童必要的造型技法外,应把指导的重点放在引导儿童发挥想象力与创造力。可以启发儿童思考:这些材料可以制作什么形象,即"因材施艺";或者是就自己的设想来选择合适的材料进行制作,即"因意选材"。鼓励儿童运用多种技能创造性地使用各种废旧材料进行制作,让儿童在这样的探索中发展他们的想象力与创造力。例如:蔬菜造型活动中,教师可以就各种块状蔬菜启发儿童想象制作:将瓜头有条纹的黄瓜切下一段做蛙身,再削瓜皮做腿,用透明纽扣做眼睛,一只栩栩如生的青蛙就出现在眼前了;一头尖、一头圆的萝卜可以削去半片做老鼠身、尾,再加耳、眼、胡子,便做成了老鼠;蚕豆加上高粱秸篾片做脚,即可做成螃蟹;剥去蚕豆胚芽部分的皮,露出的胚芽像人的侧面脸型等。①

（五）选择合适的活动组织形式

自制玩具可以在集体教学活动中进行,也可以在区角活动中进行。因为集体教学活动时数有限,所用的材料又不易使全班儿童都得到同样的一份,因此进行这类活动时,分小组在区角活动中进行,效果更好一些。这样儿童可以自由地选择各种材料,根据自己的喜爱和想象制作自己需要和喜欢的小玩具。

思考与练习

一、解释题

1. 学前儿童手工教育活动　2. 泥工　3. 纸工　4. 自制玩具

二、简答题

1. 学前儿童手工教育活动的目标是什么?

2. 学前儿童泥工活动指导的要点有哪些?

3. 学前儿童纸工活动指导的要点有哪些?

4. 学前儿童自制玩具活动的指导要点有哪些?

三、实践题

尝试为小班、中班或大班设计一个手工教育活动详案。

附录:学前儿童手工教育活动设计案例及评析

一、学前儿童纸工活动《会变的娃娃》(大班)

（一）活动目标

1. 为纸偶设计不同类型的衣服,认识服装的基本形状特征。

2. 掌握按照图示剪图形的方法,锻炼手部动作的灵活性。

3. 获得初步的服饰美的体验和感知,体验创造的快乐。

（二）活动准备

1. 物质准备

(1) 纸工操作材料(纸偶娃娃、衣服纸模、胶棒或双面胶、彩笔或油画棒、剪刀人手一份)。

(2) 在活动室布置有以往为纸偶娃娃设计制作服装模型(可以是老师的作品,也可是同龄孩子的作品)。

---

① 孔起英.学前儿童美术教育[M].南京:南京师范大学出版社,2007:226.

2. 经验准备

观赏有关儿童服饰表演的图片或视频；请家长利用周末时间带孩子逛儿童服装商店等。积累一些有关服饰方面的经验。

(三) 活动过程

教师穿上纸做的衣服，引导孩子们观察纸做的衣服特点，并谈谈自己的看法，导入今天活动的课题——为纸娃娃设计制作漂亮的新衣。

1. 观察范例，激发兴趣

(1) 教师启发儿童根据自己平时积累的服饰经验，讨论给娃娃设计新衣服的款式和花色。唤起孩子们表现的欲望。

(2) 教师根据儿童讨论的设计建议，示范演示其制作的方法步骤，使儿童体验设计变成现实的快乐，激发孩子创作表现的热情。

2. 探索"会变的娃娃"制作方法

(1) 教师提问："这么有趣的变换衣服是怎么样做出来的呢？"

幼 A：先选择喜欢的衣服的纸模；再把纸模上的衣服样子剪下来；然后粘贴在娃娃身上就可以了。

幼 B：衣服肩上的纸折一下搭在娃娃的肩上就可以了。

(2) 请小朋友为自己的纸偶娃娃设计制作一件漂亮的新衣吧！

3. 儿童操作练习，教师巡回辅导

(1) 鼓励儿童利用所示图例，按虚线剪下，并把纸衣按所示图例向后折一下，同时提醒儿童操作时注意安全，注意卫生，养成良好的手工活动习惯。

(2) 鼓励儿童利用彩纸或其他材料，自由为纸娃娃设计衣服。

(3) 鼓励儿童利用彩笔或油画棒在纸模型上自由装饰。

4. 活动结束评价

展示儿童的作品。请儿童之间相互变换自己娃娃的衣服，体验成功的乐趣。分享交流。

(四) 活动延伸

用彩色纸或其他材料，通过彩笔、油画棒绘制或折剪、缝制等形式，尝试探索用多种手法为自己或纸娃娃设计制作花衣裳。

● **分析评价**：整个活动环节通过创设氛围激起儿童探索欲望，通过活动课题的难易程度，激发儿童积极参与活动的热情，通过相互欣赏、交流，体验为娃娃设计制作新衣的乐趣。整个活动过程都是儿童自己探索制作的过程，操作中教师只是稍作引导启发儿童利用彩笔或油画棒装饰纸娃娃的新衣。因而活动都是轻松愉快的，在儿童制作完"会变的娃娃"之后大家你变给我看，我变给你看，相互交流，从中获得体验手工活动带来的美好体验。并对服饰美有了初步认知。同时在活动之后还产生了延伸，让儿童主动自制衣服，成为本次活动的点睛之笔。

（本案例由常文化整理提供）

二、学前儿童纸工活动《可爱的小泥人》(大班)[①]

(一) 生成背景

在民间艺人进校园的活动中，儿童最感兴趣的就是黄爷爷捏的小泥人。在与黄爷爷的互动中，儿童提出了很多问题。诸如：小泥人是怎么做的？ 小泥人是不是用彩色的泥做的？ 爷爷是怎么捏小泥人的？

---

① 陈晓芳.幼儿园教育活动设计策略及案例评析[M].北京:北京大学出版社,2010:183.

谁教的？地上的泥巴能不能做？……

儿童对小泥人非常感兴趣,都想尝试一番。为了满足儿童的求知欲和好奇心,教师将儿童关注的问题作为活动的内容。

(二) 价值判断

纯自然的泥巴,操作性强,可变性强,百玩不厌。儿童在日常生活中可能也玩过各种泥土,但黄爷爷却能用泥捏出这么多栩栩如生的有颜色的小泥人,孩子们可好奇了。通过对小泥人的探究活动,一方面能满足儿童玩的需要,另一方面也能学习到一些简单的捏泥技能,多变的泥塑还有利于发展儿童的创造能力。

关注一　什么样的泥能做小泥人?

儿童从家里、幼儿园周围收集了各种材料,如黄泥、花盆里的土、腌鸭蛋的红泥、沙、面粉、紫沙泥等。他们试着用各种材料捏小人,有的儿童说:"老师,沙捏不起来,一捏就散了。"有的儿童说:"老师,这个泥巴里有小石子,捏得手疼。"有的儿童说:"这个泥有个小疙瘩,捏不平。"……儿童通过尝试发现,没有杂质的黄泥、红泥、面粉、紫沙泥、油泥都能捏成小人。

在探究的过程中,有儿童提出:"老师,我的泥太硬了,捏不动。"老师并没有直接将答案告诉儿童,也试着捏一捏,并以好奇的口气问儿童:"那怎么办?"

教师运用策略分析:老师没有直接将答案告诉儿童,而是设置成问题,让其他儿童参与到问题的讨论中,共同解决问题,获得答案。

另一儿童说:"加点儿水就软了。"有的儿童在自己的泥里多加了一些水,忽然大叫:"不好了,老师,水多了。"有儿童出谋划策:"快拿抹布擦。"有儿童说:"水加多了,再加土。"经过一番讨论、尝试,孩子们终于得出结论:太硬的泥要加水,太稀的泥要加土,要反复揉,使劲摔打,才能和出软硬适中的泥。

关注二　小泥人为什么站不起来?

儿童将捏好的小泥人摆放在展示架上,没想到许多小泥人都散了、倒了,有的头、胳膊、腿都掉了下来。大家七嘴八舌地说开了,有的儿童说:"刚才我捏的小泥人还是站着的。"有的儿童说:"要用劲捏就不会散了。"有的儿童提建议:"可以用胶带粘起来。"老师启发儿童:"这些办法可以试一试。再想想,还有哪些好办法,可以使小泥人既站起来,又不会散呢?"

教师运用策略分析:运用开放式的提问拓展儿童思维。通过"讨论提出解决方法—验证方法—得到结论"几个环节,让儿童自己寻找到解决问题的途径。

有儿童建议:"用胶带粘起来不好看。""在小泥人下面安个底座。""用胶水粘就看不出来了。""用小棍子戳进去。"对于大家的建议,有的儿童表示怀疑,有的儿童说可以试一试。于是,教师和儿童共同找到了许多需要的材料,进行探究实验。

在探究过程中,儿童根据自己的想法试着让小泥人站起来,而且还不会散。有的儿童发现用胶水、胶带粘的方法不可取;有的儿童发现如果底座是平的,和摆在桌上一样不行,除非这个底座上有尖尖的东西;有的儿童发现用牙签、小树枝将小泥人的四肢接起来很好,小泥人不会散;还有儿童发现在做小泥人时要注意比例问题,等等。通过自己尝试,儿童们都找到了成功的好方法。

关注三　我们捏的小泥人都是站着的,没有动作

教师发现儿童捏的小泥人都是站着的,姿势单一,没有其他姿势和动作,于是因势利导,让儿童发现动作应是多种多样的,引导儿童模仿小泥人的动作,儿童在模仿中又发现了问题,于是生成了一个新的调查活动——关于人的不同姿势的调查。

教师运用策略分析:运用"延时生发"和"情景生发"的技术展开了调查活动。充分利用社区资源、家庭资源,让儿童在调查活动中的社会性得到发展。

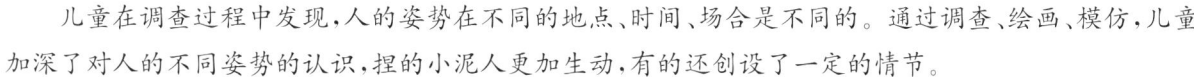

儿童在调查过程中发现,人的姿势在不同的地点、时间、场合是不同的。通过调查、绘画、模仿,儿童加深了对人的不同姿势的认识,捏的小泥人更加生动,有的还创设了一定的情节。

关注四　刚捏好的小泥人能上色吗?

儿童把泥人捏成形后,有的儿童开始迫不及待地拿起画笔为自己捏的小泥人着色。这时有儿童大声喊:"不能涂颜色!"准备涂色的儿童就反问道:"为什么不能涂?"他不说话,沉默了片刻嘟囔着说:"反正,就是不能涂颜色。"渐渐地,两人之间的争论变成了集体的话题,大家围绕"究竟能不能给刚捏好的小泥人上颜色"的话题展开了讨论。老师说:"能不能上色,你们试一试吧。"儿童通过自己的操作,得出结论:刚捏好的泥人能上色,但是颜色会脏,泥人就不漂亮了,所以要等到泥人干了以后再上色。

教师运用策略分析:孩子的争论打断了教师原有的设计思路,教师及时调整活动重点,运用"涨缩式"的生成策略,把孩子们一个小小的兴趣"焦点"拓展成为一个引导儿童进行积极探究的过程。

● 活动的效果及分析

民间手工艺之所以能广泛地在民间流传,并深受人们的喜爱,是因为绝大多数的手工艺品取材便捷,方法简单易学,有很强的实用性和装饰性。

在幼儿园开展民间手工艺活动,教师将兴趣性、适宜性、可操作性放在首位。在儿童学习时,为他们提供自由开放的活动空间,关注、鼓励儿童探究,尝试自己解决发现的问题,在操作中不断感受民间手工艺的神奇。在许多民间手工艺的活动中,小朋友对捏泥尤其喜爱。在与儿童的交谈中发现小朋友觉得泥好玩,能捏出不同的东西,涂上颜色很漂亮。教师也发现,捏泥是适合儿童操作的,不像扎染有的步骤儿童无法完成。

通过该活动的实施,教师觉得:

1. 符合儿童兴趣、能力、经验,易于儿童操作的活动,孩子们更容易接受。

2. 在捏泥这样的一些活动中,要给予儿童一定的自主空间,尊重儿童的意愿和想法,让儿童捏自己想捏的,尝试自己觉得成功的方法,没有过多的约束,儿童更能发挥想象和创造。

3. "小泥人"主题的开展,是以儿童在捏泥的过程中关注的问题展开的。探究的问题是儿童自己发现的,因此儿童在探究中会更为关注,更为积极。

4. 在开展民间手工艺活动中,教师不是传授者、灌输者,而是引导者、参与者、合作者,主要的不是教授操作的技能,而是让儿童自己发现探索的方法。

(南京市春晖幼儿园课题组)

学前儿童美术欣赏教育活动

【学习目标】

1. 了解学前儿童美术欣赏能力发展特点。
2. 明确学前儿童美术欣赏教育的目标。
3. 掌握学前儿童美术欣赏活动的内容设计要求与指导方法。

【内容概要】

学前儿童美术欣赏教育活动是教师引导儿童欣赏和感受美术作品、自然景物和社会环境中的美好事物,丰富儿童的美感经验,培养其审美情感、审美评价能力和审美创造能力的一种教育活动。美术欣赏活动是学前儿童美术教育活动的重要组成部分。本章在分析学前儿童美术欣赏能力发展特点基础上,根据《纲要(试行)》精神介绍了学前美术欣赏教育活动目标,结合案例阐述了美术欣赏活动内容设计要求与指导要点,帮助学习者更好地理解学前儿童美术欣赏教育基本理论,掌握开展学前儿童美术欣赏教育活动的方法。

学前儿童美术欣赏教育活动是教师引导学前儿童通过对美术作品、自然景物及周围环境中美好事物的认识和欣赏,丰富儿童的美感经验,培养其审美情感、审美评价能力和审美创造能力的一种教育活动。学前儿童美术欣赏活动有利于儿童形成良好的艺术素养、丰富儿童的审美经验,还有利于开阔儿童视野,发展儿童的想象力和创造力,在培养儿童的语言表达能力、自信心和积极情感等方面也具有重要意义。

第一节　学前儿童美术欣赏能力发展特点

根据学前儿童生理、心理发展的特点,结合学前儿童美术欣赏的自身特点,可把学前儿童美术欣赏能力的发展划分为本能直觉期和感知形象期两个阶段。

一、本能直觉期(0~2岁)

0~2岁的儿童处于本能直觉期阶段,儿童的欣赏行为主要表现为对形式审美要素的直觉敏感性和注意的选择性,是纯表面的和本能直觉的;主要通过视、听、动的协调活动进行信息的相互交换。此时,儿童对形状、色彩等基本美术要素的视觉偏爱,还只是由生理机能组织决定的,是一种本能的快感,还没有真正独立的美感反应。因此,成人可有意识地对该年龄段的儿童给予适当的视觉刺激,为他们所处环境创设一些有利于观察的彩色视觉对象,引导儿童进行视觉运动,以提高儿童的视觉敏感性。例如:幼儿园房间里的陈设应以彩色系列的块面背景为主,并饰以图案清晰、色彩鲜明的图片;在婴儿童的摇篮或房间的天花板上悬挂色彩鲜明的玩具、饰物,如彩球、风铃等;还可以用色彩鲜明的玩具或图片与婴儿一起玩视觉追踪游戏;另外,成人及婴儿自身的衣物,也是婴儿童主要的视觉对象,成人对此也应该做些适当的选择。

二、感知形象期(2~7岁)

(一) 对作品艺术形象的感知先于对作品形式美的感知

3~4岁的儿童,生理机能和认识能力有所发展,其美术欣赏的能力亦有所提高,但同时,还受其社会认知水平的制约。当一件美术作品呈现在儿童面前时,他们首先感觉到的是作品的有关形象,注意的是画面上画了些什么,很少在意作品表现形式的审美特征。这说明本阶段的儿童还没有具备一种真正意义上的审美态度,而只是一种"求实"的态度,大部分儿童还处于认识个别对象阶段。此时,他们还仅是在浅表层次上感知、理解美术作品,还不能感知理解美术作品中的艺术形象所蕴含的深刻的主题及其反映的时代精神。其实,这正与儿童本身的认知能力和生活经验相一致。研究表明,该年龄段的儿童基本能够感知美术作品的内容,对作品的主题有一定的理解。对构图、比例、色彩对比、疏密关系等诸多艺术要素有所关注,并能做出简单的判断,但对作品各层面艺术美的了解,还存在一定的困难,还不能自发地理解作品的形式审美因素。

(二) 对美术作品的"形式美"的感知呈现出"渐进式"特征

3岁以后的儿童,对于作品的造型、设色、构图、风格以及作品的情感表现等已有所认识与感知。

1. 在线条与形状的感知方面

该年龄段的儿童,已经基本能够把线条和形状与具体的形象联系起来加以认识、进行感知理解。我们可以做这样的实验:取出树的两种不同生长状态(①枝繁叶茂、茎叶呈放射状的树;②"弯腰驼背、浑身无力"的树)和人的两种不同情感表现(①高兴;②伤心),让儿童进行对应匹配,大多数儿童都能很好地完成这项任务。这表明,当线条融合在形象中时,儿童能感受到其中表达的情感。

2. 在色彩认识方面

大量研究结果表明,儿童首先发展的是辨认色彩,正确配对,继而逐渐向指认和命名层面发展。

儿童认识颜色的基本顺序为:①常见的几种标准色;②暖色及明度较高的颜色;③间色、复色等中、低纯度色。

3. 在对色彩的视觉效果、情感效果、象征效果三个层面的感受方面

儿童对以上色彩的三个层面的审美感受,存在着程度上的差异:首先,儿童的色彩视觉效果感受性最强,色彩情感效果和象征效果感受性相对较弱;其次,儿童的色彩审美感受具有明显的年龄阶段性发展特点。

(1)在色彩视觉效果感知方面表现出:第一,对色彩的色性(冷暖)有一定的识别力;第二,对色彩的轻重感有较强识别力;第三,对色彩和谐搭配有了比较正确的选择;第四,色彩的审美趣味,由"偏爱鲜艳及对比强烈的色彩构成"向"偏爱谐调而柔和的色彩构成"转变。

(2)在色彩情感效果感受方面,儿童有一些情感体验,但并不十分丰富强烈;应该说,儿童该阶段的情感体验,基本上是从萌芽状态逐渐向情感联想阶段在发展。当我们有意识地引导儿童对美术作品情感表现性进行感知时,大多数儿童都能够根据作品的内容及作品的形式美特征,结合自己的情感偏好、想象因素等,较好地感知和解释作品的情感表现性。

(3)在色彩象征效果感受方面,儿童的感受甚为微弱,随着年龄的增长,儿童这一能力逐渐发展完善。

(4)在空间层次感知方面,儿童在学前阶段已经初步表现出感知美术作品空间深度的热情,相当一部分儿童已经初步具备了感知作品空间深度的能力,只是儿童的这种感知在很大程度上仍受作品内容的影响。

(5)在美术作品的风格特征感知方面,儿童在感知作品风格时显得较为困难,他们往往容易受作品内容的控制或干扰。

(6)在对美术作品的偏爱方面,儿童更喜欢感知描绘熟悉的物体,令人愉快的现实主义美术作品,以及色彩明快的美术作品。作品的内容是否客观地、真实地再现了现实世界,作品的色彩是否丰富、鲜艳是他们判断作品好坏的两个最主要标准。

总之,学前儿童正处于审美认识和理解的初级阶段,一般要经历从笼统到分化、从没有标准到具有一定的标准,从以自己的主观情感偏好为主到以比较客观的分析为主的逐步发展过程;其审美感知多处于直观感受水平,具有形象性和功能性的特点;儿童美术欣赏能力的发展,既受先天意识的影响,也受后天认识能力的制约,到达学前末期时,大部分儿童都能够按照自己已有的知识和经验,对自己熟悉的作品或形象进行简单描述,标志着他们的美术欣赏能力也相应地发展到了一个新的阶段。

第二节　学前儿童美术欣赏教育目标

儿童美术欣赏活动教育目标是学前儿童美术教育总目标在欣赏领域的进一步展开与具体要求的体现。儿童的欣赏活动是一种儿童面对美术作品或周围景物时所进行的带有情感色彩的精神活动,它强调的是外在审美对象内化的过程,其内化的内容是审美对象的形式美和内容美,以及由内化而提升的对形式美和内容美的敏感性与评价能力。在欣赏教育领域中,教师应侧重于对儿童审美感知能力的培养,培养儿童感受美、欣赏美的意识和能力。学前儿童各年龄阶段儿童美术欣赏教育目标具体表述如下。

一、3~4岁(小班)儿童美术欣赏教育目标

1. 引导儿童参加美术欣赏活动,体验美术欣赏活动的快乐,培养他们集中注意力欣赏的习惯。

2. 引导儿童欣赏具有鲜明色彩和简单造型的物品和美术作品，培养他们集中注意力欣赏的习惯。

3. 引导儿童欣赏同伴的美术作品。

二、4~5岁(中班)儿童美术欣赏教育目标

1. 引导儿童欣赏并初步理解作品形象和作品主题的意义，使其知道美术作品能反映现实生活和人的思想感情。

2. 引导儿童初步欣赏并感受作品中形象的造型美、色彩的变化与统一美、构图的对称与均衡美。

3. 引导儿童欣赏与他们的生活经验有关的、能理解的成人和同伴的美术作品及日常生活中的玩具、生活物品、节日装饰、环境布置等，产生与作品相一致的感觉和情感，培养他们关注具有美感的事物。

三、5~6岁(大班)儿童美术欣赏教育目标

1. 引导儿童学习欣赏感兴趣的绘画、工艺、雕塑、建筑等艺术作品，培养他们初步发现周围环境和美术作品中美的能力。

2. 引导儿童了解作品简单的背景知识，进一步感受和理解作品的形象和主题意义，知道美术作品如何反映现实生活和人的思想感情。

3. 引导儿童欣赏并感受作品中形象的造型美，色彩的色调及其情感表现性，构图的对称、均衡、韵律与和谐美。

4. 引导儿童积极主动参与美术欣赏活动，学习用语言、动作、表情等表达自己对作品的感受和联想。

第三节 学前儿童美术欣赏教育活动内容设计

学前儿童美术欣赏教育活动的内容十分丰富，主要包括中外美术作品(绘画、雕塑、工艺美术、建筑艺术、儿童美术、民间美术等)、自然景物和社会环境中美好的事物等。通过美术欣赏活动，引导儿童理解对称、均衡等形式美的初步概念，感受其形式美和内容美，从而丰富审美经验，培养其审美情感和审美能力。在设计学前儿童美术欣赏活动内容时，应注意以下三方面的要求。

一、选择符合学前儿童年龄特点的美术欣赏内容

选择符合学前儿童的年龄特点的内容，才能够被儿童理解和接受。首先要选择符合儿童生活经验的和儿童感兴趣的内容。选择的欣赏对象还应契合儿童的兴趣、经验和接受能力，对儿童必须具有"可接受性"，最好是儿童在日常生活中看得见、摸得着的、通俗易懂的形象。所以，一般来说，选择那些贴近儿童生活经验、符合儿童年龄特点和心理需求、儿童比较熟悉的作品较为恰当，只有这样，儿童才会乐于接受，并且能够很好地接受。如：张乐平的漫画《三毛流浪记》，动画形象《哪吒闹海》《海尔兄弟》《蓝猫》《喜羊羊与灰太狼》《葫芦兄弟》(图8-1、图8-2、图8-3、图8-4、图8-5、图8-6)。当然也可以是同龄孩子优秀的美术作品，这些作品一方面培养孩子相互欣赏、相互接受的能力，同时在欣赏中相互提高。

图 8-1　张乐平《三毛流浪记》

图 8-2　张仃《哪吒闹海》

图 8-3　《海尔兄弟》

图 8-4　《蓝猫》

图 8-5　《喜洋洋与灰太狼》

图 8-6　《葫芦兄弟》

二、选择形式新颖、内容丰富多样的美术欣赏内容

　　教师不能仅根据个人的欣赏趣味选择美术欣赏内容,而要根据欣赏教学的目的来确定作品的内容和形式,要为儿童选择形式新颖、内容丰富多样的美术欣赏内容。这些欣赏的对象,不仅要有古今中外的绘画、雕塑等艺术大师的艺术作品,还应该有民间艺术作品,尤其是本民族的民间艺术作品。而且,还

应该有建筑艺术、玩具、节日装饰、环境布置等等,只有这样才能开阔儿童的视野,丰富儿童的知识,增强儿童热爱祖国、热爱生活的情感,培养儿童审美感知能力,培养儿童感受美、欣赏美的意识和能力(图8-7、图8-8、图8-9、图8-10、图8-11、图8-12、图8-13、图8-14、图8-15)。

图8-7　民间艺术:剪纸《兔子》

图8-8　民间艺术:泥工《泥泥狗》

图8-9　民间艺术:皮影戏

图8-10　生活用品瓷器:餐具

图8-11　马家窑彩陶:菱格锯齿纹罐

图8-12　幼儿园环境布置:迎新年①

图8-13　幼儿园玩具:滑梯

———————————

① http://www.yejs.cn/Article/HTML/35969.html

图8-14 建筑艺术:天安门 　　　　　　　图8-15 自然景观:桂林山水

三、选择思想性和艺术性相统一的美术欣赏内容

为儿童选择的美术欣赏作品,首先必须具有一定的思想性,能够正确地反映现实社会生活,内容健康明朗,充满蓬勃向上的精神,能够激发儿童对生活的热爱和追求,有利于培养他们良好的道德情感。其次,必须具有一定的艺术性,形象生动逼真,色彩鲜艳和谐,线条流畅优美,构图新颖别致,有利于培养儿童的美感。根据各种艺术理论的提示并结合儿童的年龄特点、知识结构和认识水平,来选择和安排艺术欣赏的内容。具体可先从以下三方面入手。

首先,抽象作品。抽象美术作品虽没有真实的物体形象,也没有具体的人物形象,有的只是线条、形状、颜色的不同组合,但这些由"有意味的形式"所构成的视觉品质,这些形式层面的东西恰恰最容易为儿童所理解、欣赏和接受。欣赏这些作品不需要太多的知识经验做基础,又是完全靠一种直觉,这恰与儿童期尚完好地保存着的人类的本能和直觉相一致。同时,正因为儿童的知识经验少,思维框框也少,所以他们面对抽象作品上的阻碍反而也少,可以展开丰富的想象和创造,更容易与这些作品达到默契和相通。如外国的蒙德里安的《红黄蓝构图》、米罗的《人与太阳》、波洛克的《会聚10号》、康定斯基的《抒情诗》等部分现代派艺术大师的抽象作品,中国吴冠中的《村居印象》等作品(图8-16、图8-17、图8-18、图8-19、图8-20)。

图8-16 蒙德里安《红黄蓝构图》 　　　图8-17 米罗《人与太阳》 　　图8-18 波洛克《会聚10号》

图 8－19　康定斯基《抒情诗》　　　　　　图 8－20　吴冠中《村居印象》

其次，具象作品。在欣赏了部分抽象画后，在美术表现的基本要素如线条、形状、色彩、质地及其情感表现性等方面已有了一定的基础，这些基础正可以有效地迁移到对写实作品的欣赏上来。对这类作品的欣赏不必苛求儿童完全按照创作者的原意来理解，因为儿童对作品的解释必然受到他们已有知识背景和经验的限制。如对齐白石的《虾》、徐悲鸿的《群马》、韩美林的《鹿》、国外米勒的《拾穗者》、列宾的《伏尔加河上的纤夫》(图 8－21、图 8－22、图 8－23、图 8－24、图 8－25)。

图 8－21　齐白石《虾》　　　图 8－22　徐悲鸿《群马》　　　图 8－23　韩美林《鹿》

图 8－24　米勒《拾穗者》　　　　　图 8－25　列宾《伏尔加河上的纤夫》

135

最后,在分别欣赏抽象和具象作品之后,还可以为儿童提供一些介于抽象和具象之间的作品,具有较强情感表现性的作品。这些作品既有一定的形象可以识别,又在色彩、线条或者造型等绘画语言方面有突出的特点,儿童在前两部分欣赏中所获得的经验将会在这部分欣赏过程中充分发挥作用和受到检验。中国的如傅抱石的山水画,吴冠中的线条画,西洋画中早期的印象派大师莫奈的《日出·印象》、凡·高的《星月夜》,修拉的《大碗岛上的星期天》,自成一统的绘画大师卢梭的《丛林组画》等作品(图8-26、图8-27、图8-28、图8-29)。

图8-26　莫奈《日出·印象》

图8-27　修拉《大碗岛上的星期天》

图8-28　凡·高《星月夜》

图8-29　卢梭《丛林组画》

第四节　学前儿童美术欣赏教育活动指导

一、学前儿童美术欣赏教育活动准备

学前儿童美术欣赏教育活动是一种审美活动,需要了解儿童的经验准备情况,选择适当活动组织形式,做好物质准备工作等。

首先,教师要分析学前儿童的各种情况。学前儿童是欣赏活动的接受者和体验者,他们在意志、性格、智力兴趣等方面存在着明显的个别差异。因此,要求教师在深入了解儿童的基础上设计美术欣赏活

动。其次,分析活动内容。教师应对引导儿童所欣赏的美术作品及相关内容(包括作品的主题、类别、形式、艺术特色、创作意图等)进行深入研究,取得全面深刻的理解,然后提出明确的欣赏活动教育目标。第三,选择活动组织形式,创设良好的欣赏环境。欣赏活动的组织形式可分为专题专课欣赏和结合其他课业随堂欣赏两类。前者可用组织欣赏游戏、举办小型儿童画展,或运用幻灯、录像等现代化教育活动手段儿童观赏等;后者可结合绘画或手工活动穿插一些相关内容(如:民间工艺品,儿童美术作品等)进行欣赏。当然,欣赏形式多种多样,教师应根据实际情况,灵活加以选择和使用。不论选择何种组织形式,教师都要注意为儿童创设良好的欣赏环境,齐备欣赏活动所用的有关用具(如挂图、实物、幻灯片、录像带等)。

二、学前儿童美术欣赏教育活动基本过程

美术欣赏的过程包含了许多复杂、微妙、变化多端的刺激,这不仅需要培育敏锐的审美感受力、审美理解力,还需要培育一种对复杂的视觉以及它的深奥意义的整体把握能力。美术欣赏活动的基本过程包括整体感知阶段、形式分析阶段、理解解释阶段和审美判断阶段。

(一) 整体感知阶段

整体感知是指教师引导儿童从整体感受自由地谈论对作品的第一印象和感觉。要求儿童说出美术作品外在的、可立即指称的视觉对象,它并不涉及作品的含义及其价值的认定。

整体感知是很重要的。对作品的第一印象和感觉是一种单纯的视觉快乐,是儿童自觉地面对作品产生的闪光式的认识。这种印象具有鲜活的生命力,它把儿童带入神秘的艺术世界之门。在整体感知阶段,教师要给儿童以足够的观看欣赏时间,然后让他们用简洁的语言说出自己的真实感受。教师提出的主要问题是:"你看到了什么?"教师要耐心倾听儿童的讲述,让儿童充分表达。只有当儿童需要帮助时,教师才可以用启发、提问的方式给予线索启迪,引导他们观察、想象并进一步陈述清楚。

(二) 形式分析阶段

所谓形式分析,是指引导儿童通过分析视觉对象之间的关系,也就是分析作品所表现的美的形式,如造型、色彩、构图等形式语言,以及对称、均衡、节奏、韵律、变化、统一等构成原理的应用,表达自己对作品的感受。形式分析阶段是学前儿童美术欣赏教育的关键环节,通过形式分析,加深儿童的审美体验,提高审美理解能力。

在形式分析阶段,教师的指导重点是选择相应的美术欣赏的材料,给予儿童足够的时间,让他们反复多次地进行感知、体验,同时,用一种通俗易懂的语言进行浅显而简明的描述,让儿童通过自己充分的、感性的体验后,真正地理解这些基本艺术语言与形式美原理的内涵。另外,还可以引导儿童进行美术创作获得对形式美的原理的认识。例如:在欣赏凡·高的作品《星月夜》时,可以让儿童试验用波浪形、螺旋形的线条来画画,体验线条的运动和变化。在欣赏完抽象派大师蒙德里安的后期作品后,可以让儿童用彩色纸剪贴各种几何形状。

(三) 理解解释阶段

所谓理解解释是指探讨一件美术作品所蕴涵的内在意义,帮助儿童把握具象的艺术形式所再现的东西,或抽象艺术形式所表达的微妙的情感、情调、意义或意味。

在解释阶段,教师的指导重点是引导儿童在整体与部分的辩证运动探讨美术作品所蕴涵的意义,同时要求儿童根据自己对作品所传达信息的体验和理解,充分发挥想象力、创造力,发表自己的见解。教师可以这样提问:"画家为什么要这样画?""这幅画使你想到了什么?""你能说出这幅画的画家想要告诉

我们什么吗?""你想为这幅画取个什么名字?"

(四)审美判断阶段

审美判断是指欣赏者在审美感受基础上,运用一定的审美标准,对美的事物或现象的一种意向性的认识、评价与判断,是欣赏者对其审美活动的理性回顾和反省。儿童美术欣赏教育的终极目标就是提高儿童的审美趣味和鉴赏力。因此,对学前儿童来说,评价作品不是重点。教师的指导重点宜放在对作品的审美判断,帮助儿童从多样化的作品表达方式中吸取审美经验,提高其审美判断能力和审美趣味。如果儿童能够对优秀作品说出自己的喜欢之处,说出自己对作品含义的某些理解,或是吸收作品的某些方面进行自己的创作,应当说这已经达到目的了。例如对《星月夜》的评价。可以向儿童提问"你觉得这幅画美吗?""你喜欢这幅画吗?""你看后感觉如何?""你是否想把这幅画挂在教室里?"然后,教师总结:"这幅画上的线条流畅、色彩丰富,整个画面看上去非常生动。可见画家在画这幅画的时候很认真地思考过,画得也很仔细。今后我们画画时也要自己认真思考,用自己的方法把画画得美一些。"①

三、学前儿童美术欣赏教育活动方法

面对生活中的美好事物和优秀的艺术作品,无须解释,学前儿童就能产生朴素直觉的审美感受,但是,要使学前儿童对欣赏对象的艺术表现形式和深刻的内涵有所领悟,产生丰富的联想和情感体验,并能用艺术的语言进行恰当的审美评价,则需要教师运用灵活多样的方法进行指导。以下是三种常用的学前儿童美术欣赏教育的方法。

(一)对话法

对话法是指在学前儿童美术欣赏教育中,教师、儿童与美术作品三者之间的相互作用与相互交流。对话法是学前儿童美术欣赏活动最常用的方法之一,在实施的过程中,应注意以下三点。

首先,对话双方的关系应该是平等的,教师不能强求儿童接受某一权威的结论或教师对美术作品的看法,而应想方设法激发儿童的好奇心和想象力,让儿童有自己追求和探索的空间。

其次,教师要为儿童提供大量的欣赏机会,扩大他们的视野,同时要为儿童创设和利用多通道感受、体验的条件和充分的时间。

第三,在活动中,教师要注重引导儿童学会提问、讨论和交流,启发儿童发表各自的见解,鼓励儿童用多种方式来充分表达自己的审美感受和对审美对象的看法,以期获得最佳的欣赏活动效果。

(二)情境体验法

情境体验法是指在学前儿童美术欣赏教育中,教师为学前儿童精心选择和设计与欣赏对象有关的环境、情境,指导学前儿童开展相关的操作活动。以丰富学前儿童的感性经验和审美情感,激发学前儿童审美的主动性、积极性和创造性的一种方法。情境体验法有利于学前儿童更有情感地投入到欣赏活动中,使学前儿童的审美活动更生动有趣,审美体验更加深刻。

情境体验法可以用在欣赏活动前,通过参观、游览等形式使学前儿童积累了相关的感性经验和审美情感;情境体验法也可以用在欣赏活动中。教师可以选择一些与欣赏对象有关或能加强其感染力的音乐、诗歌、故事,运用各种媒介再现或创设具有情绪色彩的具体生动的形象或场景,特别是多媒体技术所创设的声画并茂、视听结合、动静相接、感染力强的欣赏情境,可以使学前儿童如闻其声、如临其境,有效

① 孔起英.学前儿童美术教育[M].北京:人民教育出版社,2004:101.

激发学前儿童欣赏的兴趣和情感,提升学前儿童的审美感受力、理解力和想象力,使学前儿童获得愉悦的欣赏体验;情境体验法还可以用在欣赏活动之后,设计相关的创作活动,引导学前儿童迁移、尝试艺术大师的创作方式和表现手法,激发学前儿童潜在的艺术创造力。

（三）多向对比法

多向对比法是指在学前儿童美术欣赏教育中,教师从多角度引导学前儿童观察比较不同作品的表现手法、表现形式和表现风格,培养学前儿童对艺术较敏锐的感受力,提高学前儿童的审美感受和理解能力的一种方法。

引导学前儿童欣赏美术作品,不仅要使学前儿童获得对作品的内容、主题等方面的认识,而且要逐渐培养学前儿童能够透过作品的具体内容,进一步感知和体验潜伏在具体形象中的形式意味的习惯和能力。线条、形体、色彩这些属于形式语言的东西,才是造型艺术魅力的本源,学前儿童美术欣赏教育中引述对比法,有助于学前儿童超越作品描绘的具体事物,将审美注意力集中到这些线条、形体、色彩所建构的形式关系上面,从而进一步探讨它们所表现的情感和蕴含的意味。在进行美术作品欣赏时,可以就同一主题的不同表现形式进行比较,也可以就相同题材的不同表现手法进行比较,还可以引导学前儿童比较不同艺术家的表现风格。

四、不同类型美术欣赏教育活动指导要点

（一）美术作品欣赏活动的指导要点

1. 绘画

绘画欣赏一般引导学前儿童从内容(画面的形象、情节和主题等)和形式(线条、形体、色彩、构图等)两方面进行欣赏。对于不同类型的绘画作品,教师要引导学前儿童感受其独有的艺术表现手法。欣赏中国画时,要注意中国画特有的笔墨表现技法,不求形似的写意、生动的节奏、韵律和意境;欣赏西洋古典绘画时,要注意它崇尚理性、重写实,造型上讲究明暗,构图上讲究均衡,色彩是其构图和造型的主要手段等特点;欣赏现代派绘画,要注意它远离理性,追求形式上的创新,致力于表达多姿多彩、超现实的内心世界的特点,教师在引导学前儿童欣赏现代派绘画时,不要关心作品画了什么,而要注重引导学前儿童就作品中的线条、形体、色彩所传递的意象和情感表现方面展开丰富的想象和体验。

2. 雕塑

雕塑是造型艺术的一种,又称雕刻,是雕、刻、塑三种创制方法的总称。雕塑的基本特征是作品自身的实体性,教师应着重引导学前儿童体验作品的形体所表现出的充沛生命力,不仅可以引导学前儿童看,而且可以引导学前儿童触摸雕塑的材质,因为雕塑的媒介特点就是质材在艺术之内,不同的质材有不同的表现。质材的光滑与粗糙,坚硬与柔软都会引起学前儿童的心理反应和情绪体验。

雕塑的造型必须具有凝练性、概括性,表现最有特征的、最典型的动作和表情,教师在引导学前儿童欣赏时,要注意引导学前儿童感受其表现的单纯性与精神内涵的丰厚性;同时,还要引导学前儿童联系周围的环境来欣赏雕塑,体验雕塑如何借助周围环境丰富自己的表现力,同时周围场景和文化背景又如何给雕塑赋予丰富的内涵。

3. 建筑艺术

建筑艺术是一种实用和审美相结合的艺术,每一件作品都包含着丰富的内容,体现出独有的象征性和形式美,民族性和时代感。

此外,优秀的建筑艺术总是与环境融为一体,体现出人文景观与自然景观的完美结合。引导学前儿童欣赏建筑艺术不仅要注重欣赏它的形式美,还要从它的地理位置、文化背景来感受它文化价值和审美价值的有机结合。

4. 工艺美术

工艺美术通常指美化生活用品和生活环境的造型艺术。它的突出特点是物质生产与美的创造相结合,以实用为主要目的,并具有审美特性。工艺美术也是实用价值和审美价值有机融合的艺术,一般分为实用工艺美术和陈设欣赏的工艺美术。幼儿园的工艺美术欣赏主要是欣赏一些与儿童生活有关的、儿童能够理解的实用工艺美术。教师引导学前儿童欣赏工艺美术时,应重点欣赏其造型美和装饰美,以及这些形式美所洋溢出一定的趣味、情调和生活气息。

(二) 自然景物和社会环境欣赏活动的指导要点

自然景物和社会环境的美无处不在。教师要善于引导学前儿童关注、发现和探索自然景物和社会环境的美,教师在引导学前儿童欣赏自然景物时,要重点引导学前儿童欣赏自然景物的形式美及其所蕴含的生命意味。还可以利用形象化的文学语言唤起学前儿童自然的审美情感,加深学前儿童的审美体验。教师在引导学前儿童欣赏环境创设时。要将重点放在整体布局、色调及所烘托的气氛上。引导学前儿童体验环境布置的情趣和创设环境的智慧美。

思考与练习

一、解释题

1. 学前儿童美术欣赏活动　　2. 对话法、情境体验法、多向对比法

二、简答题

1. 学前儿童美术欣赏活动的主要目标是什么?

2. 简述学前儿童美术欣赏教育活动的基本过程。

3. 指导学前儿童美术欣赏教育活动的主要方法有哪些?

三、实践题

尝试为小班、中班或大班设计一个美术欣赏教育活动详案。

附录:学前儿童美术欣赏教育活动案例与评析

一、民间美术欣赏《布老虎》(中班)

设计思路

人们在外旅游的时候总喜欢买一些带有地方特色的工艺品,尤其是那些民间工艺品。布老虎便是最爱的一件,它是中国民间缝制玩具的代表,集"柔软性"与"雕塑性"于一身,布老虎是我国民间传统的布制玩具。它数量巨大、形式繁多、分布广泛,表征着"虎"在中国传统文化中的重要地位和价值意义。造型上,民间艺人进行了大胆夸张、变形。在强调虎的体态丰满可爱的基础上,特别强调虎头,因为它不仅是表现老虎神态的集中点,而且在民间常用"虎头虎脑"来形容一个孩子健壮有力、活泼可爱。所有这些造型上的特点,都寄托了人们希望孩子健康成长的美好愿望。形式上以陕北为代表的西北虎,粗犷劲健,构型新颖奇特,设色浓厚热烈,寓意古奥隐蓄,具有浪漫而神秘的艺术气质;而以河南为代表的华北、中原地区及齐鲁一带的布老虎,圆浑厚实,构型简朴洗练,设色单纯沉素,寓意晓畅平近,具有写实而洒脱的艺术气质。为了让儿童感受这种民间艺术形式,特生成本课题。(图8-30、图8-31、图8-32、图8-33)

图 8-30　民间工艺品:虎头枕

图 8-31　民间工艺品:虎头鞋

图 8-32　民间工艺品:虎头帽

图 8-33　民间工艺品:老虎玩具

（一）活动目标

1. 感受布老虎的夸张造型所表现出的勇猛威武和质朴可爱神态美;感受布老虎的饱和色,强烈对比所造成的色彩美。

2. 了解作品中传递出的父母希望孩子健康成长的美好愿望。

3. 喜爱中国民间工艺品,增强民族自豪感。

（二）活动准备

1. 各类布老虎、虎鞋、虎帽实物或图片或课件。

2. 掼熟的黄泥。

（三）活动过程

1. 出示布老虎玩具,让儿童摸一摸,看一看,初步感知并鼓励儿童发表自己的感受。

2. 运用提问法启发儿童,具体可通过以下几个问题进行:

（1）你看到了什么? 通过摸你感受到了什么?

（2）布老虎身上有哪些颜色?

（3）这些颜色你喜欢吗?

（4）布老虎的样式有哪些? 你能说说它的作用吗?

（5）布老虎的神态可爱吗? 你能模仿一下吗?

（6）你知道布老虎都是用什么材料制成的吗?

（7）在视频上你见过真老虎的形象吗? 能不能模仿一下真老虎的神态、动作、声音?

（8）与真老虎相比,布老虎给你什么感觉?

（9）布老虎是妈妈送给孩子们的礼物,想一想,妈妈为什么要送布老虎给孩子?

3. 出示布老虎鞋、帽,让儿童穿戴,感受一下,进一步加深对布老虎的理解。同时提问:

(1) 你知道自己戴的是什么帽子吗? 跟你平常戴的帽子有什么区别?

(2) 你知道自己穿的是什么鞋子吗? 跟你们平常穿的鞋子有什么区别?

(3) 虎鞋、虎帽也是妈妈送给孩子的礼物,你穿上妈妈送的虎鞋,戴上虎帽后,有什么感觉? 我们能不能用其他方法做一个属于自己的老虎玩具? (鼓励孩子利用绘画、或泥工或表演的形式表现老虎,加深理解)

4. 操作阶段:鼓励儿童用泥来塑造一个老虎,或用画笔写生布老虎,送给妈妈做礼物。

活动总结

利用大量的布老虎玩具让孩子充分感知,并通过触摸、表演、提问、启发等多种方式使活动逐步深入,加深儿童对布老虎的理解。并把体现在母子之间的爱通过布老虎体现出来。同时鼓励儿童利用表演、泥塑、绘画等形式进行创造性地表达。

(本课例由常文化老师整理提供)

二、毕加索作品欣赏《体验快乐与伤心的感觉》(大班)

作品分析

作品《梦》创作于1905年,表现了一个女人在睡梦中甜美、幸福的情景。作品中自由流畅的曲线、圆滑线,刻画出人物的柔软放松和快乐舒适的感觉。人物与背景色彩的对比关系,使画面主题更加突出(图8－34)。

作品《哭泣的女子》创作于1937年,当时发生了法西斯空军轰炸西班牙北部巴斯克重镇格尔尼卡的事件。这一罪行激起了国际舆论的强烈谴责。镇上的无辜居民惨遭屠杀。这幅《哭泣的女子》看似脱离现实的作品,正是画家以其敏锐的感受性,表现了惨遭杀戮的妇女们在战争中的悲号,通过作品表达人们对战争的控诉。作品中使用了大量的斜线、交叉线和尖锐的折线,给人强烈的视觉冲击,在心理上带给人痛苦、割裂的感觉(图8－35)。

图8－34 毕加索《梦》

图8－35 毕加索《哭泣的女子》

设计思路

由于《梦》和《哭泣的女子》两幅作品在创作内容和表现形式上(主要是绘画线条)对比强烈,所以在

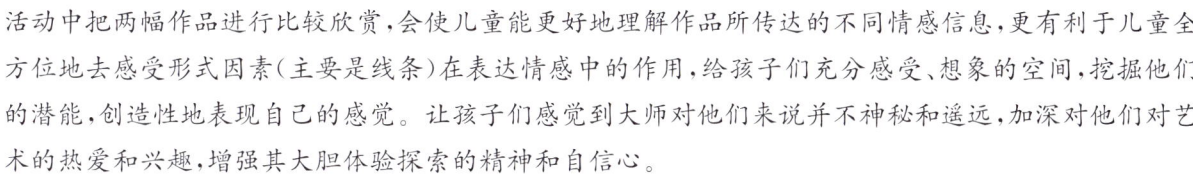

活动中把两幅作品进行比较欣赏,会使儿童能更好地理解作品所传达的不同情感信息,更有利于儿童全方位地去感受形式因素(主要是线条)在表达情感中的作用,给孩子们充分感受、想象的空间,挖掘他们的潜能,创造性地表现自己的感觉。让孩子们感觉到大师对他们来说并不神秘和遥远,加深对他们对艺术的热爱和兴趣,增强其大胆体验探索的精神和自信心。

(一) 活动目标

1. 感受作品所表达的喜悦快乐和伤心痛苦这两种不同的情感。

2. 初步理解用不同的线条和色彩表现情感信息的方法。

3. 能大胆尝试用不同的肢体语言、不同的绘画线条等来表达自己的审美感受。

(二) 活动准备

1. 毕加索的名画《梦》和《哭泣的女子》。

2. 不同形状(方形、圆形、三角形、不规则性等)、各种颜色的纸、黑色粗水笔。

3. 音乐磁带《命运交响曲》和《小夜曲》。

(三) 活动过程(实录)

1. 欣赏绘画作品《梦》。

(1) 出示毕加索的作品《梦》,引导儿童初步感受作品表达的欢乐情感并谈论。

师:画上画的是什么?

幼甲:一个外国阿姨。

幼乙:一个树叶人,你看,她的脸被画成了树叶的样子,中间还有叶脉呢。

师:毕加索是立体主义最重要的代表人物,这就是画家的风格。

幼丙:我看像一个花仙子,很美。

幼丁:她好像睡着了。

师:你从哪儿看出她睡着了?

幼甲:她的眼睛闭上了。

幼乙:她是睡着了,她的头歪着,坐在沙发里,很舒服的样子。

(2) 引导儿童观察作品中主体人物与背景的明暗以及色彩关系。

师:眯起眼睛,再观察一下画面,有什么不同?

幼甲:我看到这幅画有些变化,人好像有点发光。

幼乙:我一眯起眼,画上的背景有点不清楚了,前面画的人像金子做的一样,闪闪发光。

幼丙:人就像电棒一样亮。

师:为什么人会看起来很亮呢?

幼:因为背景颜色深,人的颜色浅,有对比。

师:现在,我们睁大眼睛,看看深色背景里有什么?

幼:有花墙和红沙发。

师:为什么画家要画红色的沙发?

幼:红色是暖色,好看。

师:我们试试把沙发换种颜色。(教师请大家闭上眼睛,在画上用剪好的黑色沙发遮挡住红沙发)

幼甲:这张画不好看了,我觉得有点吓人,背景太黑了。

幼乙:黑沙发不舒服,坐在上面一定硬邦邦。

(3) 引导儿童观察作品中人物的神情和姿态,体会作品传递的快乐、舒适的情感信息。

师:换回红沙发吧,你感觉怎样?

幼:这样舒服多了,阿姨一定能做个好梦。

师:你从哪儿看出阿姨在做美梦?

幼:她的嘴笑眯眯的。

师:这幅画的名字就叫《梦》。

(4)引导儿童探索画中表现人物神情和姿态的线条,感受自由、流畅的曲线与快乐、舒适的情感,两者之间的相互联系。

师:小朋友模仿一下画中阿姨的样子,感觉如何?

幼甲:我的头一歪,身体放松,都快倒了,很舒服。

幼乙:我也好像做了个美梦。

幼丙:我觉得像在公园的草地上晒太阳一样,很开心。

师:画家画了什么样的线,让我们感受到这种快乐、舒心的感觉的?(儿童随教师一起摹画作品中的曲线,感受曲线的自由流畅、快乐的感觉)

(5)启发儿童展开联想,用肢体动作表达温暖、快乐的情感,使儿童从单纯的视觉感受进入更深的内心体验。

师:我们还可以用曲线画什么呢?(儿童自由讨论)

师:曲线可以画出来,还可以用我们的身体表现。我们玩个照相的游戏,看谁能用身体动作传达舒适、快乐的心情。(教师鼓励儿童大胆用肢体语言来表现,有的儿童想象自己是一朵小花;有的表现的是在唱歌的小鸟;有的扮成美丽的公主,每个人的脸上都荡漾着笑容,用优美的身体曲线表达快乐的心情)

(6)启发儿童的艺术通感,通过诗歌、音乐等形式加深对情感曲线的印象和感受。

师:我们学过的诗歌,有一首和这幅画的意境非常像,是哪一首?(儿童在《小夜曲》的伴奏下,边表演边轻声朗诵诗歌《摇篮》)

2. 对比欣赏绘画作品《梦》和《哭泣的女子》。

(1)出示绘画《哭泣的女子》,引导儿童感受作品表达的悲伤情感,重点讨论《梦》和《哭泣的女子》这两幅画中不同的线条,传递出的不同情感信息。

幼甲:这幅画很乱,线乱七八糟的。

幼乙:这幅画我看了很害怕,这个人像疯了一样。

幼丙:我看这幅画时心里很难受,她的脸像被闪电打烂了一样;《梦》让我很快乐。

幼丁:这个人的头发都竖起来了,脸像被刀子划开了一样,真吓人。

幼戊:她的帽子上有花。

师:这幅画中画的也是个阿姨。

幼:这个阿姨的眼睫毛像钢针,她哭了,脸上还有泪呢。

师:这幅画就叫《哭泣的女子》。

幼:她咬牙切齿的,看起来很生气。

师:这幅画和《梦》有什么不同?

幼:《梦》,用的暖色多,《哭泣的女子》脸上灰色、蓝色多。

幼:《梦》是快乐的;这幅画很伤心、很难受。

(2)引导儿童发现《哭泣的女子》中使用了大量的斜线、交叉线和尖锐的折线,体验这些线条和尖角在视觉和心理上带给人的痛苦、割裂的感觉。

师:《梦》这幅画中,画家用了许多曲线,表达了快乐的感觉,在《哭泣的女子》这幅画中用了什么样的手法,把这种伤心、痛苦的感觉表达出来了呢?(引导儿童观察、发现斜线、交叉线和尖锐的折线能带给

人痛苦、伤心的感觉)

（3）启发儿童想象画中人物伤心的原因，每人编一个故事讲给好朋友听。

幼甲：公主被巫婆施了魔法，变得很丑，她很伤心……

幼乙：阿姨的孩子死了……

幼丙：新娘要结婚了，可新郎跑了……

幼丁：她被坏人抓住了……

……

（4）结合《命运交响曲》背景音乐，启发儿童用肢体语言表达伤心的感受。

师：流畅柔美的曲线让人感到快乐自在，不稳定的斜线、折线等，让人感到痛苦伤心。我带来了一段音乐，你听了有什么感觉，就用相应的动作表现出来吧。（儿童听贝多芬的《命运交响曲》，用肢体语言表现痛苦、伤心的感觉，有的儿童模仿罗丹的雕塑"思想者"，有的儿童的脸部和身体动作非常夸张，较好地理解和表现了作品所传达的情绪）

（5）小结。

对比两幅作品，帮助儿童进一步明确表现手法的重要性和画家表现主题的多样性。

师：这两幅画，你最喜欢哪一幅？

幼甲：我喜欢《梦》，很美，我看了很快乐。

幼乙：《哭泣的女子》画得很特别，很有力，我喜欢。

师：为什么同一个画家却能画出这么不同的画？

幼甲：他用的线不一样。

幼乙：他画画的时候心情不一样。

师：画家就是用不同的表现手法来表达自己的喜怒哀乐。

3．表现与表达：

自由选择形状、色彩不同的纸张尝试用曲线或折线等表现快乐和伤心的感觉。

4．交流、评议：

请儿童把自己的画分别贴在相应的名画前，和画家比一比线条，相互评议、交流。

效果评析

活动中孩子们的情绪高涨、思维活跃，在师生间平等、宽松活跃的气氛中，能自始至终很好地跟随教师的引导积极参与活动。教师的引导主要以谈话为主，看似随意的谈话，实则紧扣主题，孩子们和老师一起在畅谈中，渐渐步入大师的绘画世界，感受作品的艺术魅力。一方面，教师全方位地灵活运用谈话、游戏等形式，结合音乐、诗歌、肢体语言、绘画选择图形等多种相关内容和手段，启发儿童的艺术通感，充分调动孩子们的多种器官，让他们展开丰富的联想，使他们的观察力、艺术感悟力、想象力、创造力、语言表达能力、良好的个性品质等多方面素质得到了发展和提高。另一方面，通过学习，儿童了解认识到：不同的绘画线条能传递出不同的情感信息。此外，对色彩的冷暖、深浅等所传达的不同情感信息，也有了更深的感受。两幅画的名字，教师也是在谈话的恰当时机告诉儿童的，给孩子们充分感受、想象的空间，挖掘他们的潜能，在孩子们感到大师对他们来说并不神秘和遥远，加深对艺术的热爱和兴趣，增加其大胆体验探索的精神和自信心。

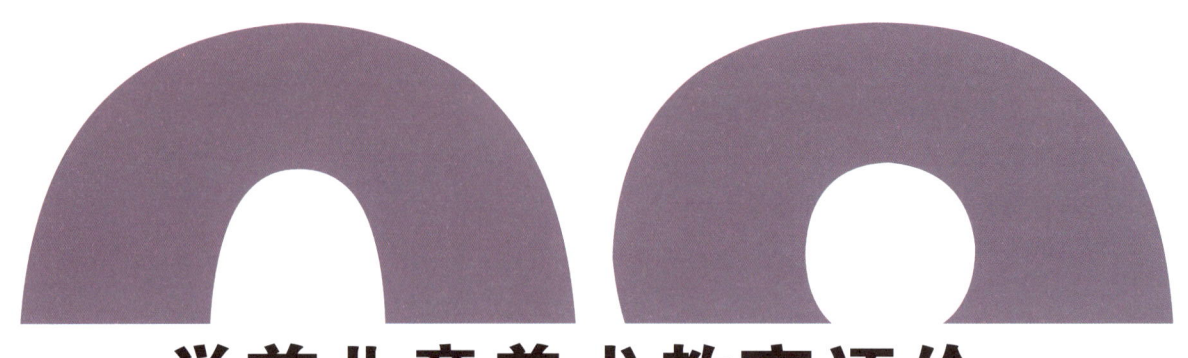

学前儿童美术教育评价

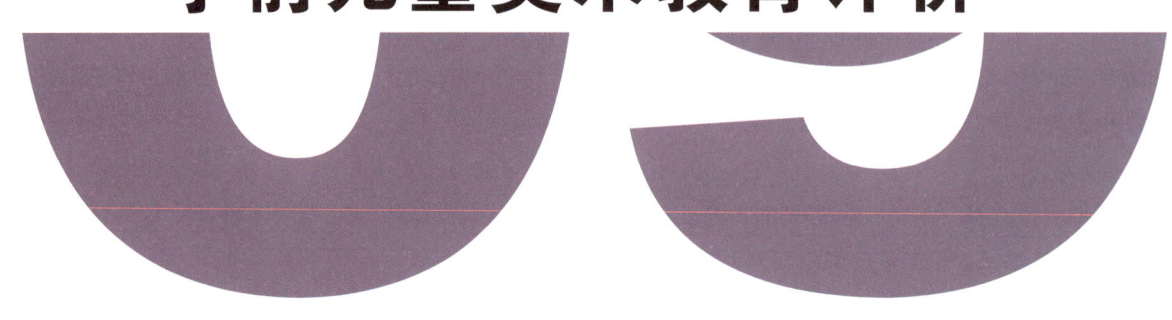

第一节　学前儿童美术教育评价概述

一、学前儿童美术教育评价的含义和目的

（一）学前儿童美术教育评价的含义

　　评价是指判断事物价值的过程,在字面上来理解评价应包括两层含义:评判和价值。所谓评判,就是对评价对象作出判断;价值是作出评判的基础和标准,即提醒评价者按照什么标准对以上的对象作出

这样或那样的判断。《纲要(试行)》明确指出:"教育评价是幼儿园教育的重要组成部分。教师应自觉地运用评价手段,了解教育活动对儿童发展的适应性和有效性,以利调整、改进工作,提高教学质量。"学前儿童美术教育评价,是有目的地、系统地对学前儿童美术教育课程进行考察和分析,以确定其价值和适应性的活动。学前儿童美术教育评价是学前儿童美术教育课程中的一个重要组成部分,它既是学前儿童美术教育课程运作的"终点",又是它继续发展的起点,伴随着学前儿童美术教育课程运作的全过程。

(二) 学前儿童美术教育评价的目的

1. 了解学前儿童当前达到的水平

《纲要(试行)》明确指出"了解儿童的发展需要,以便提供更加适宜的指导和帮助","全面了解儿童的发展情况,防止片面性,尤其要避免只重知识技能的掌握,忽视情感、社会性和实际能力的倾向。"因此,学前儿童美术教育评价的主要目的是以发展的眼光看待儿童,既要认识其现有水平,更要关注其发展的速度、特点和倾向等,根据评价结果总结出儿童美术发展的规律和一般特征,为今后更好地设计美术教育活动提供依据,促进儿童的发展。

2. 对以往的学前儿童美术教育作出反思

《纲要(试行)》指出:"评价的过程,是教师运用专业知识审视教育实践,发现、分析、研究、解决问题的过程,也是其自我成长的重要途径。"因此,通过对教师以往的学前儿童美术教育工作的评价,可以及时发现美术教育过程中的新问题、新情况,以验证教师制定的美术教育目标、选择的美术教育内容、活动的组织过程等是否符合儿童的年龄特点、发展水平,从而对教育活动的各个环节作出反思,总结出成功的经验和失败的教训,促进教师专业成长。

3. 促进学前儿童美术教育的发展

对学前儿童美术教育评价的根本目的是促进学前儿童美术教育的发展。美术教育的发展有赖于学前儿童美术能力和教师美术教育质量的提高。通过对学前儿童美术能力及美术活动的评价和反思,教师还应根据对儿童以往发展水平的了解和自己的教育知识与经验来预测儿童未来的发展,并进一步制定出新的教育目标以及与之相适应的教育方案,更好地促进美术教育的发展。[1]

总之,学前儿童美术教育评价目的是关注儿童和教师的可持续发展。在《纲要(试行)》的精神指导下,充分体现出儿童美术教育评价的发展性功能,强调以参与评价的儿童和教师的发展为本,尽可能地使他们的素质得到整体而充分的发展,并在真实的情境中关注他们变化与成长的历程。

二、学前儿童美术教育评价的基本要素

学前儿童美术教育评价要解决的基本问题是:为什么要评价?评价什么?谁来评价?以什么为标准评价和怎样评价?这几个问题构成了学前儿童美术教育评价的结构要素。

(一) 学前儿童美术教育评价的内容

学前儿童美术教育评价的内容要回答的是"评什么"。学前儿童美术的评价是一个整体的评价,从学前美术教育活动过程来讲,主要包括学前儿童美术教育活动设计评价、活动过程评价和活动结果评价;从学前美术教育评价功能来讲,不仅包括对学前儿童发展的评价,也包括对教师专业成长的评价。对学前儿童发展的评价,包括对他们在美术活动过程中表现的评价和对其美术作品的评价;对教师专业成长的评价,主要包括对美术教育中教师的活动设计、组织、指导和效果的评价。

① 高红星.学前儿童美术教育[M].北京:科学教育出版社,2012:182.

（二）学前儿童美术教育评价的主体与客体

1. 学前儿童美术教育评价的客体

评价客体即评价的对象。从学前儿童美术教育过程来讲,学前儿童美术教育评价的对象是美术教育活动设计、实施过程、活动效果,这些都是事,而不是人。但是,由于美术教育活动设计是教师编制的,活动是教师组织、儿童参与的,活动实施效果是通过儿童(也包括教师)的变化体现的,因此,美术教育活动评价不可避免地要涉及人。在美术教育活动评价中,评价儿童不是为了鉴别儿童,而是为了检核美术教育活动,为了了解美术教育活动是否适合儿童,是否能有效地促进儿童发展。评价教师的教育行为也不是为了给教师评定等级,划分优劣,而是为了探讨教育教学的规律,改进教学。因此,学前儿童美术教育活动评价本质上应该是一种对事不对人的评价。

2. 学前儿童美术教育评价的主体

评价主体即评价者。学前儿童美术教育评价的主体包括管理人员、教师、儿童以及家长,评价过程是他们共同参与、相互支持与合作的过程。在刚接触美术活动时,儿童不知道如何进行评价,教师作为评价的主体则可以根据美术活动的教学目标和重难点,有针对性地进行提问。这样可以让儿童在每次的美术教育活动中有所收获,逐步积累美术知识和基本技能;儿童作为评价的主体不仅是通过语言,而是通过自己的行为反应和发展变化来发表对美术教育活动的看法的。他们的行为和变化具有重要的评价意义,教师应把它看做重要的评价信息和改进工作的重要依据。[①] 大班儿童已经有了自我评价的能力,所以教师可以将评价的环节交给儿童,以儿童相互评价为主。如:"你最喜欢哪幅作品? 为什么?"在这样的互评过程中,孩子们的观察能力和语言表达能力都可以得到很好的锻炼,并逐步提高美术审美能力。家长作为评价的主体要参与评价中,关注自己孩子在美术活动中的发展,加强和儿童之间的交流,增强儿童的自信心。如在"宝宝成长档案"中,向家长呈现儿童在美术活动中完成的绘画或手工的作品并作简单点评。

（三）学前儿童美术教育评价的标准和指标

1. 评价标准

所谓评价标准,是指在美术教育活动评价活动中应用于评价对象的价值尺度和界限。在学前儿童美术教育评价中,美术教育的总目标是评价学前儿童美术教育满足社会与学前儿童需要的程度的依据和标准。对于某项具体评价所依据的标准,应当进行深入细致的分析和理解,将它逐层逐步地具体化,以便在此基础上有针对性地建立评价的指标体系。例如,要评估儿童绘画能力发展状况,首先应当对儿童美术能力的发展有一个系统全面的认识,并根据美术教育所提出的目标,对儿童美术能力发展的总目标进行认真的分析,并将之逐步具体化为绘画教育的认知目标、情感目标、技能目标和创造目标等具体评价目标,以此作为制定评价指标体系的依据。

2. 评价指标

评价指标是教育目标的具体化,是把评价的内容中各个有关因素按照一定的层次和权重,组成一个指标体系。比如,要评价学前儿童在绘画活动中的创造性表现,可以通过以下四种水平的分解来组成评价活动的指标体系:①别出心裁的构思与利用材料进行造型;②重新组织以前学过的造型式样、方法与技能进行造型;③重复以前学过的造型式样、方法与技能进行造型;④按教师当时传授的造型式样、方法与技能造型。

制定评价标准是一项十分严肃而重要的工作。一定要遵循国家的教育方针、学前儿童美术教育的

---

① 冯晓霞.幼儿园课程[M].北京:北京师范大学出版社,2000:114.

目的任务来精心研制。《规程》规定的保育教育目标和教育工作的要求是评价幼儿园课程的基本标准，学前儿童美术教育评价的具体标准和指标要与《规程》精神保持一致。科学的学前儿童美术教育评价的标准应具有以下四个基本特征[①]：

（1）准确性。评价标准应能保证所获得的信息是需要的、可靠的。

（2）有用性。评价结果具有实用价值能向各类对象提供丰富的信息，并对学前儿童美术教育的发展、应用和推广有一定的影响作用。

（3）合法性。评价过程应符合社会道德准则，尊重机构或个人的权益。

（4）可行性。切实可行，投入的人力物力适宜有效。

学前儿童美术教育评价标准的具体化就是评价指标。学前儿童美术教育评价标准的制定和向评价指标转化的工作是一件难度较大的工作。可以借鉴已有的评价工具，并根据需要做一些调整。本章提供的有关评价标准和指标，仅作为制定学前儿童美术教育评价标准的参考。

三、学前儿童美术教育评价的类型

根据划分的标准不同，学前儿童美术教育评价的分类不同。

（一）根据评价功能不同，分为诊断性评价、形成性评价和总结性评价

1. 诊断性评价

诊断性评价是指教师在学前儿童美术教育活动方案的设计之前进行的测定性或预测性评价，也可以理解为对评价对象的基础或现状作出鉴定，因此，又被称为"事先的评价"。主要目的是了解评价对象的基础或现状，以便对症下药，从而使美术教育活动设计和实施具有针对性和可行性，有效地促进学前儿童美术能力的发展和美术教育质量的提高。诊断性评价涉及的主要内容是美术教育活动设计所包含的基本要素：活动目标的适合程度，课程内容的正确性，课程设计所涉及的儿童经验的类型，儿童发展的差异，以及创设的环境和教具学具等材料的准备等。诊断性评价是选择、设计学前儿童美术教育活动方案的基础。

2. 形成性评价

形成性评价是一种贯穿美术教育全过程的评价，边教学，边评价，边调整，使教育过程成为一个不断提升的过程。因此，又称"过程性评价"。[②] 形成性评价的作用在于诊断活动方案，及时调整和改进活动方案使之更为合理、提供完善信息，故此，形成性评价又可被称作"即时评价"。形成性评价充分体现了评价与教育活动的相互融合互动。例如：形成性评价可以在美术活动设计的初始阶段，提供具体而又详细的反馈信息，让美术活动设计者随时了解问题之所在；也可以在美术活动的实施阶段，对美术教育活动实施过程所表现出来的各种现象，运用测验、观察、问答等方法进行评价，提供不同儿童对活动内容的掌握程度，提出为了达到目标每个儿童还需要进一步学习哪些内容，以及教师和儿童对美术活动的态度等方面的反馈信息，指导设计者对美术活动进行调整、修改，特别是针对不同儿童的不同需要，因人而异地帮助加以改进。

3. 总结性评价

总结性评价又被称为"事后的评价"。这是在美术活动设计或美术活动实施完成之后所进行的评价，目的在于搜集资料和信息，对美术活动计划的成效，通过美术活动实施后对既定目标实现的程度作

① 参见王坚红.学前教育评价[M].北京：人民教育出版社，1994：275.

② 霍力岩.学前教育评价[M].北京：北京师范大学出版社，2000：54.

出整体评价。如在儿童美术活动之后,检查儿童最终掌握美术活动内容的程度如何,儿童各个方面是否都有一定程度的发展,最终确定不同儿童各自达到的不同水平和彼此的相对位置,并根据结果就整个美术活动设计是否有效作出结论。教师的总结性评价一般独立成文,或者结合教育反思进行总结表达。[①]

学前儿童美术教育活动的诊断性评价、形成性评价和总结性评价的划分都是相对的。因为,此活动的总结性评价正是开展下一个活动的诊断性评价,形成性评价过程中也在不断地进行着诊断性评价以便及时地调整活动方案以提高活动的有效性。在实际的学前儿童美术教育活动评价实践中,教师们要注意灵活把握与应用。

(二) 根据所表述方法不同,分为定量评价和定性评价

1. 定量评价

定量评价就是对美术教育活动用数量化的方法进行价值评定。定量评价具有标准化、客观化、讲求效率等特点。常见的形式有用数量表示评价标准、用数量描述事物现象、用数量分析事物状态、用数量表示评价结果等。通常是以上几种形式综合运用。例如:某小班老师想了解本班儿童入园一学期来绘画能力的发展状况,可以使用表格的形式在儿童绘画活动中把儿童使用的图形和颜色的种类和数量记录下来,以评价儿童的绘画表现能力,这就是一种常用的定量评价形式(参见表9-2)。

2. 定性评价

定性评价是运用分析和综合、比较与分类、归纳和演绎等逻辑分析的方法,对评价所获得的数据、资料进行思维加工,对评价资料作"质"的分析,用简明的文字评语作为各项指标的评价结果,或简单地用一个等第来表示具有多方面内容的现象。定性评价具有人文化、情境化等特点。例如:评价某教师指导儿童用纸折叠风车的美术教育能力时,定性评价结果为:"能引导儿童通过观察了解风车的形状和基本结构特征,在启发儿童探索的基础上,能清晰地讲解用纸折叠风车的步骤,并能熟练、准确地演示折叠风车的方法等。"

(三) 根据评价主体不同,分为自我评价和他人评价

1. 自我评价

自我评价即被评价者自己参照评价指标对自己的活动状况或发展状况进行的评价。自我评价实质上就是评价对象自我认识、自我分析、自我提高的过程。教师在美术教育活动开展后进行的自我总结就属于自我评价。自我评价易于进行,每天、每周、每学期、每年都可以进行。但是,由于外界参照缺乏统一规定,缺少与他人的思想交流,评价的客观性和教育性都受到一定的限制。

2. 他人评价

他人评价是指由其他有关方面的人员对评价对象所实施的评价。对于评价教师的教育来说,外来评价的主体主要是指专家、同行和家长。相对于自我评价来说,他人评价一般都有统一的评价标准,而且由于评价本身并不直接涉及评价者的利益,一般来说要更为客观一些。但是,要注意评价者与被评价者之间要建立和谐的关系,这是决定他人评价成效的关键。在实际的学前美术教育评价中,自我评价和他人评价常常是结合起来使用的。

评价学前美术教育应该根据评价的目的和内容,选择相宜的评价类型。各种分类是相对的:形成性评价中可以包含诊断性的总结性评价;总结性评价中,也应参考形成性评价所得的资料。美术教育本身合理与否需要效果评价加以证明,效果如何的原因需要内部评价帮助寻找。通过他人评价和自我评价相结合等各种方法的有机结合,交叉验证,才能使评价者获得全面的信息,增强评价的有效性与准确性。

---

① 袁爱铃,何秀英.幼儿园教育活动指导策略[M].北京:北京师范大学出版社,2007:3.

四、学前儿童美术教育评价的步骤和方法

（一）学前儿童美术教育评价的一般步骤

学前儿童美术教育评价是项复杂的系统工程，有一些基本的过程和阶段。通常要经历以下五个步骤。

第一，集中问题。把焦点集中在所要研究的美术教育现象上。在这个阶段，评价者要确定评价什么和使用的评价类型；评价的是整个活动设计，还是其中的某个部分；是实施过程，还是最后的效果，等等。评价者要详细表明评价活动的目的和内容。

第二，设计评价方案。其中最为重要的是确定评价标准，选择评价工具，规定具体的搜集评价信息的方法和步骤，安排时间进度和评价人员的分工。在方案设计中，应尽可能地考虑如何有意识地积累评价过程本身的资料，以便使评价工作更科学、更客观。

第三，实施评价方案，收集评价信息。

第四，分析评价资料。

第五，解释资料，得出结论，作出建议。

（二）学前儿童美术教育评价的方法

学前儿童美术教育评价的方法有很多，常用的有观察法、作品分析法、访谈法、档案袋法、测查法。

1. 观察法

观察法是指通过感官或辅助仪器，有目的、有计划地对观察对象自然状态的现象或行为进行系统和连续的考察、记录、分析，从而对观察对象作出评定的一种资料收集方法。观察法具有自然性和直接性，是学前儿童美术教育评价的常用方法。首先，观察法不需要儿童做出超出自身水平的反应，可以考察儿童在自然状态下的真实表现；其次，观察法可直接了解和客观记录儿童的行为，所得资料较少受评价者主观因素的影响；第三，评价者可以捕捉学前儿童美术活动中的过程，并考察儿童与周围事物的相互作用的关系。常用的观察法有行为核对法、情景观察法和现场实录等。如我们想了解美术活动是否有助于儿童形成积极的自我概念，发展自信心，可以观察评估的项目见表9-1。

表9-1 发展儿童自信心指标要素评定表①

评价项目	评定结果			
	经常	一般	较少	从不
1. 教师注意尊重儿童				
2. 教师使用正面的积极的语言对儿童进行评价				
3. 美术教育活动的设计与组织能帮助儿童表现能力获取成功经验				
4. 儿童乐于表现自己				
5. 儿童在美术活动中表现出自信，并具有从事美术活动的相应能力				

2. 作品分析法

所谓作品分析法，是根据学前儿童的各种美术作品分析其美术发展水平或检测美术教育教学活动的效果的方法。美术作品是学前儿童美术教育活动的结果，它清晰地反映出学前儿童的美术能力的水

---

① 转引自王坚红.学前教育评价[M].北京：人民教育出版社，1994：336.

平和特点。作品是静态的,可以长时间反复地分析一幅作品或将作品放在一起对照比较,因此作品分析是一种简便易行的评价方法。

作品分析法的优点在于资料较易收集,并且具有间接性,教师有足够的时间对学前儿童的作业进行分析、比较,使评价更加客观准确。其缺点是,只能较多地反映当前教学的影响,而不能反映学前儿童稳定的发展水平,不能系统、完整地了解他们的科学素质发展水平,因此需要结合各种方式进行。

3. 访谈法

所谓访谈法,是指评价者通过与被评价者进行面对面的交谈,以口头问答的形式来获取有关评价资料的一种方法。运用此法需要访谈者对谈话内容进行记录,然后对谈话记录进行分析。访谈法的应用能较快地了解学前儿童美术作品中难以用直观的线条、色彩表现出来的内容,也可以较深入地了解教师设计组织美术活动的指导思想和美术教育理念。

访谈法的优点是谈话的过程灵活、深入,获得的资料直接、可靠,有利于谈话对象发挥主动性,简单易行,适用面广;缺点是样本较小,获得的资料比较难以标准化,对被调查者的心理状态不好控制,有一定的局限性,所以对访谈者素质要求很高,访谈者的价值观、态度、谈话水平、语气等,都会影响评价对象,容易导致偏差。运用访谈法应注意,访谈者首先要做好准备工作,如选择适当的访谈形式,设计好访谈提纲,了解被访谈者的情况,选好访谈的时间、地点。访谈中要与被访谈者建立良好的关系,取得其信任,在轻松、自然、亲切的气氛中进行访谈,要注意尊重访谈对象的年龄特征。

4. 测查法

测查法也称测试法,指通过预先准备的问题测查学前儿童的美术能力发展水平。测查法由统一的测试题目和测试程序构成,运用测查法的基本步骤是编选测试题目、准备测试材料、设计记录表格和拟定评分标准等四个步骤。测查法的优点是可以同时对大量的对象进行测试,在较短的时间内获得大量的反馈信息,便于量化和统计分析。这种评价方法大多是作为绝对评价即把某一学前儿童的美术作品与理想的评价标准作比较而进行的。

5. 档案袋评价法

档案袋评价法是指教师有计划、有目的、有系统地去收集各类能真实反映学前儿童在一时段内美术方面的具有代表性的作品和典型的表现记录,并以此为依据来分析判断他们的美术能力发展状况的方法。目前,档案袋评价方法是一种较为科学的评价方法。档案袋的记录方式一般有原始作品呈现、照片记录、文字表述、录音录像等几种形式。在学前儿童档案中各种资料丰富的过程中,教师不应该仅仅是欣赏者,还应该是建议者、加工者、整理者,即教师要适当地对学前儿童的作品进行技术处理。如将他们的泥工、纸工作品拍成照片,把他们的绘画、剪纸作品标上日期,把他们对自己作品的解释描述整理成文字并加以标注等。

学前儿童档案袋中最典型的内容就是学前儿童的作品及记录资料。档案袋评价强调真实资料的收集,通过这些资料,不仅可以让教育者看到学前儿童在一段时间内美术能力的成长变化、清楚地了解到他们在美术发展方面的特点,帮助教师在今后的美术指导活动中能够有的放矢,而且还可以让学前儿童看到自己的美术能力的成长变化。

五、学前儿童美术教育评价的原则

(一) 客观性原则

客观性原则是指评价必须把握美术教育和美术教育评价的客观规律,实事求是,以客观事实为依

据,从客观实际出发获取真实信息,依据科学的标准,对美术教育活动的过程和结果进行分析判断。

贯彻客观性原则,要求评价者确定的评价指标必须符合评价的目的要求,反映被评对象的本质特征;评价标准要合理,评价者要正确理解和把握评价标准,克服主观随意性和感情因素的影响;评价方法的选择要与评价内容的性质相适应,多种方法相结合。这样,才能使评价信息的搜集更为全面准确,评价结论更可靠。

(二) 激励性原则

激励性原则是指评价应促使被评对象形成继续努力或在进一步的活动中克服不足之处,增强提高活动效果的动机或期望。这是由美术教育评价要激励评价对象前进、促进其发展的目的所决定的。

贯彻激励性原则,首先要使美术教育评价过程及其结果客观、公正、准确;其次,制定美术教育评价目标和具体标准时要从评价对象的实际出发,充分考虑评价对象的客观环境和条件,不要过高或过低;再次,要求评价的实施者注意评价对象个体的心理状态,了解并尊重评价对象的意见,及时反馈评价结果,以激发评价对象在进一步的活动和教育过程中保持优势、克服不足之处的动机和行为。

(三) 实效性原则

实效性原则是指评价要有实际作用,即要有指导美术教育实际、改进工作的效用。如果美术教育评价活动不能帮助被评对象找出工作或学习中的问题,并对其改进提出有价值的帮助,那么这种评价就不具有现实意义。

贯彻实效性原则,要做到有评价就要有改进的行为表现,措施到位,落实有效,使评价能够快速取得切实的效果,从这个角度说,也就是实现了评价应有的价值。

(四) 尊重性原则

尊重性原则是指在美术教育活动评价的实施中应充分体现对被评价者的尊重。对学前儿童美术能力发展的评价应当坚持客观、公正的态度,同时体现发展与正面教育,以帮助学前儿童发现、发扬长处,弥补不足。对美术教育活动中教师的评估和鉴定,也要体现尊重原则,因为评价的目的不是甄别和选拔。评价者应善于发现、充分肯定教师在教育活动中的成功和创新之处,也可以让被评价者一起参与评价,从而激发教师主动进行教育活动后的自我反思,加强对美术教育活动的调整和再探究。

贯彻尊重性原则,要求活动评价应该建立评价者和被评价者之间的平等关系,使评价更好地体现出客观性、公正性,以达到评价促进美术教育活动改革和提高美术教育活动质量的作用。

第二节 学前儿童美术教育活动设计评价

一、学前儿童美术教育活动设计评价的目的

学前美术教育活动设计评价是依照《纲要(试行)》美术教育目标和课程要求检查活动设计方案在目标、内容、环境、材料、组织指导策略等方面的适宜性。设计学前美术教育活动方案是美术教育活动工作的第一步,对于实现教育目标具有举足轻重的作用。因此,学前美术教育活动设计可行性的评价有着重要的作用。

评价学前儿童美术教育活动设计主要了解两个方面的情况:第一,活动设计及其中的各个要素、部分是否依据了科学的原理、原则,是否以正确的课程理论为指导;第二,活动设计内容结构是否合理,各

个要素之间是否具有较高的内部一致性,是否符合原先的指导思想。因此,评价活动设计的主要目的是使教师及时调整和改进活动设计中不适宜的要素,使美术教育活动设计更为完善。

二、学前儿童美术教育活动设计评价的内容

对学前儿童美术教育活动设计评价的内容一般包括对活动目标的评价、活动内容的评价、活动策略的评价和活动环境创设及材料准备评价等。

(一) 学前儿童美术教育活动目标评价

学前儿童美术教育活动目标是指教师期望活动所达成的教育结果。活动目标是美术教育活动的起始环节,是开展美术教育活动的出发点和归宿,它规定了美术教育活动预期所要获得的某种效果,是教育活动内容选择、方法运用、效果评价的依据和准则。评价学前儿童美术教育活动目标可从以下四个方面来进行。

1. 活动目标应该符合学期目标;

2. 活动目标的表述应当具有统一性;

3. 活动目标的构成应该包含认知目标、情感目标、技能目标和创造目标等;

4. 活动目标的确定要具体,操作性强。

如泥工活动《可爱的泥玩具》的目标表述:

1. 多感官观察认识泥塑造型和色彩搭配的特点,感知民间艺术的美,萌发民族自豪感;

2. 掌握从整块泥中拉出小部分和用砌合的方法进行造型,能表现明显特征;

3. 不拘泥于对范例的模仿,有自己独特的思考和创新表现。

这样的目标不仅能够使评价者根据目标来判定学前儿童达到目标的程度和效果,而且还能有利于教师在活动指导过程中明确目标,能够随时根据学前儿童语言、行为、态度等的反馈信息调整指导策略,有效完成目标任务。

(二) 学前儿童美术教育活动内容的评价

美术教育活动内容是美术教育活动目标得以实现的重要载体。《纲要(试行)》明确指出:应该"既考虑儿童的现有水平,又有一定挑战性;既符合儿童现实需要,又有利于其长远发展;既贴近儿童的生活来选择儿童感兴趣的事、物和问题,又有助于儿童经验的积累和视野的拓展"。根据学前儿童身心发展规律及《纲要(试行)》要求,对美术教育活动内容的评价主要有以下四个方面:

1. 活动内容应该与活动目标相一致;

2. 活动内容应适合学前儿童的最近发展区;

3. 活动内容应该贴近学前儿童的生活;

4. 活动内容应该体现整合的理念,尽可能地向其他领域有机渗透。

例如:绘画《我的妈妈》。妈妈的特征是儿童生活中非常熟悉的人物,儿童能够比较准确地表现其形象特征,因此选择的内容有利于目标的实现,也符合学前儿童的实际表现能力。另外,在画《我的妈妈》时,教师与儿童交流妈妈的辛劳,培养其爱妈妈的情感,这是美术与社会领域的渗透。如果在绘画结束环节设计学前儿童随音乐演唱歌颂妈妈的歌曲,就渗透了音乐的内容。通过各领域之间相互渗透,有机结合,能更好地促进学前儿童的全面发展。

(三) 学前儿童美术教育活动策略评价

学前儿童美术教育活动策略是实现学前儿童美术教育活动的重要方法措施。对美术教育活动策略

的评价主要有以下四个方面：

1. 教学方法符合教学活动目标、内容和符合本班儿童年龄特征，引导儿童在感知、体验、发现的过程中主动学习，有探究、思考的余地，为儿童所喜爱，能调动儿童学习的积极性，并能有效地达到目标；

2. 教育活动组织形式应根据需要合理安排，灵活运用集体活动、分组活动、个别活动、分组后集体或先集体后分组等不同形式，为儿童提供多样化的学习机会和条件，提高效益；

3. 活动过程的结构应该严密、层层递进、环环相扣，要充分接纳和尊重学前儿童的个体差异和体现教师与学前儿童之间的互动；

4. 合理综合、有创新地运用视频、声音、图片等多种媒体手段，体现现代教育思想，体现情趣性、操作性、直观性、形象性、审美性。

（四）学前儿童美术教育活动资源选择与运用的评价

美术教育资源的范围很广，主要包括有利于美术教育活动进行的物质环境和适合学前儿童美术表达表现的操作材料，是学前儿童美术教育活动达到预期目标的重要物资保证。教育资源的选择与运用的评价应从以下三个方面进行。

1. 能够有效达成美术教育活动目标、贴合活动内容。如教育资源是否紧扣目标、是否有利于学前儿童美术能力的发展、是否有趣等。

2. 创设的空间设备、选用的教具、美术操作材料要适合于美术教育活动的展开。如空间桌椅的排列是否有利于学前儿童观察，提供的教具是否具有典型性，材料在数量上能否保证活动顺利进行等。

3. 选用的学具应适合学前儿童操作。如学具的安全性、易操作性、是否适合他们的能力水平等。

总之，对学前儿童美术教育活动设计进行评价，要对学前儿童美术教育活动系统中的每个相关因素做出充分、合理的思考与评价、调整，才能真正确保和促进学前儿童美术教育活动优质高效地发展。

三、学前儿童美术教育活动设计评价的标准

学前儿童美术教育教育活动有着不同的类型，对不同类型的活动方案的评价也有不同的指标。学前儿童集体美术教育活动方案评价的内容包括对教育理念、活动目标、活动内容、活动策略、环境创设及材料准备等五个方面的内容。下面推荐儿童教育活动方案评价表仅供参考，见表9-2。

表9-2　儿童教育活动方案评价表[①]

评价内容	项目	评价标准	评价等级				评分
			优	良	一般	差	
教育活动方案评价	对教育活动目标的评价(0.30)	目标适合儿童身心发展的实际水平，包括儿童的一般年龄特征及具体教育对象的实际(0.15)	5	4	3	2	
		目标着眼于儿童的发展，适应儿童已有的发展水平和促进其达到新的发展水平(0.20)	5	4	3	2	
		目标包含情感、态度、能力和知识技能几个方面(0.20)	5	4	3	2	
		目标考虑了满足社会的要求和社会生活的需要(0.10)	5	4	3	2	
		目标明确、具体，可操作性强(0.15)	5	4	3	2	
		目标与上一层的目标相一致(0.20)	5	4	3	2	

① 霍力岩.学前教育评价[M].北京:北京师范大学出版社,2000.

评价内容	项目	评价标准	评价等级				评分
			优	良	一般	差	
教育活动方案评价	对教育活动内容的评价(0.25)	活动内容与活动目标相一致(0.10)	5	4	3	2	
		活动内容体现以儿童为主体,内容全面、适量(0.20)	5	4	3	2	
		活动内容具有科学性,体现各个领域各门学科的特点,适合儿童年龄特征;过程层次清楚,环节安排合理,衔接自然紧凑,重点难点突出(0.30)	5	4	3	2	
		活动内容符合本班儿童学习与发展的需要与兴趣,重视创新精神和实践能力的培养,注重个别儿童教育(0.30)	5	4	3	2	
		活动内容具有本地或本园适宜性(0.10)	5	4	3	2	
	对教育活动策略的评价(0.30)	教育活动的组织形式应根据需要合理安排,灵活运用集体活动、分组活动、个别活动、分组后集体或先集体后分组等不同形式,为儿童提供多样化的学习机会和条件,提高效益;(0.25)	5	4	3	2	
		活动过程的结构应该严密,层层递进,环环相扣,要充分接纳和尊重学前儿童的个体差异和体现教师与学前儿童之间的互动(0.25)	5	4	3	2	
		教学方法符合教学活动目标、内容和符合本班儿童年龄特征,引导儿童在感知、体验、发现的过程中主动学习,有探究、思考的余地,为儿童所喜爱,能调动儿童学习的积极性,并能有效地达到目标(0.30)	5	4	3	2	
		合理运用现代教育手段。如运用视频、声音、图片等多种媒体手段,体现现代教育思想,体现情趣性、操作性、直观性、形象性、审美性(0.20)	5	4	3	2	
	对教育活动环境创设及材料准备评价(0.15)	能根据教育目标创设活动环境,准备活动材料(0.25) — (1) 能围绕内容准备材料,数量充足,有层次,为儿童提供充分参与的机会和条件(0.60)	5	4	3	2	
		(2) 能反映本活动的教育的任务与内容,向家长提供各种丰富的教育信息(0.40)	5	4	3	2	
		(3) 保障儿童的安全(0.35)	5	4	3	2	
		(4) 满足儿童身心发展的基本需要,适宜儿童身心发展的水平与特点(0.40)	5	4	3	2	

注:(1) 评分方法:①每一个大项的得分:每一个小项的得分乘以该项的权重(括弧里的数值)并相加,如目标评价里的所有 6 项前 4 个小项是 5 分,后两个是 4 分,算法为 $5\times0.15+5\times0.2+5\times0.2+5\times0.1+4\times0.15+4\times0.2=4.65$;②总得分:每一大项的得分乘以该项的权重并相加。

(2) 评价等级:采用 5 分制。优 5 分,良 4 分,一般 3 分,差 2 分及以下。

(此表略有修改)

第三节 学前儿童美术教育活动过程评价

一、学前儿童美术教育活动过程评价的目的

学前儿童美术教育活动过程评价是对学前儿童美术教育活动过程中教师的教育行为、儿童的学习行为及目标完成的情况的评价。通过对活动过程的评价,一方面可以获得美术教育活动方案对儿童的

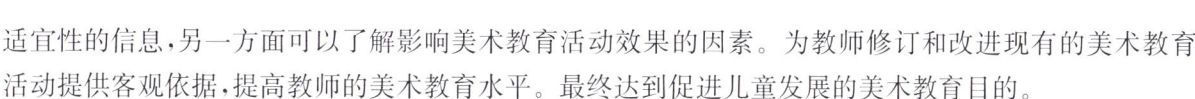

适宜性的信息,另一方面可以了解影响美术教育活动效果的因素。为教师修订和改进现有的美术教育活动提供客观依据,提高教师的美术教育水平。最终达到促进儿童发展的美术教育目的。

学前美术教育活动过程评价一般是从教师美术教育行为和儿童美术学习行为表现两方面进行的。

二、教师美术教育行为评价的内容和标准

(一) 教师美术教育行为评价的内容

对教师美术教育行为的评价是指在学前美术教育活动过程中,以教师美术教育行为为对象,对其效果给予价值上的判断。对教师美术教育教学行为评价的直接目的,是对以往的教学经验进行反思,为修订和改进现有的美术教育活动提供客观依据,使教师将最有价值的美术教育活动呈现给儿童,最大限度地促进儿童的发展。同时,帮助提高教师自身的美术教育水平,获得专业成长。最终目的是促进儿童的发展。

对教师教育行为进行评价的主要内容包括:

1. 教师是否有了解本班每个儿童的美术发展及其身心发展状况的能力;
2. 教师是否有把握美术教育活动目标的能力;
3. 教师是否有选择恰当的美术教育活动内容的能力;
4. 教师是否有组织美术教育活动的能力;
5. 教师是否有创设美术教育活动环境的能力;
6. 教师是否有指导儿童进行美术创作和表现的能力;
7. 教师是否有评价儿童美术活动结果的能力。

(二) 教师美术教育行为评价的标准

对教师美术教育行为评价的内容和主体是多样的,其评价的指标也不同。下列推荐的一个教师组织教育教学情况评价表,主要侧重于评价教师在组织实施教育活动的过程中的主要教育行为。幼儿园园长或儿童家长对教师以及教师相互之间的评价,都可用这一评价表进行(表9-3)。

表9-3 教师组织教育教学情况评价表[①]

教师姓名: 年 月 日

		评价标准(优等标准)	评分等级			等级	分项得分
			优	良	一般		
直接教育	活动目标	根据国家规定的幼儿园课程标准确定教育目标	4	3	2		
		先确定目标,再根据目标选择内容、方法	3	2	1		
		目标稍高于本班儿童现有水平	3	2	1		
	活动条件	根据教育目的、儿童的实际水平和兴趣,以循序渐进为原则,有计划地选择和组织教育内容	3	2	1		
		围绕教育内容准备设备、材料,并为儿童创设、提供充分参与、交流的条件、机会	4	3	2		
		教师关注和肯定每个儿童的努力和进步,理解、接受儿童的表现,允许儿童保留自己在学习方法上的个人特点和按自己的速度与方式学习发展	5	3	1		
		建立良好的学习常规,教师收放有度,儿童活而不乱	5	3	1		

① 霍力岩.学前教育评价[M].北京:北京师范大学出版社,2000:51.

教师姓名：　　年　月　日

		评价标准(优等标准)	评分等级			等级	分项得分
			优	良	一般		
直接教育	活动方式	教师为儿童创设必要的条件,提供可以探索和交往的丰富刺激,轻松愉快的环境,帮助儿童在积极探索、相互交往中组织自己的思维	5	3	1		
		活动的发展层次分明,过渡自然,引导儿童从不会到会	5	3	1		
		指导方法符合所学内容的特点和儿童的学习特点	5	3	1		
	活动结果	多数儿童能完成学习任务,每个儿童在自己原有基础上有提高	4	3	2		
		儿童情绪愉快、感知敏锐、思维活跃、想象丰富、记忆较牢	3	2	1		
		儿童之间的差距在逐渐缩小	3	2	1		

三、学前儿童美术学习行为评价的内容和标准

（一）学前儿童美术学习行为评价的内容

学前儿童的美术活动行为过程是他们把握世界的一种方式,也是进行情感表达与交流的工具,更是他们喜欢的一种游戏活动。对学前儿童美术学习行为评价是指在学前儿童美术教育活动过程中,以学前儿童美术学习行为为对象,对其效果给予价值上的判断。学前儿童的美术学习行为的表现因其年龄的不同而有差异,反映了学前儿童多项发展的特质。对学前儿童学习行为表现的评价分析,主要目的是《纲要(试行)》所阐述的"了解儿童的需要,以便提供更加适宜的帮助和指导"。为儿童今后的发展作出预测,制定下一步发展的新目标。

在美术学习活动过程中,儿童调动的是他们的全部心理能量,倾注了他们的全部热情与智慧,在与美术媒介的相互作用中,建构自己的审美心理结构。儿童在美术活动中的学习行为表现过程是其对表达周围事物的认识与感受的一种形式。因此,对儿童美术学习行为的评价应全面考察儿童综合素质,即对儿童的情感、态度、能力、认知经验等多方面的发展进行评价。切忌单纯检查儿童对美术知识的记忆和技能的掌握,而忽视对儿童终身发展有利的因素。

在集体美术教育活动中,教师主要从儿童在活动中的情绪、情感状态,学习能力表现和知识技能的掌握等三个方面的学习行为表现进行评价。

1. 儿童参与活动的情绪、情感状态。儿童在活动中是否始终情绪饱满,注意力集中,是否爱探索、主动与材料互动等,都可反映出孩子的学习状态与学习水平。而且,儿童在活动中注意力的表现能直接反映出教育内容、材料和方法的选择是否恰当。

2. 儿童的学习能力表现。学习中儿童是否观察仔细,是否爱动手操作,是否主动与材料互动,是否以多种方式与多种材料互动,是否主动与人交流,是否提问,是否积极回答教师或其他儿童提出的问题等,都可反映出孩子的学习状态与学习水平。这也是判断儿童学习能力的重要指标。

3. 儿童对知识技能的掌握。学习中儿童对所学美术内容是否关注、有兴趣,是否在活动中积累了有益经验,是否达成了目标的要求。可对照预定目标逐条检验完成的情况,了解活动实现预定目标的程度,并关注儿童美术活动还有哪些新的教育价值。

（二）学前儿童美术学习行为评价的标准

美术活动过程是从某一艺术表现的构思到完成作品的过程,其中既有内部的心理活动,又有外部的行为表现,这两方面在实际活动中是融为一体的。为了使评价易于操作,我们推荐一个评价的参考标准。这一评价标准从情感态度、方法技能、知识能力等方面出发,把学前儿童在美术活动过程中的表现具体分为九个方面,每个方面又分四种水平的行为表现,评价者能够迅速准确地确定学前儿童的行为表现的情况(表9-4)。

表9-4 儿童美术活动表现情况评价表①

1. 构思方面	构思方面是观察和评价儿童是否能在创造之前预先想好创造的主题和内容的标准。儿童在这方面的行为表现可以分为以下四种水平或四种类型: (1) 事先构思出主题和主要内容,动手之后围绕构思进行创造; (2) 预想出局部内容,完成一项后再做新计划; (3) 动笔后构思,由动作痕迹出发,想到什么画什么; (4) 只有动作活动,没有形象创造,表现为在纸上随意涂抹或反复掰泥、撕纸
2. 主动性方面	主动性方面是观察与评价儿童在发起和投入美术活动时的情况的标准,具体可分为以下四种水平: (1) 由自身兴趣、愿望支配,自动进行美术活动; (2) 由特定材料引发,开始进行美术活动; (3) 看到别人从事美术活动,自己跟着做; (4) 在成人的要求下开始美术活动
3. 兴趣性方面	兴趣性方面是判断儿童是否情愿投入美术活动,在活动中是否有热情,感到愉快和满足的标准,具体分为以下四种水平: (1) 自动从事美术活动,对美术活动灌注极大热情,完全沉浸在活动之中,默默无语; (2) 欣然从命,愉快地从事活动,在做的过程中会自言自语地流露出愉快之情; (3) 对美术活动迟疑不前,活动中企图离开或张望别人做什么; (4) 拒绝参加美术活动
4. 专注性方面	专注性方面是观察评价儿童对美术活动的注意集中与持久的程度的标准,具体分为以下四种水平: (1) 能较长时间持续从事已选定的活动,不受外界的影响,有时甚至第二天接着干; (2) 能在同年龄儿童一般可维持的时间内持续从事活动,中途偶有离开的现象发生,但还会自动回来,直到活动完成; (3) 需要鼓励,才能把活动进行完毕; (4) 不能把活动进行完,中途改变活动
5. 独立性方面	独立性方面是判断儿童能否自己决定活动任务并完成任务的标准,具体分为以下四种水平: (1) 自己决定活动任务,解决问题,拒绝别人干涉,独立完成任务; (2) 主动请教他人,考虑别人的建议,然后自己完成任务; (3) 模仿他人完成自己的作品; (4) 接受并在他人的帮助下完成作品
6. 创造性方面	创造性方面是判断儿童在美术活动中是否具有独创和表现意识与能力的标准,具体分为以下四种水平: (1) 别出心裁地构思与利用材料进行造型; (2) 重新组织以前学过的造型式样、方法和技能进行造型; (3) 重复以前学过的造型式样、方法与技能进行造型; (4) 只按教师当时传授的造型式样、方法与技能造型
7. 操作的熟练性方面	操作的熟练性方面是判断儿童从事美术活动时动作是否灵活、准确的标准,具体分为以下四种水平: (1) 掌握工具姿势正确、轻松,操作动作连贯、迅速、准确,一次完成动作,作品质量好; (2) 掌握工具姿势正确,操作动作平稳,但欠准确,中途修改,作品质量较好; (3) 掌握工具动作正确但笨拙,操作动作迟缓、准确性差,有失误不知修改,作品显得粗糙; (4) 掌握工具的姿势笨拙有误,只有重复性动作,不能完成作品

① 陈帼眉.学前儿童发展与教育评价手册[M].北京:北京师范大学出版社,1994.

159

续　表

8. 自我感觉方面	自我感觉方面,是判断儿童对自己美术成果的看法如何的标准,具体分为以下四种水平: (1) 自己认为很成功,主动请别人看自己的作品,并讲解作品的含义,能慷慨地将作品赠人; (2) 对自己的作品感觉满意,但不主动展示,听到别人的称赞感到愉快,希望保留作品; (3) 认为不太成功,接受别人的看法,希望将作品交给老师; (4) 感到沮丧,对别人的反应无动于衷或抵触,对作品去向不关心或毁掉作品
9. 习惯方面	美术活动中的习惯是多方面的,习惯可以指个人的习惯作法、美术风格等,也可指大家都要自觉遵守的惯例和秩序。这里讲的是后者,共提出两项,目的在于判断儿童在美术活动中能否有步骤、有秩序地工作。 一是工作的顺序性方面,分以下四种水平: (1) 有顺序、有步骤地完成作品; (2) 弄错步骤,发现后主动纠正,完成作品; (3) 想到什么就做什么,混乱中完成作品,作品有缺陷; (4) 只完成局部,作品半途而废。 二是保持工具材料的秩序方面,分以下四种水平: (1) 保持工具材料的固定位置,用时取出,用后放回; (2) 大致保持原位置,错放后能找到; (3) 一片混乱,用后乱放,取时找不到; (4) 不会取放,拿到什么用什么

四、评价学前儿童美术教育活动过程的注意事项

(一) 明确评价的目的,尊重儿童和教师的个体差异

学前儿童美术教育活动过程评价一般从教师美术教育行为、儿童美术活动表现等方面进行,评价虽然需要提供对儿童当前美术发展水平或教师美术教育能力的反馈,但评价的目的绝对不是给儿童或教师贴上等级的标签,或为儿童或教师排队,主要目的是为了教师了解自己的教育工作成效,以便根据儿童的发展需要,有针对性地选择教育内容和指导策略,促进儿童综合素养的提高。

另外,儿童的发展和教师的专业能力存在着个体差异,评价者必须给予承认,而且要关注他们的个体差异,正确看待评价结果,注重对每个评价对象自身的纵向比较,发现他们的进步,勿用统一的标准评价不同的对象。

(二) 评价时机全程化,评价活动经常化

学前儿童美术教育活动过程评价是学前儿童美术教育评价的组成部分,评价的目的是促进儿童发展和教师专业发展,因此不能在学习过程结束后进行评价,必须将评价贯穿于教育过程之中,随时关注儿童和教师在整个活动过程中的行为表现,及时作出评价,并给予适宜的指导。

对美术教育活动过程的评价应成为经常性的工作,它既有利于教师自身的专业成长,又有利于及时调整教育活动目标,促进儿童的发展。评价要以评价儿童或教师真实的教育活动为基础,通过自然观察、作品分析等方法获取大量信息,全面反映儿童或教师的发展状况,勿以一次的观察结果轻易下结论。

(三) 以教师自评为主,评价方法自然化

从促进儿童发展和教师专业水平,提高教育质量的目的出发,学前儿童美术教育活动过程评价应成为教师一种自觉的行为。所以,提倡以教师自评为主,要求教师经常对照评价指标反思自己的教育行为。如在每个活动方案的最后增设"活动评价"一栏,则有利于教师养成经常自评的习惯。

第四节　学前儿童美术作品评价

一、学前儿童美术作品评价的目的

学前儿童美术作品是学前儿童美术教育活动的结果,是儿童操作美术媒介创造出的可视的平面或立体的艺术形象,表达其对周围事物的认识与感受的一种形式。它清晰地反映出儿童的美术能力、水平和特点,也一定程度上反映出教师美术教育专业能力。对学前儿童的美术作品的评价实际上也是对儿童美术发展能力的评价,也是对教师美术教育能力的评价。因此,对学前儿童美术作品的评价多被当做对学前儿童美术教育活动结果的评价,用来评价活动成效达到预定目标的程度。对儿童美术作品评价具有重要的意义。

罗恩菲尔德在他的名著《创造与心智的成长》一书中认为:"对儿童作品施以评价只是使老师更透彻地了解儿童的成长,而不是以学生的缺点和优点来困惑他们,前者能帮助老师了解学生的创造意图和其他生活情形,后者徒然使儿童对寻找自我和创造表现丧失信心……任何评价,只有能帮助老师了解儿童,并有效地提示儿童从事创作,才有意义。"罗恩菲尔德的这番话对我们把握学前儿童美术作品评价的目的不无启发。因此,我们认为对学前儿童的美术作品进行评价的主要目的是了解儿童的美术表现能力、水平和特点,为儿童今后的发展作出预测,制订下一步发展的新目标,并制订与此相适应的教育方案,以确保发展目标的实现。

二、学前儿童美术作品评价的内容

儿童美术与成人美术不同,学前儿童美术作品反映了学前儿童对其周围世界的认识和情感。因此,可以从以下三方面的内容评价儿童美术作品。[1]

(一)从学前儿童美术作品表现的内容,了解儿童他们的思想、情感

从情感表现角度看,儿童美术是他们进行情感表达与交流的工具,其美术作品中充满了情感色彩。因此,从学前儿童美术作品表现的内容,可以评价他们的思想、情感。例如:在一次美术活动过程中,楠楠画了一幅漂亮的秋季景色,一片片颜色不同的树叶,一条条街道上跑着小动物开着各式各样的蔬菜汽车,街道旁有小花坛。花坛上空有小鸟,蝴蝶在自由地飞翔。画面干净,内容丰富,充满了童趣和幻想色彩。当再次回到楠楠身边时,让教师大吃一惊,刚才那幅美丽画面已被灰色的水彩破坏得面目全非! 此时,他正滔滔不绝地给小朋友讲故事:这个美丽的地方被洪水淹了,城市的小动物正在搬家,我要派好多人去救他们……儿童在美术活动中不自觉地把自身的情感灌注到审美对象上,把自身无意识的心理内容转移到对象之中,通过感知和想象,有意无意地驱使客体形象的形、神朝着特定的方向和情境变化,使其自然而然地带有儿童自身的情感色彩,具有儿童自身的情感基调所规定的意态状貌和情趣氛围。

---

① http://wenku.baidu.com/view/b44a56d6360cba1aa811da3b.html

（二）从学前儿童美术作品的表现能力，评价儿童整体智慧发展情况

从认知角度看，儿童美术是儿童把握世界的一种方式，也是儿童发展的一种表现。因此，从学前儿童美术作品的表现能力，可以评价他们整体智慧发展情况。例如：儿童画《热闹的马路》(图9-1)，表现的是马路的情景，画面主题明确，而且画面线条比较准确，表现各种汽车的主要部分和基本特征，反映出图示期儿童的绘画特征。特别是图中各种车辆造型、车轮、车窗等细节的表现，体现了作者细微的观察力等；画面布局合理，车子在行驶，马路两边有成排的树木，太阳位于马路的上空。从大部分车头画出汽车灯光呈现出了车辆行驶的方向，说明作者的空间概念已得以建构。儿童画《打针》(图9-2)，表现的是打针的情景，虽然绘画技法不强，但人物画面人物关系表现明确，姿态和表情等画得比较生动，体现了作者的认识能力和丰富的心理活动①。

图9-1 《热闹的马路》(6岁)   图9-2 《打针》(5岁)

（三）从学前儿童美术作品的表现形式和完成的过程，了解儿童的个性特征

儿童的美术活动是一种自由自主的活动，是学前儿童的个性表现的途径。学前儿童美术是学前儿童的个性表现的途径。因此，从学前儿童美术作品的表现形式和完成的过程，可以了解儿童的个性特征。在儿童的涂色活动中：有的儿童作品涂色饱满均匀，说明孩子具有耐心细心的品质；有的儿童作业了一会儿就不想做了，作业上涂色马虎质量不高，说明孩子则缺乏持久力；性格活泼开朗的喜欢暖色调，画的图画粗犷大胆；性格安静内向的多喜欢冷色调，画的图画细腻、精致。

三、学前儿童美术作品评价的标准

（一）学前儿童美术作品的主观评价标准

罗恩菲尔德认为，儿童的身心发展与成长是通过美术表现体现出来的，他将美术作品中所反映的儿童的感情、智能、身体动作、知觉、社会性、美感、创造性七个方面的发展作为评价的标准，并结合不同美术发展阶段中儿童美术发展的特点，把这七个层面的成长情况具体化，从对其成长方面为评价儿童美术作品制定了主观的评价标准(表9-5)。

---

① http://www.art-child.com

表9-5　儿童美术作品的主观评价表①

评价项目	成长的属性	很少	一些	很多
感情的成长	非定型的表现 非概念性的表现 经常改变的表现符号 自我经验的表现 自由地使用线条和笔触			
智能的成长	包含许多细节 色彩有变化 其他主动知识的呈现			
身体动作的成长	视觉和动作的协调 身体动作的表现 身体意向的投射 技巧熟练			
知觉的成长	视觉经验的表现:光、影、空间透视、颜色变化 非视觉经验的表现:触觉、纹理组织、听觉 运动经验的表现:在作品中反映自己的经验			
社会性的成长	体验他人的需要 呈现社会环境的特征 参与团体制作 欣赏其他文化 乐于与人合作			
美感的成长	思想、感情和知觉的统整 对于色彩调和的敏感性 对于纹理调和的敏感性 对于线条调和的敏感性 对于形体调和的敏感性 喜爱装饰性的设计			
创造性的成长	独创而不抄袭 独创而不模仿他人的风格 独创的内容 表现方式与他人不同 作品整体与他人不同			

（二）学前儿童美术作品的客观评价标准

罗恩菲尔德认为,儿童的身心发展与成长是通过美术表现体现出来的,评价儿童的美术作品应不仅要从儿童的成长这一角度来评价儿童的美术作品,还要从发展的阶段、技巧、作品的组织三个方面来进行客观的评价。但是,这一客观评价只是主观评价的补充而已。因此,他又从发展阶段、技巧和作品的组织等三方面为儿童美术作品制定了客观的评价标准,可以作为我们制订客观评价标准的参考(表9-6)。

---

① 〔美〕罗恩菲尔德著,王德育译.创造与心智的成长[M].长沙:湖南美术出版社,1993:44—45.

表9-6　儿童美术作品的客观评价表①

评价项目	评价标准	评价等级		
		很少	一些	很多
发展阶段（表现是否符合所属阶段特征）	人物 空间 色彩			
技巧	所用技巧适于表现 所用技巧是作品整体的一部分 作品中所呈现的努力程度			
作品的组织	作品的一部分有细节表现 作品的一部分表现了真实环境 作品的一致性 作品任何改变影响作品意义的程度			
自我体验程度		是	否	
1. 经常的定性重复				
2. 偶然的定性重复				
3. 只是客观的报告				
4. 在客观报告中增加特殊的特征,而包含一些自我				
5. 直接或间接的包含自我				

四、学前儿童美术作品评价的指导思想

《纲要(试行)》明确指出:"以发展的眼光看待儿童,既要了解现有水平,更要关注其发展的速度、特点和倾向等。"对儿童的美术学习的评价来说,这种发展既有利于儿童在身心方面的发展,也有利于儿童在美术行为方面的成长。将儿童与自我做比较的过程就是关注儿童发展的过程,忽略了这点,评价就是不全面甚至是不真实的。对学前儿童美术作品评价时,要坚持以发展的眼光看待儿童,具体实践中可以从以下三个角度来把握。

(一) 学前儿童与自我

将儿童当前的美术作品与儿童自己过去的美术作品相比较,这种比较有利于教师了解儿童各方面成长的程度。同时对于儿童来说,能使他们看到自己的进步,从而树立其自信心,激发其更强的学习美术的动机。为此,作为评价者的教师要注意评价的个别差异性。

(二) 学前儿童与团体

将某一儿童的美术作品与其他儿童进行比较,这种比较有利于教师对某一团体中儿童之间的个别差异的把握。但是,如果是在儿童面前进行评价,就容易给儿童带来自卑感或自负感。因此,教师对这种评价应持谨慎态度。教师应注意把这种评价与其他评价结合起来全面地看待儿童的美术行为。拿吴诺洤小朋友画的《大公鸡》(图9-3)与其他几位小朋友画的《大公鸡》相比(图9-4、图9-5、图9-6)②,确实在造型和色彩表现上有一定的差距,但他却在画纸右下角用简洁的笔法画了一个大公鸡背面的姿态,表现出其独特的观察视角和表现能力。

① [美]罗恩菲尔德著,王德育译.创造与心智的成长[M].长沙:湖南美术出版社,1993:44—45.
② http://www.xici.net/d83373861.htm.

图9-3　儿童画《大公鸡》

图9-4　儿童画《大公鸡》

图9-5　儿童画《大公鸡》

图9-6　儿童画《大公鸡》

（三）学前儿童与标准

将儿童的美术作品与理想中的评价标准进行比较,这种比较使教师能清楚地把握儿童在其所处的发展阶段中的位置,同时制定今后发展的目标。如大班的绘画活动的有关色彩知识技能目标要求是"能够运用对比色、相似色、同种色等多种配色方法,注意色彩的整体感与内容的联系"。这一目标是要经过一定的美术教育活动才能够使大班儿童要达到的,如果儿童表现的差别太大,就要分析原因以促进儿童更好的发展。但是,有的中班年龄的儿童却已经达到这一标准,就要根据其能力发展的程度,制定更高的教育目标。如4岁儿童绘画作品《彩虹与房子》(图9-7),色调统一是这个画面的重要特色,也因此更加突出了画面的主题,简单的造型构成了浓厚的情感意识,画面上虽然并没有画出光芒四射的阳光和漫天的彩霞,但此时已是无声胜有声了!又如4岁儿童绘画作品《五彩的路》(图9-8),构图饱满富有张力、线条疏密有致、色彩明快跳跃;作品整体符合作者内心世界,赋予充满童真、画面节奏韵律感强,给人美好向往的情感碰撞!

总之,要以发展的眼光评价儿童美术作品,让每一个儿童获得成功的感觉。如果对作品评价多一点欣赏鼓励,多一点期待关注,多一点尊重宽容,多一点征询探讨,多一点浓厚的人情味,为儿童的美术作品创作创设良好的评价氛围,促进儿童认知的发展,情感的建构,我们才能更好地体现儿童美术作品评价的价值,正确地进行儿童美术作品的评价,我们的美术教育将会是一片晴空!

图9-7 《彩虹与房子》(4岁)

图9-8 《五彩的路》(4岁)

思 考 与 练 习

一、解释

1. 学前儿童美术教育评价　　2. 作品分析法　　3. 自我评价　　4. 档案袋评价法

二、填空题

1. 学前儿童美术教育评价,是指有目的地、系统地对学前儿童美术教育课程进行考察和分析,以确定其_____和_____的活动。

2. 学前儿童美术教育评价的主体包括管理人员、_____、_____以及_____,评价过程是他们共同参与、相互支持与合作的过程。

3. 从幼儿园美术教育活动过程来讲,学前儿童美术教育评价主要包括_____、活动实施过程评价和_____评价;从学前儿童美术教育的功能来讲,主要包括对_____评价和_____的评价。

4. 在集体美术教育活动中,教师主要从儿童在活动中的_____、_____和知识技能的掌握等三个方面的表现进行评价。

三、简答题

1. 学前儿童美术教育评价的目的是什么?应关注怎样的评价方法?
2. 学前儿童美术教育评价应遵循哪些原则?
3. 简述对教师美术教育行为评价的内容。
4. 简述对儿童美术活动表现评价的内容。
5. 对学前美术教育实施过程评价的注意事项有哪些?
6. 简述评价学前儿童美术作品的指导思想。

四、实践题

收集学前儿童美术作品,并对其进行评价。

附录：学前儿童美术作品评价案例

● 学前儿童美术作品评价活动《儿童公园真好玩》①（自我评价）

设计思路

"儿童公园真好玩"是儿童大班的美术活动,活动的主要目标是让儿童画简单的人物动态。大班儿童需要掌握简单的人物动态,而儿童公园又是儿童喜欢去的地方,儿童喜欢玩各种器械,形成了跑、爬、跳、蹲、坐等动态,因此,本活动设计来源于儿童生活,活动目标容易为儿童所掌握。这有利于儿童在绘画活动结束后对作品中的人物动态作出自我评价。

（一）活动目标

1. 感受作品表达的快乐心情。

2. 能对作品中的人物动态表现方法进行评价。

3. 能大胆地用肢体语言表达自己的审美感受。

（二）活动准备

1. 经验准备

（1）能根据自己的意愿画出简单的人物动态。

（2）能对作品中的人物动态进行自我评价:画了哪些人物,哪些动态,为什么选择这些内容,最喜欢的地方或不足之处。

2. 物质准备

依据教学目标收集三幅代表儿童不同学习水平的作品

（1）儿童画的《玩攀爬的小朋友》:动作到位,儿童对动态掌握得很好。

（2）儿童画的《在跑的小朋友》:儿童对动态掌握较好。

（3）儿童画的《跳绳的小朋友》:儿童对动态掌握稍差。

（三）活动过程

教师引导儿童观察三幅作品,并作出各自评价(仅呈现对话片段)

（1）评价《玩攀爬的小朋友》:动作到位,儿童对动态掌握得很好。

师:这位小朋友在玩什么呢?（引起儿童说话）

幼:在爬架子。

师:说说你是怎样画攀爬的动作的?

幼:手要伸得高高的,一条腿抬上去,一条腿在下面,这样不会摔下来。（说着还做起了攀爬的动作）

师:你觉得你画得怎样啊?

幼:（自信地）我觉得我画得很好,画出了爬的动作。

师:嗯,真不错,你把怎样画攀爬告诉小朋友了。那么,怎样才能爬得更高呢?（教师提出了更高的要求）

幼:手伸得再直一点,一条腿再抬得高一些。

师:真好,我们学会画攀爬了。

（2）评价《在跑的小朋友》:儿童对动态掌握较好。

师:这位小朋友在干什么呢?

---

① 李雪芬. 运用可视化作品促进儿童自我评价的设想与操作[J]. 教育测量与评价(理论版). 2011 年第 8 期.

幼:他在公园跑来跑去,很开心。

师:嗯,我也看出来了,告诉大家,你是怎样画跑的小朋友的呢?

幼:(边比划边说)两条手臂要前后摆动,两条腿要前后分开。

师:那如果想画跑得快的动作,该怎样画呢?

幼:嗯,腿要分得再大些,我还会画飞起来的小朋友呢!

师:哇!(表现出羡慕的神情)这个你也会啊,怎么飞呢?

幼:很简单,只要把两腿画成一条直的线,手也伸直,头发往后飞。(这时,全班小朋友都开心地笑了。)

师:原来画飞的动作这么容易啊,但是,别飞得太快,会摔跤哦!

又是呵呵一片笑声(在宽松的氛围中进行自我评价效果更好)

(3)评价《跳绳的小朋友》:儿童对动态掌握稍差。(两手高高的,上面画了根绳子,脚却分得很开,明显动作不协调)

师:说说这位跳绳的小朋友。你画的是跳绳,看出来了。(先给予肯定)你知道怎样跳绳才更快吗?

幼:(开始做动作)手要甩得高高的,腿要并拢——哎呀,我画分开了!(儿童意识到了)分开跳不高,我等下再画。

师:好的,等下你画跳得快的小朋友哦,老师还可以脚一高一低地跳绳呢!

接着,教师示范动作,也有小朋友回应着"我也会"。教师让儿童发现了自己的不足,并对其提出了更高的要求。

4. 儿童对最佳作品达成共识,教师总结儿童的评价

教师小结,肯定画"跑和玩攀爬"的小朋友对自己的作品进行了正确评价,鼓励画"跳绳"的小朋友找出与最佳作品之间的不同与差距。教师进一步提出:小朋友真棒!再来想一想,还能画出更多的人物、更有趣的动作吗?

5. 儿童依据教师的任务创作自己的作品

对于绘画中存在不足的小朋友,教师要进行个别的耐心引导,通过身体语言、口头语言予以安抚鼓励,在保护其自尊心的前提下使儿童认识到自己的不足,并提醒儿童作添加、删减等改进。

6. 儿童对照最佳作品评价自己的作品

其他儿童在欣赏了同伴的作品并听过作者的自评后,对人物动态的理解更加深刻。教师请儿童对照刚才的两幅佳作对自己的画作出评价,并提出不足。(儿童可以说给同伴和教师听,也可以自己对自己说,譬如人物更多、游戏更有趣、玩得很开心,等等)

7. 教师点评儿童的自我评价

师:刚才小朋友都自己说了自己的画,老师觉得你们说得很有意思,我很喜欢听!你们觉得呢?

幼:我觉得很有趣!

幼:我觉得刚才林林讲得很对!

幼:小琪说了后,我也知道怎样画爬得高的小朋友了。

(此活动案例略有修改)

学前儿童美术基础知识与技能简介

【学习目标】

1. 了解学前儿童美术基础知识。
2. 掌握学前儿童美术常用方法技能。
3. 积极探索适合学前儿童美术创作的方法。

【内容概要】

　　儿童教师具有扎实的美术基本知识和技能能够更好地指导学前儿童进行美术活动。本章对一些适合学前儿童掌握的美术知识和技能作了简略的介绍,并结合有关课例说明了美术技能教学方法,为儿童教师更好地进行美术教育活动提供了一些参考建议。启发学习者在学前儿童美术教育实践活动中勇于探索,大胆创新,促进学前儿童美术教育事业的发展。

第一节　色彩基础知识与运用

　　我们生活在五彩缤纷的世界里,天空、草地、海洋、漫无边际的薰衣草都有它们各自的色彩。你、我、他也有自己的色彩,代表个人特色的衣着、家具、装饰物的色彩,可以充分反映人的性格、爱好、品位。

一、色彩的形成与构成

　　色彩是光照射到物体上产生的一种视觉效应。当光线照射到物体上时,由于物体本身的材质关系,决定了其对光线中的某些色光吸收、反射或穿透,反射回来的色光作用于人的视觉,便产生了某种色彩感觉。

色彩产生通常分两个过程:物理过程——色光到达眼球之前;生理阶段——色光到达眼球之后。

二、色彩的辨认

辨认色彩主要是认识色彩的明度、纯度和色相等三要素。

色相是色彩的最大特征。所谓色相是指色彩的相貌,区别各种不同色彩的名称,也就是辨别色彩的差异,指不同波长的光给人的不同的色彩感受。自然界中的色彩是无限丰富的,学前儿童要学习的是辨认三原色(红、黄、蓝),间色(橙、绿、紫),常见的复色(如蓝灰、绿灰、红灰,及黑、白、灰)(图10-1)。

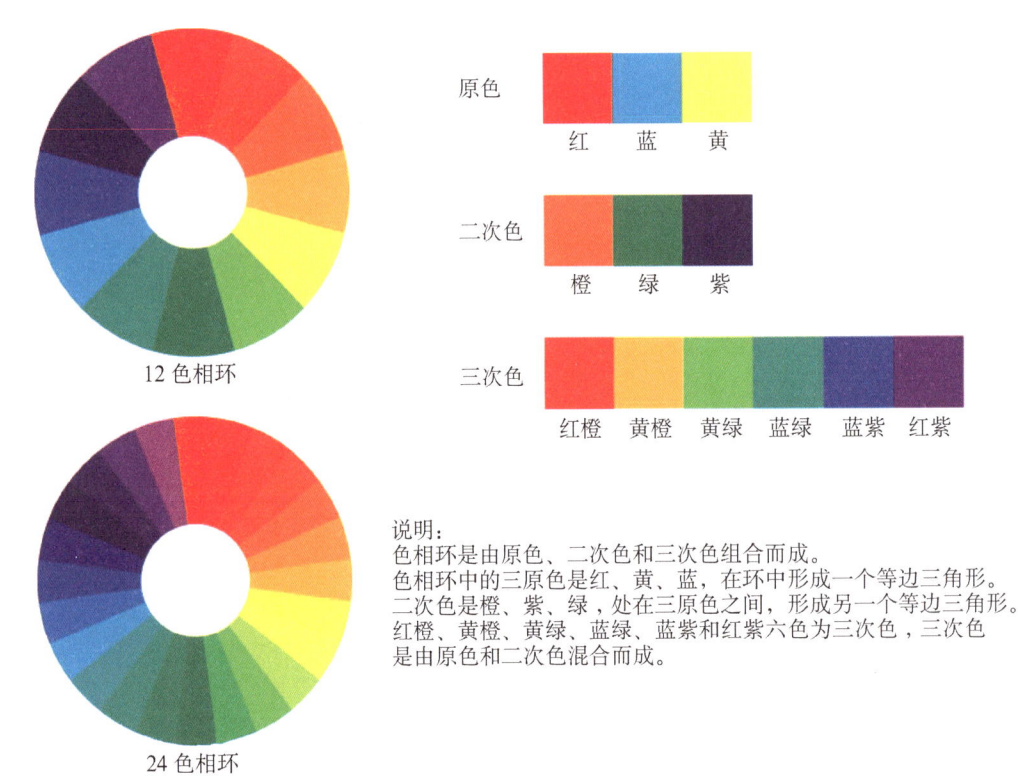

图 10-1 色相环

色彩的纯度就是色彩鲜浊、饱和和纯净的程度。纯度高的色彩鲜艳,当在鲜艳的颜色中加入其他的颜色调和后,其纯度就会较原来的颜色低。

明度指色彩的明暗程度,如在色彩中,紫色明度最暗淡,黄色明度最明亮。

三、色彩的运用

色彩的运用是指运用认识的颜色来表现物体形象,并通过颜色的对比、渐变、重复等变化来丰富画面,从而表达自己的情绪、情感(如图10-2所示)。

(一) 色彩的表情

色彩本身并无表情,但人们在感受到某种色彩时往往会产生某种相应的心理感受,即这样或那样的情绪和感受,使色彩具有一些表情、象征、冷暖的特征。

白色。光明的象征,明亮、干净、朴素、雅致。在西方,白色表示纯洁;而在东方,白色一般代表丧色。

红色。兴奋与欢乐的象征,革命的象征。具象的可联想到太阳、红旗、火、血等,预警或报警的信号色。

黄色。秋天丰收的象征,给人以光明、辉煌的感受,具象的可以联想到秋菊、向日葵、帝王的服饰,宫殿与庙宇的颜色,体现华贵、威严。

绿色。春天的象征,生命之色。具象的可联想到树叶、草、大山、绿色信号灯等;抽象的可联想到新鲜、平静、安定等。

蓝色。给人以寒冷、神秘莫测的感受。通常联想到大海、天空、宇宙等。

紫色。给人以高贵、幽雅、神秘、诡异、不安的感受。一些民族把它看作是消极和不祥的色彩。具象的可联想到葡萄、茄子、紫罗兰等。

黑色。给人以捉摸不定、阴谋、不干净的感受。黑色在装饰色彩中是很好的衬托色。具象的可联想到头发、黑夜、墨汁、煤球等;抽象的可联想到严肃、悲哀、稳重、刚健等。

(二) 色彩的冷暖

色彩的冷暖又叫色性。色彩本身没有冷暖,是指色彩给人习惯上的冷暖感觉和联想。具体来说,偏向红色、黄色的色彩都属于暖色调,因为这些颜色给人一种温暖、热烈、兴奋的感觉。偏向蓝色的色彩属于冷色调,这些颜色给人一种寒冷、沉静的心理感觉(图 10-2)。当然,冷与暖不是绝对不变的,而是相对而言的。如以绿色为例,如果绿色中黄色的成分多些,则偏暖;如果绿色中蓝色的成分多些,则偏冷(图 10-3)。

图 10-2

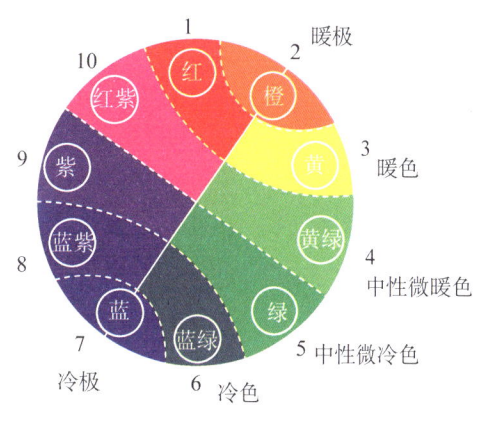

图 10-3

(三) 色调

色调是指一幅画面的一个总的色彩倾向性,是由画面中若干块占据主要面积的色彩所决定的。色调运用得好,可使画面变得统一、连贯、和谐。如果把握得不好,很可能使色彩变得支离破碎,杂乱无章。这个色调也就是前面讲色相这个概念时所提到的色相基调设计。

(四) 学前儿童色彩运用

学前儿童在色彩运用方面的学习主要经历了按物择色、通过颜色变化来处理画面上的色彩、色彩的情感表达三个过程。

按物择色是指学前儿童能运用认识的颜色,正确地表达出带有固定颜色的自然物,选择与实物相似

的颜色着色,如小草是翠绿的、海水是蓝的、云朵是白的等(图10-4);通过颜色变化来处理画面上的色彩是指通过色彩的对比、渐变、重复等变化来表现画面上的各种形象的颜色与画面底色之间的关系,使画面更明亮、生动(图10-5);色彩的情感表达是指运用主观知觉来构成画面的色彩,如用红色表现愤怒时的脸、用白色表现哀愁时的脸、用绿色表现生气时的脸等(图10-6)。

图10-4 《下雨了》(7岁)   图10-5 《对印蝴蝶》(6岁)   图10-6 《春姑娘》(7岁)

课例 色彩拼贴画《色彩朋友》

教师准备不同色相、明度、彩度的色彩卡片若干,分别剪成圆形、方形、三角形、梯形等。请儿童展开丰富的联想,随意将这些色彩卡片拼摆造型。美丽的花朵、高高的楼房、一张奇形怪状的脸等等,使儿童体会色彩带来的视觉冲击力(图10-7)。

图10-7 《一张奇特的脸》(6岁)

课例 彩色染纸——漂亮的手帕

反复折叠宣纸至适当大小,将边角置于彩色墨水中浸染,用棉签点染空白处,小心打开,一条漂亮的手帕就呈现在孩子们的面前,共同体验色彩碰创的神奇力量吧!(图10-8、图10-9)

课例 《制作色彩饮料》——体验间色的形成

用红、黄、蓝,水粉色制作各种饮料水。先调出黄黄的柠檬汁、红红的西瓜汁、蓝蓝的海水,再将两种色水互混,怎么一下子变出了绿绿的苹果汁,紫紫的蓝莓汁?试试看你还能变出什么颜色的饮料。(图10-10、图10-11)

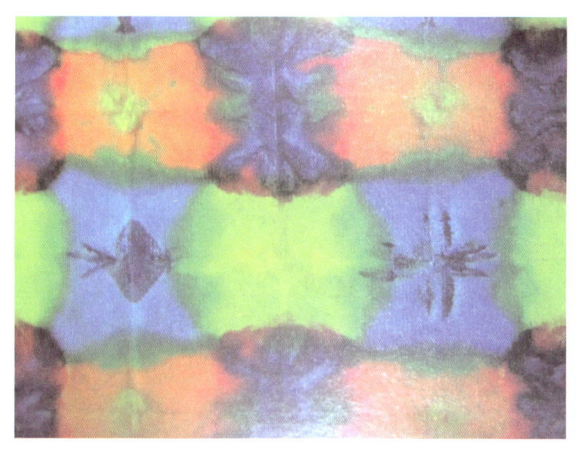

图 10 - 8

图 10 - 9

图 10 - 10

图 10 - 11

第二节　绘画基础知识与技法

一、棉签画

棉签画是用棉签蘸水粉等材料作画,对于初学画画的儿童来说比用毛笔画简单而易行,又比蜡笔画更加有趣,能在轻松的氛围中快乐绘画。

棉签画的主要作画工具和材料是医用棉签、水粉画颜料等,教师可以采用各种方法指导儿童辅助练习。比如,用彩纸剪一些盘子、树叶、花瓶等形状,让孩子进行棉签画的训练,效果非常好,孩子们非常喜欢。辅导儿童画棉签画要注意培养良好的作画习惯。如:用完笔要盖上笔帽;颜料不能乱涂;用过的用具要放回原处等。

棉签画的基本技能有点彩(图 10 - 12、图 10 - 13、图 10 - 14、图 10 - 15)、短线条(图 10 - 16、图 10 - 17、图 10 - 18、图 10 - 19)及点、线、色块综合造型等(图 10 - 20、图 10 - 21)。

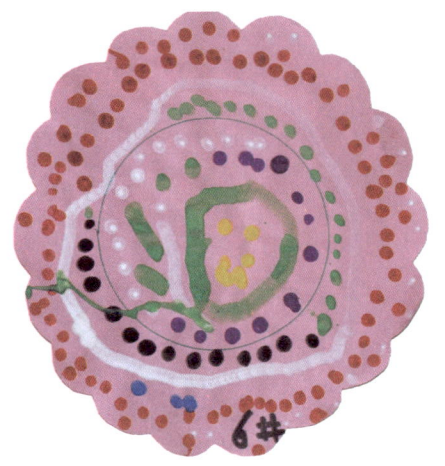

图 10－12 《花盘子》(3岁)

图 10－13 《花盘子》(3岁)

图 10－14 《花瓶》(3岁)

图 10－15 《花瓶》(3岁)

图 10－16 《鞭炮》(3岁)

图 10－17 《鞭炮》(3岁)

图 10-18 《菊花》(3岁)

图 10-19 《菊花》(3岁)

图 10-20 《仙人掌》(3岁)

图 10-21 《樱桃》(3岁)

二、油画棒画

油画棒也叫油粉笔,是一种棒形画材,由颜料、油、蜡的特殊混合物制作而成,它携带方便,色彩艳丽,表现力强。与油画颜料和水彩颜料不同,油画棒是一种固体颜料,无须混色或调色的准备工作。油画棒和蜡笔、彩色铅笔的特性很像,它们都不溶于水,都可勾线,也可以用来涂大块面,可画出很多不同的颜色,表现出丰富的色彩变化。

油画棒画基本技法有平涂法、渐变涂法、刮画法、点彩法和油水分离混合法等。

(一) 平涂法

使用一种油画棒颜色均匀有规律地涂色。主要有横涂、竖涂、斜涂、螺旋涂、粗细涂、轻重涂等(图10-22)。

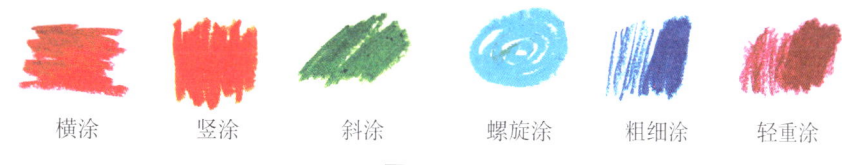

横涂　　　　竖涂　　　　斜涂　　　螺旋涂　　　粗细涂　　　轻重涂

图 10-22

指导孩子作画时,要避免大面积地使用这种方法,不要刻意要求孩子涂得很均匀,否则画面会显得呆板、单调(图10-23、图10-24)。

图10-23 《印第安小姑娘》(4岁)　　　　图10-24 《大狮子》(5岁)

(二) 渐变涂法

选择同种色或类似色,按由深到浅的顺序有方向性地涂色,两色交界处要多涂几遍,让颜色自然融合(图10-25、图10-26、图10-27)。

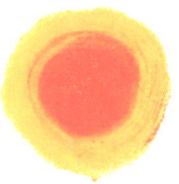

由红到粉红渐变　　　　扩散渐变　　　黑灰白渐变

图10-25

图10-26 《花卉写生》(5岁)　　　　图10-27 《花卉写生》(5岁)

176

（三）油水分离混合法

先用油画棒涂抹主要形象，再用水粉或水彩颜料刷涂背景，由于油水分离，画面上会出现特殊效果。此种方法既可以用油画棒进行细节描绘，又可以用水粉快速渲染，使画面色彩饱满、明快，效果更为生动。解决了儿童用蜡棒大面积涂抹背景而产生的疲倦情绪，使作画过程始终轻松愉快。（图10－28）

图10－28 《我妈妈》(6岁半)

面状点彩

线状点彩

图10－29 点彩画法

（四）点彩法

把不同油画棒色点、色线或小色块，按照一定的方向、顺序并列画在画面上，产生画面跳跃的效果（图10－29、图10－30、图10－31）。

图10－30 《狐狸吃葡萄》(7岁)

图10－31 《酸葡萄》(6岁)

（五）刮画法

用油画棒在有色纸或白纸上涂上一层或几层颜色较深的色彩，然后以各种硬器代笔，线面结合，刻画各种形象（图10－32、图10－33）。

图 10-32 《孔雀游乐场》(6岁)

图 10-33 《我的家》(5岁)

三、线描画

线描画是用线条勾画出物体的轮廓,以表现出对象的形态的绘画技法。线描画既可以进行造型训练,亦可作为艺术家表达情感的一种表达方式,是儿童常用也是最喜欢的绘画方法之一。

线描画的绘画工具比较简单,可以用铅笔、蜡笔、油画棒、水笔等各种工具画;可以用单色,也可以用多色;可以用不同的颜色画不同物体,也可以用不同的颜色画一个物体的不同部位。线描画画法简单、造型明确、概括性强,线描画要求用线肯定,一个物体可以被分成几段线条来画,但每段线条都要一笔画成,宁可画错,也不能涂改。

线描画基本技能包括写生线描画、记忆线描画、想象线描。

(一)写生线描画

写生线描画时,首先要观察认识表现对象,一般是抓住典型特征,按照从上到下、从大到小、从主到次、从近到远的顺序观察。如写生线描画《菊花》,先观察花朵的造型,再看叶子的形态如何、大小区别,最后看茎的生长和花盆的形状质地等(图10-34)。另外,还要通过比较发现异同。如写生线描画《我的玩具汽车——卡车和挖土车》,卡车和挖土车的相同点是都有车头、车厢、车轮、车窗、车门等基本组成部分,不同点是各自的形状、颜色、大小等部分(图10-35、图10-36、图10-37、图10-38)。如写生线描画《形态各异的表》。小朋友从家中自带各式工艺钟表,举办钟表博览会,了解表的历史及基本常识。在比较中,将其各种样子的表画下来(图10-39、图10-40、图10-41)。另外,还可以追踪观察事物的发展变化过程进行绘画。

图 10-34 写生菊花

图 10 - 35　玩具汽车

图 10 - 36　玩具汽车

图 10 - 37　《汽车》(5 岁)

图 10 - 38　《汽车》(5 岁)

图 10 - 39　实物钟表

图 10 - 40　《钟表》(5 岁)

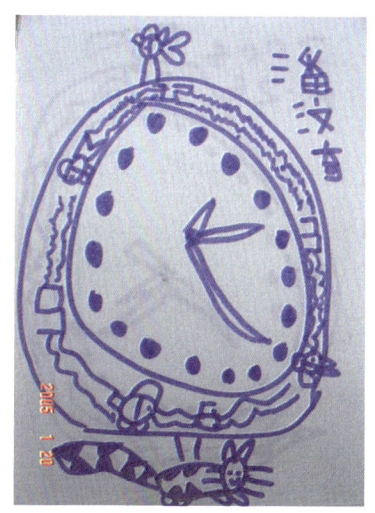

图 10 - 41　《钟表》(5 岁)

（二）记忆线描画

记忆线描是学前儿童通过对亲身经历或感知过事物的记忆而进行的绘画。儿童记忆画不是生活的再现，而是他们自己对生活的印象，经过思考以后的创造性表现。

儿童画记忆线描要选择儿童感兴趣的内容，提出记忆任务，启发观察重点，提高儿童有意识记忆的积极性。如：绘画日记。孩子从小养成画"绘画日记"的习惯，既可积累创作素材、锻炼绘画能力，又可使

孩子逐渐养成从生活中发现美、创造美的潜能。

记忆线描画课例《猜猜我是谁》

（1）课前教师组织儿童玩"猜猜我是谁"的游戏，教师用数码相机将活动场景、人物动态拍摄下来（图10－42）。

（2）儿童围坐电视机旁，欣赏观察教师拍摄的画面，激发对游戏人物表情动态的深入观察。

（3）根据记忆绘画，并添画背景（图10－43）。

图10－42　儿童游戏活动"猜猜我是谁"

图10－43　《猜猜我是谁》(6岁)

（三）想象线描

没有想象就没有艺术创造。爱因斯坦说过：想象比知识更重要。因为知识是有限的，而想象力概括着世界的一切，推动着进步，并且是全部知识进化的源泉。一幅小小的作品，就是一个小小心灵对世界的探索。想象线描的重点：注重选材，做好知识铺垫，为儿童营造较大的想象空间。德国教育家第斯多惠说："教育的艺术不在于传授本领，而在于激励、唤醒、鼓舞。"一个好的课题设计是一堂美术课良好的开端，从字面上看首先应该有形象化、拟人化、亲情化的特点，来呼唤孩子的想象和创造欲望。

想象线描的内容丰富多样，例如：根据《后羿射日》《老鼠嫁女》《连年有余》《怪兽奇想》等等民间传说、神话故事想象绘画，根据优秀儿歌、童谣、故事创编续编等进行想象（图10－44，图10－45）。

图10－44　《老鼠嫁女》(6岁)

图10－45　《老鼠嫁女》(6岁)

（四）装饰线描画

认识各种线条、各种点，感知黑白线条之美感，培养儿童认识装饰美。点是一切形态的基础，是线的开端和终结;线是点移动的轨迹,在造型设计中具有位置、长度和宽度;面是线移动的轨迹,直线的平行移动形成方形,直线的旋转移动形成圆形。装饰线描《花瓶》(图10-46、图10-47)和《鱼》(图10-48、图10-49、图10-50)。

图10-46　《花瓶》(7岁)　　　　　图10-47　《花瓶》(7岁)

图10-48　《鱼》(5岁)　　　图10-49　《鱼》(6岁)　　　图10-50　《鱼》(5岁)

（四）水墨画

水墨画又称中国画,是指用毛笔蘸墨汁在宣纸上画画。水墨画是中华民族优秀传统文化的一部分,具有光辉、灿烂、悠久的历史。儿童要学习怎样握笔,怎样舔笔,怎样洗笔,怎样画中锋和侧锋等线条,怎样控制墨、色、水的分量以形成浓淡不同的墨色等。

水墨画工具材料是毛笔、墨和宣纸。毛笔最好是大中小号白云毛笔,一得阁墨水、宣纸、毛毡,或过滤纸。

（一）用笔技巧。让笔头在水里喝饱水,在把多余的水刮掉,以不滴水为好,再把笔头在浓墨里轻轻地蘸一下,这样,画出来的线条、点和色块就有浓淡的效果,孩子也容易理解和掌握。

（二）绘画用纸。孩子刚开始练习画水墨画时,掌握不好笔墨。为了能很好地保存孩子们的作品,可先用过滤纸。(医药、化学试剂店有售)等孩子们熟练以后,再选择宣纸。

指导学前儿童学习水墨画不能像成人那样,有太多的约束和规矩。孩子们的作品要表现孩子们真实的个性,也就是儿童绘画的真实性、原始性。他们的作品应该是率真的直觉表达,水墨的自由挥洒,形成的自然与和谐,且又具有黑、白、疏、密等多种的审美要素。

图 10－51　吴冠中《小树林》

课例 《美丽的小树林》

首先欣赏画家吴冠中的作品《小树林》(图 10－51)，感受树的生长方向和姿态。重点是学习用笔尖、中锋、侧锋以及点彩的方法，绘画小树、大树、不大不小的树等，感知水墨画的神奇(图 10－52、图 10－53、图 10－54、图 10－55)。

(1) 先把毛笔蘸饱水，刮掉多余的水。再在墨水里蘸一下，用笔尖由下往上画出小树。

(2) 让毛笔低下头，画出不大也不小的树。

(3) 让毛笔弯下腰，画出大大的树。

(4) 用笔尖画出树干上的树枝。

(5) 再用一支大号毛笔，蘸上绿色的食用色素颜料，在树枝上点出一片一片的树叶。

图 10－52　《美丽的小树林》(4 岁)

图 10－53　《美丽的小树林》(4 岁)

图 10－54　《美丽的小树林》(4 岁)

图 10－55　《美丽的小树林》(4 岁)

注意事项：

由于孩子们年龄尚小，用毛笔很难画出难度大的作品，为了追求水墨画的效果，也为了满足孩子们的求知欲可减低一些难度，用记号笔代替毛笔在宣纸上进行造型，孩子们更容易掌握。色彩也可以用食

用色素代替国画颜料进行涂色。食用色素在干菜调味店有售，使用时放一点食用色素在碗里，用开水冲开即可使用。（水的多少可自己掌握，想浓一点，就少加水。）食用色素渲染出的艳丽色彩与记号笔的黑色线条交相呼应，可使画面异彩纷呈，美不胜收。这对于手动作控制能力有限的学前儿童来说是一种比较好的画法选择。具体三个步骤如下。

第一步，先用记号笔（或彩色水笔）在宣纸（或过滤纸）上勾画出各种物体的造型，然后再用毛笔蘸食用色素颜料进行染色，也可用彩色马克笔直接染色（图10－56、图10－57）。

图10－56 《门神》(5岁)　　　　　图10－57 《门神》(5岁)

第二步，采用染纸的方法画水墨画。先用记号笔在拷贝纸或宣纸上画好主题内容。再把画好的画反复折叠后，在多种食用色素颜料里蘸，使之产生晕染的效果。蘸过颜色的画，一定要在阴凉处凉至半干后，再打开（图10－58、图10－59、图10－60、图10－61）。

图10－58 《长辫子姑娘》　图10－59 《神奇大树》　图10－60 《神奇大树》　图10－61 《神奇大树》
　　　　　(7岁)　　　　　　　　(6岁)　　　　　　　　(7岁)　　　　　　　　(6岁)

第三步,采用对印的方法画水墨画。先把宣纸或拷贝纸对折起来,用记号笔在上面画好图案后,反过来再把画好的图案描下来,最后进行染色。让儿童感受对称美。同样的方法也可以进行二方连续图案的练习(图 10－62、图 10－63)。

图 10－62　《凤凰》(6 岁)　　　　　　　　　图 10－63　《凤凰》(6 岁)

第三节　手工基础知识与技法

一、折纸

　　折是指用面状材料(如纸)折叠成立体物象。折纸是我国民间流传很广的一种制作游戏,以简化、夸张、变形为表现手法。折纸是儿童非常喜欢的一项活动,也是相对比较枯燥的教学活动。在折纸的过程中,需要儿童有足够的耐心和信心,教师的恰当指导,才能保证教学任务得以顺利完成。

　　折纸用纸不讲究,可选用各种质地的纸张,但要平整,角边规矩。折纸要先认识各种折纸符号,学习基本折叠方法。

(一) 认识各种折纸符号(图 10－64)

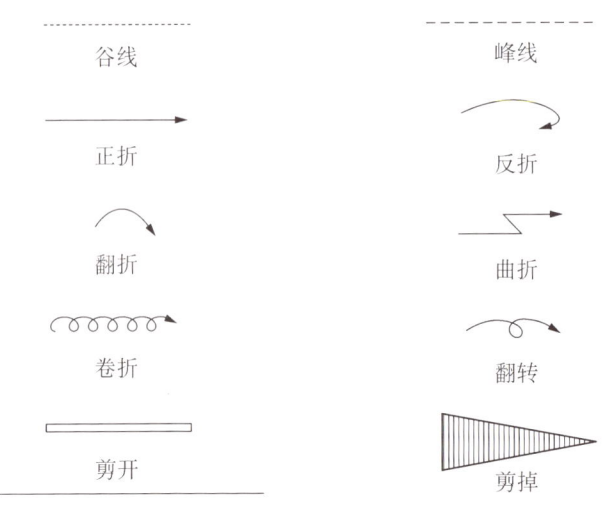

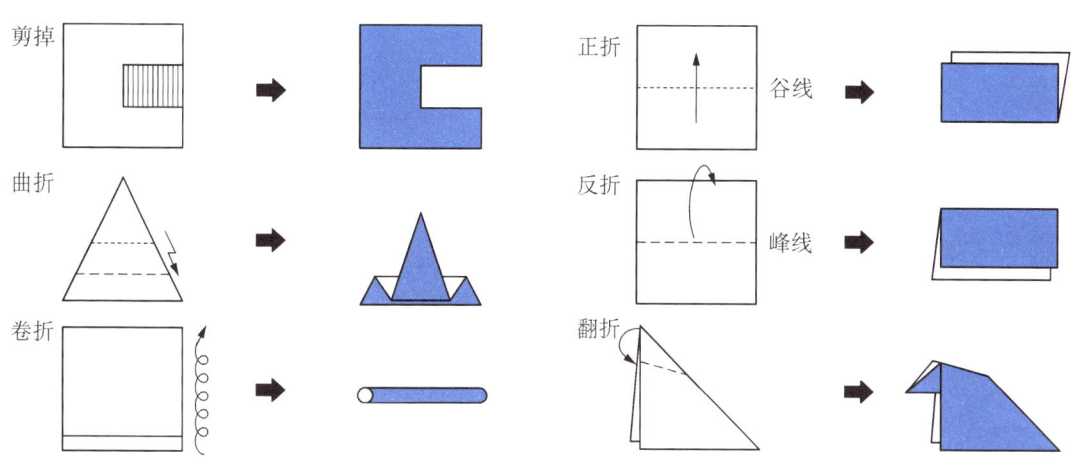

图 10 - 64

(二) 基本折叠方法

折纸主要有对边折、对角折、两边向中心折、四角向心折、集中一角折等基本技法。

1. 对边折《热带鱼》(图 10 - 65)

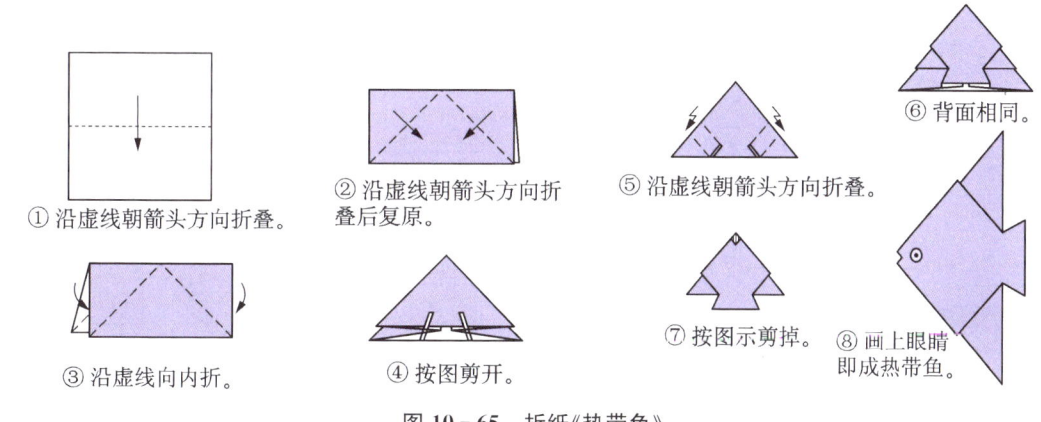

① 沿虚线朝箭头方向折叠。

② 沿虚线朝箭头方向折叠后复原。

③ 沿虚线向内折。

④ 按图剪开。

⑤ 沿虚线朝箭头方向折叠。

⑥ 背面相同。

⑦ 按图示剪掉。

⑧ 画上眼睛即成热带鱼。

图 10 - 65 折纸《热带鱼》

2. 对角折《鸽子》《马》(图 10 - 66、图 10 - 67)

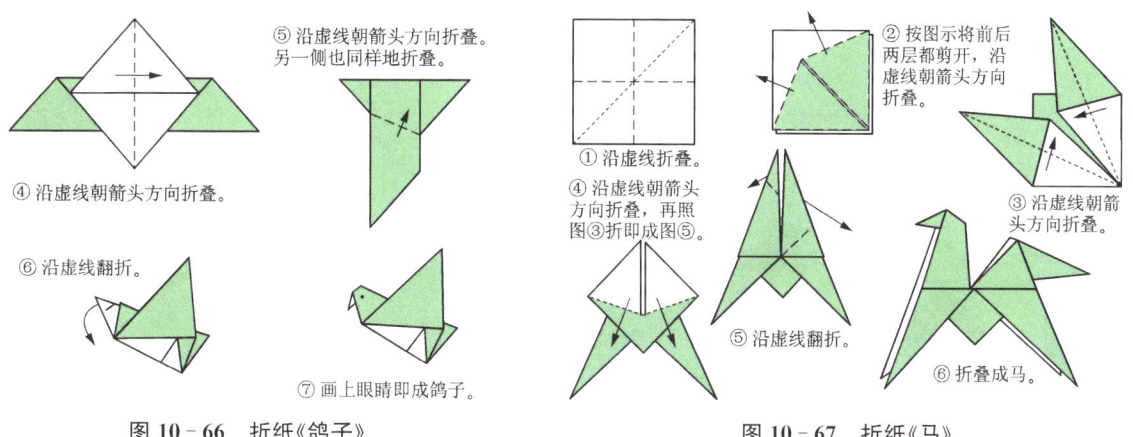

④ 沿虚线朝箭头方向折叠。

⑤ 沿虚线朝箭头方向折叠。另一侧也同样地折叠。

⑥ 沿虚线翻折。

⑦ 画上眼睛即成鸽子。

图 10 - 66 折纸《鸽子》

① 沿虚线折叠。

② 按图示将前后两层都剪开，沿虚线朝箭头方向折叠。

③ 沿虚线朝箭头方向折叠。

④ 沿虚线朝箭头方向折叠，再照图③折即成图⑤。

⑤ 沿虚线翻折。

⑥ 折叠成马。

图 10 - 67 折纸《马》

3. 两边向中心折《猪》《风车》(图10-68、图10-69)

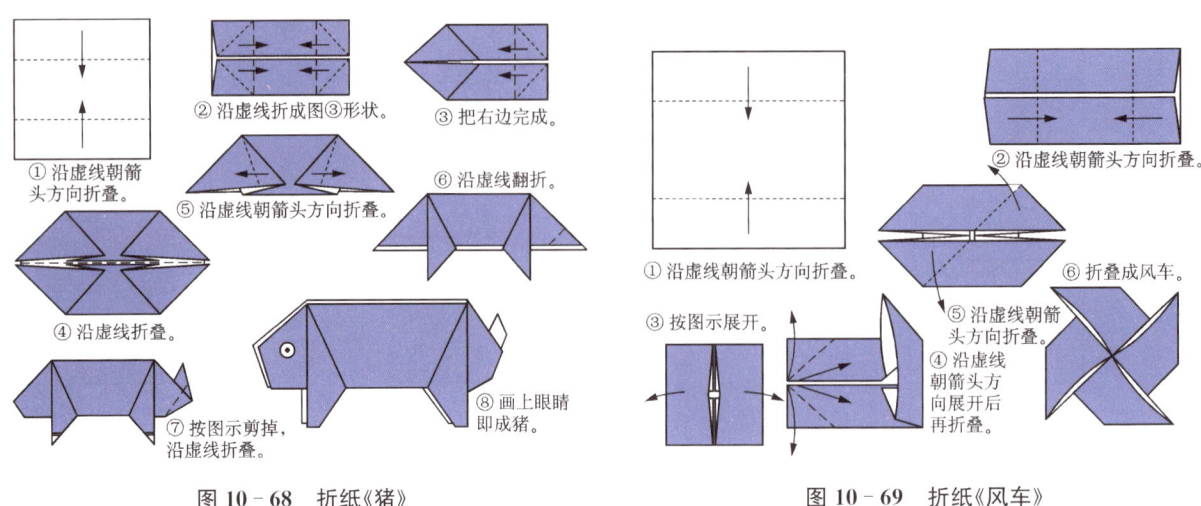

图 10-68　折纸《猪》

图 10-69　折纸《风车》

4. 四角向心折《青蛙》《稻草人》(图10-70、图10-71)

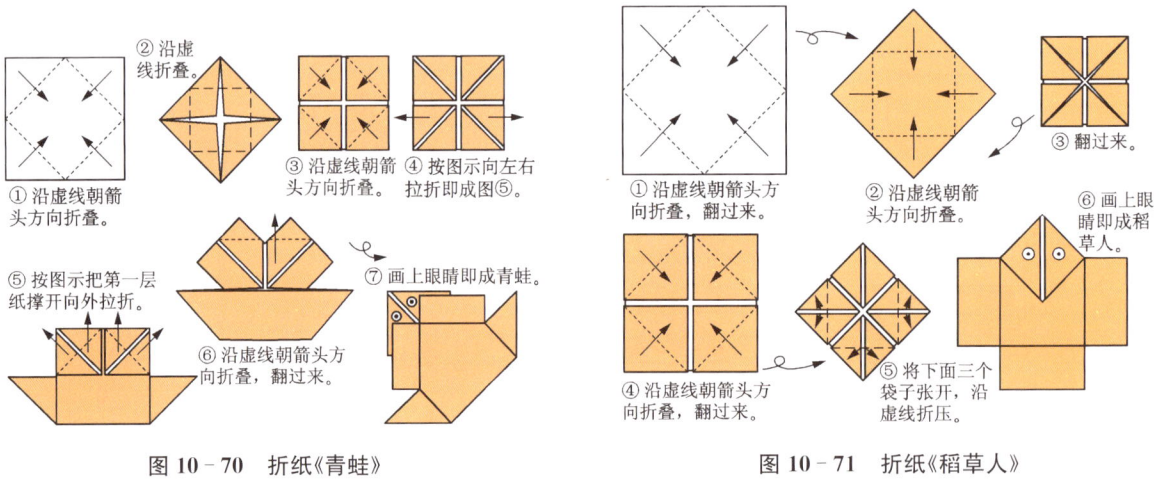

图 10-70　折纸《青蛙》

图 10-71　折纸《稻草人》

5. 集中一角折《虎皮鹦鹉》《大象》(图10-72、图10-73)

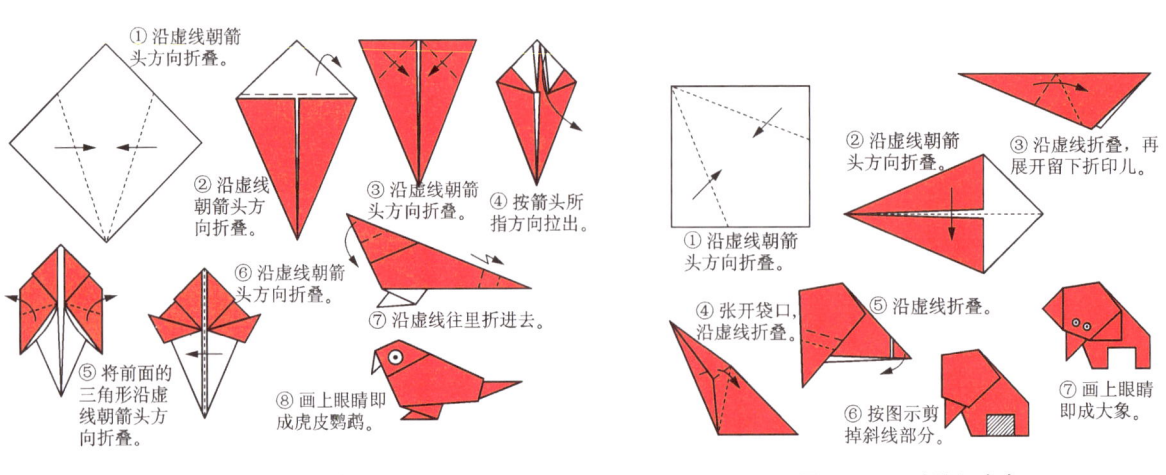

图 10-72　折纸《虎皮鹦鹉》

图 10-73　折纸《大象》

二、撕贴

撕贴画是我国的一门传统艺术。它是用各类色纸、废旧的纸张材料,以撕代笔,撕出各种不规则的具有毛边的纸形体,显得粗糙。例如:花、草、鸟、兽、山水、人物,通过拼贴、组合、粘贴构成的具有龟裂艺术效果的一种平面艺术品,具有朴实、自然、粗犷、生动的特点。撕贴画是集绘画、设计、制作为一体的艺术活动。

撕贴画与折纸用纸不同,不讲究平整和角边规矩,在纸的选用上丰富多样,主要以适合儿童撕纸时能够力所能及即可。撕纸的基本技能有撕纸片、撕纸条、撕各种形状等。

(一) 撕纸片

撕纸片课例《秋天的树叶》

秋天来了,教师将孩子带到户外感受秋天树木的变化。回到教室后,教师准备一些彩色纸条,儿童将其撕成小碎片,粘贴在老师画好的大树底板上,营造秋天落叶缤纷的美景(图10-74)。

图 10-74 《秋天的树》(4 岁)

(二) 撕纸条

撕纸活动《菊花》

观赏不同形态的菊花,使儿童了解菊花开放时花瓣的姿态,然后教师引导儿童将纸撕成条状,并运用笔杆将其卷曲,粘贴成型,加上花蕊,一朵怒放的菊花就诞生了(图10-75、图10-76、图10-77、图10-78、图10-79)。

图 10-75　纸工活动《菊花》(5 岁)　　图 10-76　纸工活动《菊花》(5 岁)　　图 10-77　实物菊花

图 10-78 《菊花》(5岁)

图 10-79 《菊花》(5岁)

（三）撕长方形

撕长方形活动《好高的楼啊!》

城市里高楼林立,大大小小、高高低低好不拥挤。教师引导儿童将纸撕成不同粗细、不同长短的长方形,粘贴在一起营造错落有致的楼群,然后再撕出窗户和房顶,最后添画花纹。瞧,小朋友正自豪地向你展示他的作品呢(图 10-80、图 10-81、图 10-82)!

图 10-80 《楼房》(6岁)

图 10-81 《楼房》(5岁)

图 10-82 《楼房》(5岁)

（四）撕三角形

撕三角形活动《狐狸的一家》

"尖尖嘴、细细腿、狡猾多疑托大尾。"用谜语的形式来吸引儿童对狐狸外形特征的了解。通过观察图片(图 10-83),师生共同总结出狐狸的头部特征。教师引导儿童用不同的色纸撕出这些部位,再加入背景和花纹,充满童趣的狐狸一家就在一片片纸张的拼摆中完成了(图 10-84、图 10-85、图 10-86)!

图 10-83　狐狸　　　　　图 10-84　《狐狸的一家》(5 岁)

图 10-85　《狐狸的一家》(5 岁)　图 10-86　《狐狸的一家》(5 岁)

5. 综合练习

综合练习活动《花花牛》(图 10-87、图 10-88、图 10-89、图 10-90)、《鸵鸟的一家》(图 10-91、图 10-92、图 10-93、图 10-94)。

图 10-87　牛　　　　　　　　图 10-88　《花花牛》(5 岁)

图 10-89 《花花牛》(5岁)

图 10-90 《花花牛》(5岁)

图 10-91 鸵鸟

图 10-92 《鸵鸟的一家》(6岁)

图 10-93 《鸵鸟的一家》(6岁)

图 10-94 《鸵鸟的一家》(6岁)

三、剪纸

剪纸是一种在民间艺术,人们在劳动之余,拿起剪刀,随心所欲地抒发,无拘无束地表现,轻松自在地剪出心中的理想,剪出美好的愿望。儿童一开始学习剪纸就应该是徒手剪纸,所谓徒手剪纸,就是不画稿的剪纸,是拿剪刀当画笔,把大脑中的图像通过手中的剪刀表现出来。孩子们在剪纸的时候,没有任何条条框框的束缚,他们下刀果敢,真正保留了原生态儿童思维的韵味。

工具和材料:适合儿童使用的剪刀;各类各色纸张;广告纸、报纸等。剪纸的基本技能有剪直线、剪曲线、创意剪纸等。

（一）剪直线

直线练习前,要指导儿童初步学习剪刀的使用方法。剪直线有一定的难度,但经过一定的练习,开始剪时可以采取折出折痕或画出直线照着剪,熟练以后可以采取目测方法剪直线。

剪直线练习的相关活动主题:剪面条、做门帘、制作小灯笼、剪拉花等。

（二）剪曲线

在熟练掌握剪直线的基础上,练习剪曲线,难度不是太大,只要反复练习,就能达到目标。

剪曲线练习的相关活动主题:弯弯的小河、高高的山坡、一排排的小树林、走迷宫、按轮廓剪图片等（图10-95、图10-96、图10-97）。

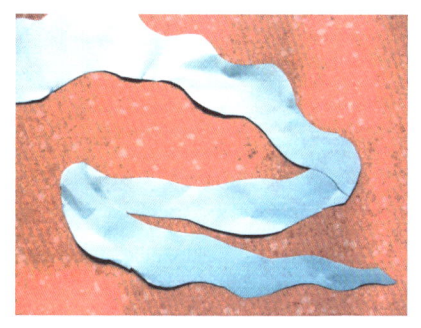
图10-95

图10-96

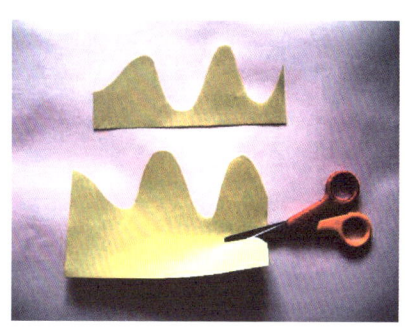
图10-97

（三）创意剪纸

进行创意剪纸时,应该能够熟练地掌握直线、曲线的剪法,并能完整地剪出复杂轮廓的图案。进行创意剪纸要注意积累丰富的感性认识。

创意练习的相关活动主题:袜子、靴子、帽子、衣服等生活用品;各种各样的水果、蔬菜等;小朋友的玩具、用具等;花草、树木等植物（图10-98、图10-99）。

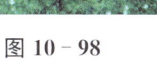
图10-98

图10-99

（四）对折剪

当能完整地剪出所描绘的简单的对象,可以学习一些简单的对折剪法。

1. 比着剪（将一张纸对折后剪）。老师剪一些简单的图案,如心形、石榴、蝴蝶、小人等。让孩子比

着剪。这样,既让孩子感受剪纸的魅力,又知道对折剪可以剪对称的图案。

2. 看着剪。在比着剪熟练的基础上,看着图案进行剪纸。有难度,需要长时间的练习。

3. 想着剪。依据自己想出的图案,进行剪纸。

对折剪练习的相关活动主题有蝴蝶、青蛙、抓鸡娃娃、老虎头、小人、花瓶、鱼、树木、衣服、汽车、飞机、水果、蔬菜、小动物等(图10-100、图10-101)。

图10-100   图10-101

(五)连续折叠剪

连续折叠剪是将长条形纸反复对折至长与宽的比为3∶2,可剪出二方连续的花边。

对折剪的相关活动主题有一排圣诞树、大家一起手拉手等(图10-102、图10-103)。

图10-102   图10-103

(六)欣赏单独纹样

为了丰富剪纸内容,拓宽剪纸表现的视野,可欣赏一些民间剪纸中的单独纹样,如团花和蔚县剪纸等(图10-104、图10-105)。能力强的可以练习剪简单的单独纹样图案,了解单独纹样的装饰美。

欣赏单独纹样的相关主题:生活中常见的12生肖图案等(图10-106)。

图 10 - 104

图 10 - 105

图 10 - 106　十二生肖

四、立体纸工

立体纸工通过折、叠、剪、贴、切、接、穿、插、卷等方法,对不同的纸进行塑性装饰,使作品以立体的形式出现。

立体纸工作品造型概括,取材方便,一般用较厚的纸来做立体纸工,也可利用报纸、挂历纸、各种各样的包装盒等,具有强烈的形式美感。立体纸工可以发展孩子的形象思维能力和空间知觉,培养孩子的造型力。

制作立体纸工主要采用的是折、叠、剪、贴、切、接、穿、插、卷等方法,这些方法在其他有关纸工学习活动中都应该基本掌握,在制作立体纸时要注意的是处理好粘牢各个部分连接问题,不然中途开裂会影响作品整体形象。一般采用的是糨糊粘贴连接,有时还要用宽的透明胶带连接等。装饰时,鼓励孩子大胆想象,对造型加以夸张,多向四周延展装饰,对每一部位最好都用多种颜色拼接,这样作品会显得更生动。

立体纸工练习的相关活动主题:猫头鹰帽子、超级触角帽、老虎大王面具、纸筒娃娃等(图 10 - 107、图 10 - 108、图 10 - 109、图 10 - 110、图 10 - 111)。

图 10 - 107　《猫头鹰》(5 岁)

图 10 - 108　《超级触角帽》(6 岁)

图 10 - 109　《老虎大王》(6 岁)

图 10 - 110　《神气高帽》(6 岁)

图 10 - 111　《纸筒娃娃》(8 岁)

五、泥工

　　泥工是立体创意造型的一种艺术活动。它以粘土(黄泥、白泥、橡皮泥、面团等)为主要原料,用手和一些简单的工具捏塑成各种物体、动物、人物形象,是孩子们最喜欢的手工活动。

　　泥工制作时使用的工具主要有如下几种:

　　1. 泥工刀:泥塑专用工具,用木、竹、铁、塑料等材料。

　　2. 泥工板:可以是木制品,也可以是塑料制品,在孩子造型时便于临时移动和保持桌面卫生。

　　3. 转盘:方便制作时旋转作品,从不同角度制作、观察、调整、修改作品,特别是孩子在制作盘条作

品最需要。

4. 废旧物品再利用：不锈钢勺、金属片、鹅卵石、牙签、吸管、铁钉、梳子、牙刷、笔帽、塑料片玩具等等。

泥工制作几种常用方法：盘条、团圆、压扁、粘合等。陶泥可以反复利用，先把干泥捣碎，浸泡在适量的水中，一天左右，再把它不断地搓揉，直到平滑为止。

泥工基本技能分泥、切泥、搓泥、团泥、压扁等技法。

分泥：就是用目测的方法把手中的泥按照所塑造物体的需要，按比例分出大小不同的泥块。

切泥：就是先把泥搓成条或压扁，用小竹片、小刀等工具把泥切成条、片、块等。

搓泥：就是把泥放在手心，两手合拢，上下搓动，或是把泥放在泥板上，用手来回搓，可以搓成所需要的样子，如搓成面条、麻花、萝卜等等。

团泥：就是将泥块放在手心，两手合拢，手掌配合着不断旋转，揉成球体，可以制成糖葫芦、珠子、苹果等泥制品。

压扁：就是把泥搓成的长条或团成的球状，放在手掌内，用两手掌拍压，或是把泥放在泥工板上压成扁形，可做烧饼、车轮等泥制品。

泥工活动《一张神奇的脸》

每个人都有一张脸。仔细观察，每张面孔各有不同，在任何时间里根据人的情绪变化或特定的环境，更显现出千变万化的脸，一张张神奇的脸就呈现的面前。通过欣赏、观察、探究可以发展孩子创新力和求异思维能力的发展。在设计、创造脸部的五官要突出夸张、大胆想象，运用不同的技能、方法来创造出与众不同、神奇的脸造型（图 10 - 112、图 10 - 113、图 10 - 114、图 10 - 115）。

图 10 - 112　《一张神奇的脸》(6 岁)

图 10 - 113　《一张神奇的脸》(5 岁)

图 10 - 114　《一张神奇的脸》(5 岁)

图 10 - 115　《一张神奇的脸》(5 岁)

课例 《狮子大王》

狮子是森林之王,他有两只炯炯有神的眼睛、长长粗粗的鼻子和一头美丽的长发。小朋友们,发挥你们的想象力,运用各种泥塑技法,塑出一只你们心中最喜欢的狮子大王吧(图10-116、图10-117、图10-118)!

图10-116 《狮子大王》(5岁)

图10-117 《狮子大王》(5岁)

图10-118 《狮子大王》(5岁)

课例 《恐龙》

侏罗纪是恐龙的鼎盛时期,各类恐龙济济一堂,构成一幅千姿百态的恐龙世界。陆地上有身体巨大的雷龙、梁龙,水中有鱼龙,空中有会飞行的翼龙等等。小朋友们,试试看,你能捏出哪一种恐龙呢(图10-119、图10-120)?

图10-119 《恐龙》(6岁)

图10-120 《恐龙》(6岁)

制作步骤:

(1)将泥分成一大块和一小块。

(2)将大块的陶泥搓成两头细、中间粗的形状。

(3)用泥刀将稍粗的一头横切一刀,成为恐龙头。

(4)将剩余的小块陶泥均匀地分成四块,搓成圆柱形,做成恐龙腿。

(5)用辅助工具添加细节和装饰图案。

思考与练习

在了解和掌握相关的儿童美术基本知识与技能的基础上,进行实践活动,积累学前儿童美术教育活动指导经验。

主要参考文献

[1] 中华人民共和国教育部制定. 幼儿园教育指导纲要(试行). 北京:北京师范大学出版社,2001.

[2] [美]鲁道夫·阿恩海姆. 视觉思维[M]. 藤宁尧译. 成都:四川人民出版社,1998.

[3] [英]赫伯·里德. 通过艺术的教育[M]. 吕廷和译. 长沙:湖南美术出版社,1993.

[4] [美]伊莱恩·皮尔·科汉等. 美术,另一种语言的学习[M]. 尹少淳译. 长沙:湖南美术出版社,1992.

[5] [美]罗恩菲尔德. 创造与心智的成长[M]. 王德育译. 长沙:湖南美术出版社,2000.

[6] [日]雄本高工,福井昭雄. 儿童是天才、涂鸦万岁[M]. 台北:联明出版社,1991.

[7] 庞丽娟. 幼儿园美术教学法[M]. 北京:北京师范大学出版社,1990.

[8] 姚全兴. 审美教育的历程[M]. 上海:上海社会科学院出版社,1992.

[9] 王彩凤,姜明生. 幼儿美术教学法[M]. 郑州:海燕出版社,1994.

[10] 王宏建,袁宝林. 美术概论[M]. 北京:高等教育出版社,1994.

[11] 屠美如. 学前儿童美术教育[M]. 重庆:西南师范大学出版社,2000.

[12] 张念芸. 学前儿童美术教育[M]. 北京:北京师范大学出版社,2004.

[13] 李薇. 朱熹教学方法论[J]. 教育论坛. 2004 年第 1 期.

[14] 刘友洪. 杜威儿童美育思想对中国美育的影响和启示[D]. 重庆西南大学,2010.

[15] 郭娅. 宋代童蒙教育的主要特点[J]. 史学月刊. 2001 年第 5 期.

[16] 王庆. 我国古代的蒙养教育及其对当代教育的启示[J]. 继续教育研究. 2007 年第 1 期.

[17] 钱初熹. 中国美术教育研究成果集约及其发展趋势的瞻望[J]. 中国美术教育. 2005 年第 5 期.

[18] 李英姬. 我国幼儿美术教育目标历史演变研究[D]. 东北师范大学,2004.

[19] 向明月. 丰子恺儿童美术教育思想研究[D]. 湖南师范大学,2007.

[20] 蔡瀚枢. 儿童美术教育的比较与反思[D]. 湖南师范大学,2006.

[21] 林琳,朱家雄. 学前儿童美术教育[M]. 上海:华东师范大学出版社,2006.

[22] 郭亦勤. 学前儿童艺术教育活动指导[M]. 上海:复旦大学出版社,2006.

［23］刘宣.学前儿童美术教育［M］.北京:中央广播电视大学出版社,2008.

［24］孔起英.学前儿童美术教育［M］.南京:南京师范大学出版社,2005.

［25］徐宝芹.注重培养儿童的艺术感觉和自我感觉［J］.少儿美术.2010年第4期.

［26］赵丽曼.儿童想象画教程［M］.长沙:湖南美术出版社,2011.

［27］陈晓芳.幼儿园教育活动设计策略及案例评析［M］.北京:北京大学出版社,2010.

［28］孔起英.幼儿园美术教育［M］.北京:人民教育出版社,2004.

［29］屠美如.学前儿童美术欣赏教育研究［M］.北京:教育科学出版社,2001.

［30］冯晓霞.幼儿园课程［M］.北京:北京师范大学出版社,2000.

［31］王坚红.学前教育评价［M］.北京:人民教育出版社,1994.

［32］霍力岩.学前教育评价［M］.北京:北京师范大学出版社,2000.

［33］袁爱铃,何秀英.幼儿园教育活动指导策略［M］.北京:北京师范大学出版社,2007.

［34］李雪芬.运用可视化作品促进幼儿自我评价的设想与操作［J］.教育测量与评价(理论版).2011年第8期.

［35］教育部管理中心.全国优秀幼儿艺术教育活动课例评价［M］.重庆:西南大学出版社,2011.

［36］http://www.xwjyorg/tresearch/blog/showArticle.jsp?ArticleCode=1932991669&CD=00028

［37］http://www.ahjwb.com2011.asp?id=8408

图书在版编目(CIP)数据

学前儿童美术教育/王彩凤主编. —2版. —上海:复旦大学出版社,2016.8(2025.8重印)
普通高等学校学前教育专业系列教材
ISBN 978-7-309-12448-4

Ⅰ. 学…　Ⅱ. 王…　Ⅲ. 学前教育-美术教育-幼儿师范学校-教材　Ⅳ. G613.6

中国版本图书馆 CIP 数据核字(2016)第 168296 号

学前儿童美术教育(第二版)
王彩凤　主编
责任编辑/黄　乐　赵连光

复旦大学出版社有限公司出版发行
上海市国权路 579 号　邮编:200433
网址:fupnet@ fudanpress. com　http://www.fudanpress. com
门市零售:86-21-65102580　　团体订购:86-21-65104505
出版部电话:86-21-65642845
常熟市华顺印刷有限公司

开本 890 毫米×1240 毫米　1/16　印张 13.25　字数 354 千字
2025 年 8 月第 2 版第 12 次印刷
印数 78 501—80 600

ISBN 978-7-309-12448-4/G · 1620
定价:55.00 元

复旦大学出版社向使用本社《学前儿童美术教育》(第二版)作为教材进行教学的教师免费赠送多媒体课件。欢迎完整填写下面表格来索取多媒体资料。

教师姓名:＿＿＿＿＿＿＿＿＿＿＿＿＿＿＿

任课课程名称:＿＿＿＿＿＿＿＿＿＿＿＿＿

任课课程学生人数:＿＿＿＿＿＿＿＿＿＿＿

联系电话:(O)＿＿＿＿＿＿ (H)＿＿＿＿＿＿ 手机:＿＿＿＿＿＿

E-mail 地址:＿＿＿＿＿＿＿＿＿＿＿＿＿＿＿＿＿＿＿

所在学校名称:＿＿＿＿＿＿＿＿＿＿＿＿＿ 邮政编码:＿＿＿＿＿＿

所在学校地址:＿＿＿＿＿＿＿＿＿＿＿＿＿＿＿＿＿＿＿

学校电话总机(带区号):＿＿＿＿＿＿＿ 学校网址:＿＿＿＿＿＿

系名称:＿＿＿＿＿＿＿＿＿＿＿＿ 系联系电话:＿＿＿＿＿＿＿

每位教师限赠课件一个。

邮寄课件地址:＿＿＿＿＿＿＿＿＿＿＿＿＿＿＿＿＿＿＿＿

邮政编码:＿＿＿＿＿＿＿＿＿

请将本页复印完整填写后,剪下邮寄到上海市国权路 579 号
复旦大学出版社学前教育分社　赵连光(收)
邮政编码:200433　　　联系电话:(021)65112478
E-mail:fudanxueqian@163.com